Karriereplanung für Juristen

Verena S. Rottmann

Karriereplanung für Juristen

Neue Berufschancen erkennen –
Ausbildung optimal gestalten –
Netzwerke nutzen

Verena S. Rottmann
Rechtsanwältin
Rothenbaumchaussee 193–195
20149 Hamburg
RAin.Rottmann@t-online.de
www.rechtsratgeber-arbeitsrecht.de

Bibliografische Information Der Deutschen Bibliothek
Die Deutsche Bibliothek verzeichnet diese Publikation in der Deutschen Nationalbibliografie; detaillierte bibliografische Daten sind im Internet über <http://dnb.ddb.de> abrufbar.

ISBN 3-540-20402-4 Springer Berlin Heidelberg New York

Dieses Werk ist urheberrechtlich geschützt. Die dadurch begründeten Rechte, insbesondere die der Übersetzung, des Nachdrucks, des Vortrags, der Entnahme von Abbildungen und Tabellen, der Funksendung, der Mikroverfilmung oder der Vervielfältigung auf anderen Wegen und der Speicherung in Datenverarbeitungsanlagen, bleiben, auch bei nur auszugsweiser Verwertung, vorbehalten. Eine Vervielfältigung dieses Werkes oder von Teilen dieses Werkes ist auch im Einzelfall nur in den Grenzen der gesetzlichen Bestimmungen des Urheberrechtsgesetzes der Bundesrepublik Deutschland vom 9. September 1965 in der jeweils geltenden Fassung zulässig. Sie ist grundsätzlich vergütungspflichtig. Zuwiderhandlungen unterliegen den Strafbestimmungen des Urheberrechtsgesetzes.

Springer ist ein Unternehmen von Springer Science+Business Media

springer.de

© Springer-Verlag Berlin Heidelberg 2005
Printed in Germany

Die Wiedergabe von Gebrauchsnamen, Handelsnamen, Warenbezeichnungen usw. in diesem Werk berechtigt auch ohne besondere Kennzeichnung nicht zu der Annahme, dass solche Namen im Sinne der Warenzeichen- und Markenschutz-Gesetzgebung als frei zu betrachten wären und daher von jedermann benutzt werden dürften.

Umschlaggestaltung: Erich Kirchner, Heidelberg

SPIN 10958049   64/3130-5 4 3 2 1 0 – Gedruckt auf säurefreiem Papier

Vorwort

Neue Wege gehen

Nach wie vor zählt Jura zu den beliebtesten Studienfächern an Deutschlands Universitäten. Zwar war die Zahl der Studienanfänger im Fach Jura seit 1995 leicht rückläufig, doch ist seit dem Jahr 2002 wieder ein leichter Zuwachs bei den Jurastudenten und -studentinnen zu bemerken. So haben sich 2002 im ersten Fachsemester 19.361 Studienanfänger für das Fach Rechtswissenschaft eingeschrieben. Im Jahr 2001 waren es dagegen nur 18.143. Gleichzeitig haben 2002 immerhin 10.838 Studenten und Studentinnen die Erste und 10.330 die Zweite Juristische Staatsprüfung abgelegt.[1]

Dieser Trend hat auch einen guten Grund, bietet doch das Jurastudium mit seinem Fassettenreichtum wie kaum ein anderer Studiengang in vielen gesellschaftlichen Bereichen die unterschiedlichsten Berufschancen. Diese muss ein Hochschulabsolvent allerdings zu nutzen wissen. Wer Jura lediglich als Verlegenheitsstudium wählt und am Ende nicht wenigstens Prädikatsexamina aufweisen kann, wird nach Abschluss seiner Ausbildung mit einiger Wahrscheinlichkeit zu dem großen Heer derjenigen Nachwuchsjuristen gehören, die weder in den traditionellen Juristenberufen als Richter, Staatsanwälte oder Verwaltungsbeamte, noch in der freien Wirtschaft eine Zukunftsperspektive haben. Aber auch die allgemein angespannte wirtschaftliche Situation und die damit einhergehende Verknappung der öffentlichen Mittel tragen dazu bei, dass junge Juristen sich ernsthaft darum sorgen müssen, einen adäquaten Job zu finden. Für viele bleibt nicht selten nur noch der Weg in die bescheidene Selbstständigkeit als Anwalt. Aber auch hier zeigt die Statistik ein Abbild der traurigen Realität: so haben im Jahre 2002 fast 16 Prozent aller Berufsanfänger ihren Anwaltsberuf wieder aufgegeben.[2]

Ist es also unter diesen Gegebenheiten überhaupt noch sinnvoll, ein langjähriges Jurastudium zu absolvieren? Nun, die Antwort auf diese Fra-

---

[1] Quelle: BMJ-Ausbildungsstatistik 2002.
[2] BRAK Pressemitteilung Nr. 20 vom 27. August 2003.

ge können Sie sich nur selbst beantworten, indem Sie sich ganz realistisch vor Augen führen, welches Berufsziel Sie letztendlich anpeilen und welche Voraussetzungen Sie hierfür erfüllen müssen. Nur diejenigen, die ihre juristische Ausbildung planvoll und zielgerichtet angehen, sich für die angestrebte Tätigkeit entsprechend qualifizieren und kreativ genug sind, um Berufsnischen zu finden, werden gute Chancen haben, einen attraktiven Job zu finden und Karriere zu machen.

Dieses Buch soll Ihnen unter anderem dabei helfen, die für Sie optimalen Karrierechancen zu erkennen und den richtigen Weg zur Erlangung Ihres anvisierten Berufsziels sinnvoll zu gestalten. Angesprochen werden dabei nicht nur junge Juristen und Juristinnen mit erstem oder zweiten Staatsexamen beziehungsweise anderen juristischen Studienabschlüssen, sondern gerade auch Jurastudenten und –studentinnen, um ihnen die Bandbreite ihrer beruflichen Möglichkeiten und neue Berufsperspektiven aufzuzeigen sowie Abiturienten und Abiturientinnen, um ihnen die Studienwahl zu erleichtern. Hierbei wird insbesondere auf die weniger überlaufenen Tätigkeitsfelder für Juristen (zum Beispiel Mediation im Bereich Wirtschaft und Arbeit) sowie auf Erfolg versprechende Spezialisierungen (zum Beispiel im Medien-, EDV-, Telekommunikations- und Datenschutzrecht) hingewiesen. Aber auch die Einsatzmöglichkeiten und Erfolgsaussichten in den klassischen Juristenberufen (Richter, Anwalt, Verwaltungsbeamter, Verbandsjurist) werden unter aktuellen Aspekten beleuchtet. Einen Einblick in die Berufspraxis erhalten Sie schließlich anhand verschiedener Porträts der für Juristen interessanten Wirtschaftsunternehmen, Verbände und Administrationen. Abgerundet wird dieses Buch durch praxisnahe Tipps für eine optimale Bewerbungsstrategie (inklusive Muster für Ihren Lebenslauf und ein überzeugendes Bewerbungsschreiben). Dabei werden auch die wichtigsten Fragestellungen dargestellt, auf die es im Vorstellungsgespräch ankommt. Im Anhang finden Sie schließlich alle wichtigen Adressen, die Ihnen bei der Umsetzung Ihrer juristischen Berufskarriere nützlich sein können.

Abschließend noch ein persönlicher Rat zur richtigen Berufswahl: Wirklich erfolgreich sein und Karriere machen können Sie auf Dauer nur in einem Beruf, der Ihnen liegt und den Sie lieben. In diesem Sinne wünsche ich Ihnen bei Ihrer Karriereplanung ein „glückliches Händchen" und viel Erfolg!

Hamburg, im August 2004　　　　　　　　　　Rechtsanwältin
　　　　　　　　　　　　　　　　　　　　　　Verena S. Rottmann

Inhaltsverzeichnis

Vorwort V
   Neue Wege gehen V

Inhaltsverzeichnis .... **VII**

1 Gute Gründe für eine juristische Ausbildung 1
   1.1 Die Entwicklung auf dem „Juristen-Markt" 3
   1.2 Das Berufsbild des Juristen der Zukunft 5

2 Auf die Planung kommt es an 7
   2.1 Welcher Abschluss wird benötigt? 8
      2.1.1 Ist das zweite Staatsexamen notwendig? 8
      2.1.2 Wann genügt ein Diplomabschluss? 9
      2.1.3 Welche Chancen bieten die Abschlüsse Bachelor und
           Master of Law? 10
      2.1.4 Ist eine Promotion nützlich? 11
      2.1.5 Für wen ist Jura als Nebenfach sinnvoll? 12
   2.2 Wie kann das Jurastudium gestaltet werden? 12
      2.2.1 Der Ablauf des Jurastudiums und des Referendariats
           nach bisherigem Recht 13
      2.2.2 Die reformierte Juristenausbildung seit 2003 21
      2.2.3 Neue Studiengänge für Juristen 23
      2.2.4 Was kann eine private Law School bieten? 28
   2.3 Welche Schlüsselqualifikationen sind gefragt? 29
   2.4 Welche Auslandsaufenthalte sind karrierefördernd? 30
   2.5 Welche Fremdsprachen sollten beherrscht werden? 31
   2.6 Welche Praktika sind hilfreich? 31

3 Einstiegsmöglichkeiten in die „klassischen" Juristenberufe 33
   3.1 Karrieretipps für den Justizdienst 33
   3.2 Interessante Stellen in Politik und Administration 37
   3.3 So qualifizieren Sie sich als Anwalt 39
   3.4 Als Wirtschaftsjurist ins Management 43

3.5 Karriere-Chancen bei Verbänden, Banken und Versicherungen... 44
3.6 Juristen als Wirtschaftsprüfer oder Steuerberater 46
3.7 Die juristische Hochschulkarriere 47

4 Neue Berufsperspektiven für Juristen 51
4.1 Spezialisten sind gefragt 52
    4.1.1 Berufs-Nischen finden 52
    4.1.2 Zusatzqualifikationen erwerben 53
    4.1.3 Schwerpunkte setzen 55
    4.1.4 Praktische Erfahrungen sammeln 55
4.2 Interdisziplinär arbeiten 56
    4.2.1 Geschickte Fächerkombinationen wählen 56
    4.2.2 Flexibilität beweisen 57
4.3 Juristen in neuen Wirtschaftsbereichen 57
    4.3.1 Juristen in der IT-Branche 58
    4.3.2 E-Juristen 58
    4.3.3 Juristische Berufe im Bereich der Biotechnologie 59
    4.3.4 Juristen im Informationsmanagement 59
    4.3.5 Juristische Tätigkeitsfelder im Medienbereich 60
4.4 Juristen im Konfliktmanagement (Mediation) 61
    4.4.1 Familienmediation 62
    4.4.2 Business Mediation 63
    4.4.3 Umweltmediation 64
4.5 Juristische Berufe im Ausland 65
    4.5.1 Stellen bei ausländischen Unternehmen 66
    4.5.2 Juristen im Auswärtigen Dienst 66
    4.5.3 Europabeamten und -bedienstete 67
    4.5.4 Beschäftigungen bei internationalen Organisationen ... 69
    4.5.5 Mitarbeit in Verbänden und Außenhandelskammern... 69
    4.5.6 Tätigkeit in internationalen Anwaltssozietäten 70
    4.5.7 Juristen in der Entwicklungshilfe 70

5 Firmen- und Behördenprofile 73
5.1 Interessante Unternehmen für Juristen 73
    5.1.1 PricewaterhouseCoopers (Wirtschaftprüfung, Steuer-
          und Rechtsberatung) 73
    5.1.2 Deutsche Bank 76
    5.1.3 McKinsey & Company, Inc. (Managementberatung) 79
5.2 Politische Institutionen und Administrationen 82
    5.2.1 Auswärtiges Amt 82
    5.2.2 Europäische Kommission 87
    5.2.3 Deutscher Bundestag (wissenschaftliche Dienstleister) .. 91

5.3 Internationale Anwaltskanzleien 94
    5.3.1 Hengeler Mueller 94
    5.3.2 Clifford Chance Pünder 98
    5.3.3 Luther Menold 100
    5.3.4 Linklaters Oppenhoff & Rädler 102
    5.3.5 Lovells 105

6 Mit "Networking" zum Erfolg 109
6.1 Recruiting-Messen für Juristen 115
6.2 Verbände und Vereine als Berufsnetzwerke 118
6.3 Juristische Fachtagungen 122
6.4 Online-Networking 124

7 Die ultimative Bewerbung 127
7.1 Der „ausgefeilte" Lebenslauf 127
7.2 Ein Bewerbungsschreiben, das Neugier weckt 137
7.3 Was Sie bei Online-Bewerbungen beachten sollten 142
7.4 So überzeugen Sie im Vorstellungsgespräch 145
7.5 Die wichtigsten Bewerbungstipps auf einen Blick 156

8 Gute Adressen und Links für Ihre Karriere 159
8.1 Law Schools 159
8.2 Interessante Aufbau- und Weiterbildungsstudiengänge 160
8.3 Fortbildung Mediation 165
8.4 Adressen für Rechtsanwälte 167
8.5 Adressen für Steuerberater 178
8.6 Adressen für Wirtschaftsprüfer 178
8.7 Adressen für Notare 179
8.8 Adressen für Patentanwälte 180
8.9 Adressen für Unternehmensberater 180
8.10 Adressen für Freie Berufe 181
8.11 Juristenvereinigungen (national) 181
8.12 Juristenvereinigungen (international) 183
8.13 Referendarvereinigungen 184
8.14 Internetadressen zur Karriereplanung und Jobsuche 186
8.15 Internetadressen zu Berufsmessen 190
8.16 Berufsnetzwerke 191
8.17 Links zur Reform der Juristenausbildung 193
8.18 Jobnischen 194
8.19 Kongresse, Tagungen und Seminare 196
8.20 Auslandspraktika und –studien 198

8.21 Sprachkurse im Internet und an Universitäten 201
8.22 IT-Kurse für Juristen 203
8.23 Stipendien 204

Sachverzeichnis **211**

1 Gute Gründe für eine juristische Ausbildung

Trotz regelmäßig wiederkehrender Warnungen vor der so genannten Juristen-Schwemme steht das Studienfach Jura in der Beliebtheitsskala der Studienanfänger weiterhin ganz weit oben. Nach einer Erhebung des Kölner Instituts der Deutschen Wirtschaft (iwd) stand „Rechtswissenschaft" im Wintersemester 2001/2002 mit 100.013 Studierenden hinter „Betriebswirtschaftslehre" auf Platz 2 der „Top Ten" der beliebtesten Studienfächer in Deutschland, wobei sich 51.899 Männer und 48.114 Frauen für Jura entschieden haben. Das Verhältnis zwischen männlichen und weiblichen Studienanfängern ist hier also beinahe ausgeglichen.

Die große Beliebtheit des Jurastudiums hat auch seinen guten Grund, denn wohl kaum ein anderes Studienfach bietet durch seine Vielseitigkeit so viele berufliche Einsatzgebiete. Das Studium und die praktische Ausbildung während des Referendariats gewähren den angehenden Juristen und Juristinnen Einsichten in die unterschiedlichsten gesellschaftlichen Bereiche (zum Beispiel ordentliche Gerichtsbarkeit, Verwaltungs- und Strafjustiz). Hinzu kommen die fast unbegrenzten Kombinationsmöglichkeiten mit anderen Sachgebieten (wie etwa Wirtschafts- oder Medienwissenschaften, Medizin-, Umwelt- oder Informationstechnologien). Daher ist es beispielsweise nicht verwunderlich, dass ein Großteil der Politiker in unserem Lande Juristen sind. Auf Grund der Bandbreite ihrer juristischen Ausbildung scheinen sie geradezu dazu prädestiniert zu sein, Gesellschaftsprobleme unabhängig von dem jeweiligen Sachgebiet rechtspolitisch zu analysieren und gesetzlich zu regeln.

Generell genießen Juristen in unserer Gesellschaft ein hohes Sozialprestige. Häufig wird von ihnen in den verschiedensten Lebensbereichen ein sicheres Urteilsvermögen und Entscheidungskompetenz erwartet. Eine derartige Erwartungshaltung an Juristen ist im Großen und Ganzen auch berechtigt, zumal sie – insbesondere als Volljuristen mit der Befähigung zum Richteramt – in der Lage sein müssen, unterschiedlichste Lebenssachverhalte gegeneinander abzuwägen und rechtlich zu werten. Hierbei handelt es sich gleichzeitig um Eigenschaften, die grundsätzlich in allen beruflichen Positionen wünschenswert sind, in denen es auf die Fähigkeit ankommt, in verantwortungsbewusster Weise Entscheidungen zu treffen (wie etwa im Management eines Wirtschaftsunternehmens). Deshalb ist es nicht verwunderlich, dass in der Privatwirtschaft Führungspositionen weiterhin gern mit Juristen besetzt werden. Dies gilt insbesondere für Versicherungen und andere Finanzdienstleister sowie in den Bereichen Wirtschaftsprüfung, Steuer-, Unternehmens- und Personalberatung.

Aber auch im öffentlichen Dienst bieten sich trotz leerer Staatskassen und Stellenabbau unter bestimmten Voraussetzungen weiterhin gute Berufs-Chancen für Berufsanfänger. Wer möglicherweise während seines Referendariats eine besondere Eignung für den Beruf des Richters oder Staatsanwalts entdeckt hat und am Ende seiner Ausbildung Prädikatsexamina aufweisen kann, sollte in diesem Fall positiv denken und seinen Weg ruhig weiter verfolgen. Auf Grund der derzeitigen Altersstruktur der Juristen im öffentlichen Dienst dürften die Berufsaussichten für den juristischen Nachwuchs gar nicht so dramatisch schlecht aussehen, wie so oft behauptet wird. In den nächsten zehn Jahren werden nämlich voraussichtlich jährlich 4.000 bis 5.000 Juristen aus dem Erwerbsleben ausscheiden (bei einem durchschnittlichen Austrittsalter von 63 Jahren)[3]. Dem stehen etwa 10.000 Jura-Absolventen mit zweitem Staatsexamen pro Jahr gegenüber. Hier heißt es allerdings, sich durch gute Leistung und Eignung sowie durch besonderes Engagement aus dem Heer der Mitbewerber hervorzuheben. Dabei können für eine erfolgreiche Bewerbung um eine Stelle im öffentlichen Dienst unter anderem auch die Stationszeugnisse des Referendariats eine nicht zu unterschätzende Rolle spielen.

Gerade für Berufsanfänger dürfte vor allem eine Beschäftigung in einer großen Anwaltskanzlei attraktiv sein. Allerdings ist auch hier eine herausragende juristische Qualifikation (Prädikatsexamina) Grundbedingung für eine Erfolg versprechende Bewerbung. Darüber hinaus werden selbstverständlich exzellente, möglichst im Ausland erworbene Englischkenntnisse sowie Kommunikationsbereitschaft, Teamgeist und die Fähigkeit zu partnerschaftlichem Denken und Handeln erwartet. Wer in einer Großkanzlei wie beispielsweise Clifford Chance Pünder Fuß gefasst hat, dem wird häufig in unternehmenseigenen Fortbildungsakademien die Möglichkeit geboten, sich gezielt für die Unternehmenskarriere weiterzubilden. Unter Umständen erhalten Sie als Junganwalt beziehungsweise Junganwältin in einer weltweit agierenden Anwaltskanzlei sogar die einzigartige Chance, in einer internationalen Metropole (wie zum Beispiel Sydney, New York oder Tokio) leben und arbeiten zu können.

Zeiten politischer Umbrüche, wie wir sie seit einigen Jahren durchleben, zwingen in vielen Bereichen zum Umdenken sowohl im positiven als auch im negativen Sinne. Betrachtet man diese Entwicklung unabhängig von

---

[3] Quelle: Statistisches Bundesamt, Sonderauswertung „Erwerbstätige mit Universitätsabschluss nach Altergruppen 2000 Jura".

den damit verbundenen gesellschaftspolitischen und konjunkturellen Begleitproblemen, so bieten unter anderem die Erweiterung der Europäischen Union sowie die Globalisierung der Märkte auch Juristen neue Einsatzmöglichkeiten. Deshalb kann es beispielsweise manchmal durchaus sinnvoller sein, nicht die Befähigung zum Richteramt anzustreben, sondern etwa nach der Erlangung eines Fachhochschul-Diploms im Studiengang Wirtschaftsrecht einen juristischen Master-Abschluss in Großbritannien zu erlangen. Da sich ein Absolvent mit dieser Qualifikation europaweit als Anwalt niederlassen kann – sofern er die erforderliche Bereitschaft zur Mobilität mitbringt – besteht die Möglichkeit, auf diese Weise die persönlichen Karriere-Chancen erheblich zu erweitern. Hieran wird deutlich, wie wichtig vor allem die richtige Wahl und Planung der juristischen Ausbildung im Einzelfall sein kann (vgl. Kapitel 2).

Zusammenfassend kann festgestellt werden, dass die Berufswahl „Jurist" beziehungsweise „Juristin" nur für diejenigen Erfolg versprechend ist, die flexibel und engagiert genug sind, sich gezielt interdisziplinär zu spezialisieren sowie gegebenenfalls neue, für Juristen bisher auch untypische Betätigungsfelder zu betreten. Unumgänglich sind außerdem die Bereitschaft zur Mobilität und die Fähigkeit „über den Tellerrand" zu schauen. So können beispielsweise Grundkenntnisse aus den Bereichen Mediation und Moderation (vgl. Kapitel 4.4) Bewerbern bei großen Wirtschaftsunternehmen (sowohl im Hinblick auf innerbetriebliche Mediation als auch auf Mediation zwischen Unternehmen) oder im kommunalen Bereich (zum Beispiel im Konfliktmanagement mit Bürgern und Wirtschaftsunternehmen) Pluspunkte einbringen. Dagegen dürften es Absolventen mit lediglich durchschnittlichen Examina in der Privatwirtschaft künftig noch schwerer haben, sich gegen „Konkurrenten" aus dem Bereich Wirtschaftswissenschaften durchzusetzen.

1.1 Die Entwicklung auf dem „Juristen-Markt"

Zwar sind die Stellenangebote für Juristen im Jahre 2002 im Vergleich zum Vorjahr nach einer zwischenzeitlichen Konsolidierung wieder gesunken, wobei gleichzeitig ein Anstieg der Arbeitslosenzahlen vor allem bei den Berufsanfängern zu verzeichnen war (einem Angebot von 2.145 offenen Stellen standen 7.593 Bewerber gegenüber). Allerdings ging das Stellenangebot für Juristen im Verhältnis zu anderen akademischen Berufen nur leicht zurück. Insofern ist die Einstellungssituation für junge Juristen noch deutlich besser als beispielsweise für IT-Experten oder Volkswirte. Aufgrund des großen Angebots an Bewerbern setzen die Arbeitgeber und

Personalchefs die Einstellungsvoraussetzungen entsprechend höher an. Größter Wert wird dabei zunächst auf die Fachkompetenz gelegt, das heißt im Bewerbungsverfahren wird zu aller erst auf die Examensnote geschaut.

Nach der Statistik des BMJ für das Jahr 2002 schlossen die 12.149 geprüften Kandidaten ihr zweites juristisches Staatsexamen mit folgenden Noten ab:

sehr gut		gut		vollbefriedigend		befriedigend		ausreichend	
Zahl	%	Zahl	%	Zahl	%	Zahl	%	Zahl	%
5	0,04	209	1,72	1.637	13,47	4.376	36,02	4.103	33,77

Die Zahl der nicht bestandenen Prüfungen lag bei 1.819. Das sind immerhin 14,97%.

Bewerber, die nicht wenigstens ein „vollbefriedigend" vorweisen können (2002 war dies gerade mal ein Sechstel der Bewerber), haben allerdings nur wenig Chancen, in die engere Wahl zu kommen. Ihnen bleibt in der Regel nur der Weg in die Selbstständigkeit oder in eine nicht ausbildungsadäquate Beschäftigung. Absolventen ohne zweites Staatsexamen oder Studienabbrecher hatten nach dem Jahresbericht 2002 der Zentralstelle für Arbeitsvermittlung (ZAV) nur die Möglichkeit, eine Anstellung in alternativen Berufsfeldern zu finden (wie zum Beispiel im Außendienst oder bei der Schadenssachbearbeitung von Versicherungen).

Anwaltskanzleien und Wirtschaftsunternehmen erwarten neben überdurchschnittlichen Examina auch Berufserfahrungen in Rechtsgebieten wie Steuer-, Wirtschafts- oder internationales Recht. Je nach ihrem Einsatz in der Privatwirtschaft wird von juristischen Mitarbeitern unter Umständen auch kaufmännisches Wissen verlangt. Hierfür stehen aber oftmals firmeneigene Trainee-Programme für die Weiterbildung zur Verfügung. International tätige Wirtschaftsunternehmen erwarten zudem gute bis sehr gute Fremdsprachenkenntnisse sowie zusätzlich Auslandserfahrung und die Bereitschaft zur Mobilität. Wer sich als Jurist um eine Stelle im Bereich der Unternehmensberatung bewirbt, sollte zusätzlich steuerrechtliche und betriebswirtschaftliche Kenntnisse mitbringen, um mit Absolventen der Betriebswirtschaftslehre überhaupt konkurrieren zu können.

Branchenspezifisch zeichnete sich zudem eine Priorität für bestimmte Rechtsgebiete ab. So sollten beispielsweise Juristen in Rechts- und Personalabteilungen insbesondere über gute Kenntnisse im Arbeits- und Sozialrecht sowie im Vertrags- und Gesellschaftsrecht verfügen. Dagegen sind in den Konzernzentralen Marken- und Gesellschaftsrecht sowie zusätzlich

Öffentliches Recht gefragt. Eine besondere Qualifikation im Wirtschaftsrecht sollten vor allem Bewerber mitbringen, die in einer Großkanzlei mitarbeiten möchten. An dieser Entwicklung wird deutlich, wie wichtig eine gezielte Planung der juristischen Ausbildung für die späteren Berufs-Chancen sein kann.

Die Vermittlung der meisten Bewerber in unbefristete Stellen gelang der Bundesanstalt für Arbeit im Jahr 2002 erstaunlicherweise im Bereich des öffentlichen Dienstes. Ansonsten kamen die meisten Stellenangebote von Anwaltskanzleien, die aber häufig nur „freie Mitarbeiter" suchten. Hier hatten vor allem Bewerber, die bereits über einige Berufserfahrung, fachliche Flexibilität und aktuelles juristisches Fachwissen verfügten, die besseren Chancen.

1.2 Das Berufsbild des Juristen der Zukunft

Wie sieht nun also das Berufsbild „des Juristen" in der Zukunft aus und über welche Fähigkeiten sollte er grundsätzlich verfügen, um seine Chancen auf eine adäquate Anstellung zu verbessern? Die Antwort auf diese Frage hat differenziert zu erfolgen, weil sich künftig die Grenzen zwischen reiner juristischer Tätigkeit und anderen Disziplinen mit einiger Sicherheit weiter überschneiden werden. Dieser Entwicklung trägt unter anderem auch die zum 1. Juli 2003 in Kraft getretene Reform der Juristenausbildung Rechnung. Demzufolge soll das Studium intensiver als bisher auf die rechtsprechende, verwaltende und rechtsberatende Praxis vorbereiten. Deshalb soll künftig vor allem die anwaltsorientierte Ausbildung der Juristinnen und Juristen verstärkt und der internationalen Orientierung in der Juristenausbildung ein höherer Stellenwert beigemessen werden.

Da eine erfolgreiche Arbeit in juristischen Berufen nicht nur Fachkenntnisse voraussetzt, sondern in zunehmendem Maße auch nichtjuristische Fähigkeiten, sollen interdisziplinäre Schlüsselqualifikationen wie etwa Verhandlungsmanagement, Gesprächsführung, Rhetorik, Streitschlichtung, Mediation, Vernehmungstaktik und Kommunikationsfähigkeit vermehrt vermittelt beziehungsweise gefördert werden. Mehr zum Inhalt der Reform der Juristenausbildung erfahren Sie in Kapitel 2.2.1.

Bereits heute lässt sich eine erhöhte Nachfrage nach solchen Juristen und Juristinnen erkennen, die fachlich besonders spezialisiert und versiert sind. Vor allem für diejenigen, die später eine Beschäftigung in der Privatwirtschaft anstreben, könnte der Studiengang Wirtschaftsrecht, der inzwischen an fast 20 Fachhochschulen und mehreren Universitäten angeboten wird, Vorteile bringen. So sind beispielsweise die ersten Absolventen und Absolventinnen dieses Studiengangs als Diplom-Wirtschaftsjuristen laut einer Untersuchung der Fachhochschule Lüneburg vor allem bei Finanzdienstleistern und Wirtschaftsprüfern in kürzester Zeit unter Vertrag gewesen. Hieran wird deutlich, dass es nicht immer der lange und steinige Weg über die beiden Staatsexamina und das Referendariat sein muss, um als Jurist beziehungsweise Juristin Karriere zu machen.

Ein guter Jurist sollte außerdem – unabhängig von seinen Examensnoten und etwaigen Spezialisierungen – stets über ein breit angelegtes juristisches Grundwissen in den wichtigsten Rechtsgebieten sowie über eine ausgeprägte Sozialkompetenz verfügen. Darüber hinaus sind gute bis sehr gute Fremdsprachen- sowie IT-Kenntnisse, betriebswirtschaftliches Basiswissen und in der Regel auch eine internationale Ausrichtung für eine juristische Karriere unabdingbar. So werden beispielsweise gute Kenntnisse im Europäischen Recht inzwischen fast überall (auch im öffentlichen Dienst) vorausgesetzt. Wenn sich zu einem solchen soliden „Grundstock" noch ein ausgeprägter Gerechtigkeitssinn, eine schnelle Auffassungsgabe, die Fähigkeit zu analytischem Denken sowie eine gewisse Freude an juristischen Problemlösungen hinzugesellen, dürften die wichtigsten Voraussetzungen erfüllt sein, die einem Juristen ein breites Spektrum von Berufsmöglichkeiten eröffnen.

2 Auf die Planung kommt es an

Aufgrund der in Kapitel 1 dargestellten schwierigen Situation auf dem Arbeitsmarkt für Juristen ist es heute wichtiger denn je, die berufliche Karriere so realistisch und früh wie möglich zu planen. Das heißt aber gleichzeitig, dass wichtige Grundentscheidungen, so beispielsweise, ob eine Tätigkeit im öffentlichen Dienst oder in der Privatwirtschaft angestrebt wird, bereits zu einem sehr frühen Zeitpunkt zu treffen sind. Dennoch werden nur die wenigsten Studienanfänger im Fach Rechtswissenschaft bereits eine konkrete Berufsvorstellung haben. Wünschenswert wäre es aber, wenn bereits nach dem ersten oder zweiten Semester zumindest schon die Weichen in der Weise gestellt werden könnten, dass die erforderlichen Zusatzqualifikationen für die angestrebte Karriere schon während des Studiums erlangt werden. Der späteste Zeitpunkt für eine fachliche Spezialisierung dürfte der Beginn des Referendariats sein, sofern die zweite Staatsprüfung ebenfalls abgelegt werden soll.

Die Entscheidung für eine bestimmte berufliche Ausrichtung kann unter anderem erheblich durch Praktika im In- oder Ausland vor Studienbeginn oder während der Semesterferien erleichtert werden (vgl. Kapitel 2.5). Für diejenigen, die eine spätere Anwaltstätigkeit ins Auge fassen, könnte es zum Beispiel nützlich sein, sich während des Studiums mit Hilfe eines Aushilfsjobs in einer Anwaltskanzlei frühzeitig Einblick in dieses Berufsbild zu verschaffen. Wichtig ist ebenso eine geschickte Auswahl der Referendariatsstationen. Auch Sprach- oder IT-Kurse sollten möglichst gleich neben dem Studium absolviert werden. Außerdem bieten etliche Universitäten und Akademien verschiedene Aufbaustudien an (weitere Hinweise im Anhang). Die Fernuniversität Hagen bietet beispielsweise einen zweisemestrigen Weiterbildungsstudiengang zum Mediator an.

Alles in allem ist also ein erhebliches Arbeitspensum und jede Menge persönliches Engagement erforderlich, um optimale Karriere-Bedingungen zu schaffen. Dieser hohe Einsatz zahlt sich jedoch erfahrungsgemäß später aus. Das Wichtigste hierbei ist allerdings, dass Sie sich für eine berufliche Tätigkeit entscheiden, für die ein persönliches Interesse bei Ihnen besteht. Anderenfalls wird es Ihnen auf Dauer nicht gelingen, sich zur Erreichung Ihres Berufszieles ausreichend zu motivieren.

2.1 Welcher Abschluss wird benötigt?

Von besonderer Bedeutung ist die Entscheidung, welcher Studienabschluss für die in Aussicht genommene juristische Berufskarriere überhaupt erforderlich ist. Hierbei ist vor allem zu bedenken, dass die Ausbildung zum so genannten Volljuristen (mit der Befähigung zum Richteramt), in Deutschland immer noch erheblich länger dauert als in vielen anderen Ländern. Gleichzeitig spielt beim Eintritt in das Berufsleben bei den Bewerbern oftmals auch das Einstellungsalter eine entscheidende Rolle. Obwohl einerseits ein umfangreiches Fachwissen und zumindest erste Berufserfahrungen erwünscht sind, werden bei der Einstellung in der Regel jüngere Bewerber bevorzugt. Aus diesem Grund erfahren Sie nachfolgend, welcher Abschluss unter dieser Prämisse für das jeweils angestrebte juristische Berufsfeld am sinnvollsten ist.

2.1.1 Ist das zweite Staatsexamen notwendig?

Unabdingbar erforderlich ist das zweite Staatsexamen, wenn Sie später in einem „klassischen" juristischen Beruf (wie etwa Richter, Staatsanwalt, Beamter im höheren Dienst) tätig sein wollen. Auch die großen internationalen Anwaltskanzleien legen in der Regel Wert auf beide Staatsexamina, obwohl es mittlerweile mit Hilfe entsprechender Aufbaustudien ebenfalls möglich ist, in bestimmten Bereichen eine Anwaltstätigkeit auszuüben.

Wem als Jurist eine Banker-Karriere vorschwebt, sollte generell ebenfalls beide Staatsexamina vorweisen können und – wenn möglich – zusätzlich noch eine abgeschlossene Banklehre. Auf diese Weise oder über eine Trainee-Ausbildung kann ein Jurist schließlich zum Banker werden. Eine interessante Ausbildungsalternative hat die Deutsche Bundesbank unter anderem für Juristen mit erstem Staatsexamen eingeführt. Diese können dort als Bundesbankreferendare nach einer theoretischen und praxisbezogenen Ausbildung von über zwei Jahren Führungsaufgaben im höheren Bankdienst wahrnehmen.

Inzwischen gibt es allerdings eine Reihe von juristischen Tätigkeitsfeldern, in denen entweder das erste juristische Staatsexamen zusammen mit einer Zusatzausbildung oder ein juristisches Diplomstudium an einer Fachhochschule oftmals bessere Einstellungs-Chancen bieten, als ein zweites Staatsexamen. Diese Varianten werden nachfolgend ausführlich dargestellt. Eine Alternative zu der herkömmlichen Ausbildung zum Volljuristen sind zudem Studiengänge, die mit dem Bachelorabschluss (LL.B.) enden (vgl. Kapitel 2.1.3.).

2.1.2 Wann genügt ein Diplomabschluss?

Seit über zehn Jahren werden an verschiedenen Fachhochschulen sowie inzwischen auch an etlichen Universitäten Diplom-Wirtschaftsjuristen ausgebildet. Nach der Statistik der Wirtschaftsjuristischen Hochschulvereinigung (WHV) waren im Wintersemester 2003/2004 an insgesamt 20 Fachhochschulen im Bundesgebiet 6.311 Studenten und Studentinnen immatrikuliert. Diese Statistik erfasst allerdings nicht alle Fachhochschulen sowie ebenfalls nicht die Universitäten, die derartige Studiengänge anbieten.

Diplom-Wirtschaftsjuristen bieten sich in bestimmten Wirtschaftsbereichen häufig erheblich bessere Karriere-Chancen als Volljuristen. Dies belegen jedenfalls neuere Erhebungen über Absolventen der Fachhochschulen Mainz und Lüneburg. Großunternehmen der Privatwirtschaft sowie Wirtschaftsprüfungs-, Steuerberater- und Insolvenz-Kanzleien sollen sich um die jungen Wirtschaftsjuristen geradezu gerissen haben. Der Grund hierfür dürfte vor allem in der sehr praxisorientierten Konzeption dieser Studiengänge liegen. So werden hier beispielsweise vorrangig wirtschaftsrelevante Rechtsthemen wie Wirtschaftsprivatrecht und -verwaltungsrecht, Unternehmensrecht, Arbeitsrecht, Steuerrecht und Prüfungswesen gelehrt. Hinzu kommen als Pflichtfächer unter anderem englische Rechts- und Wirtschaftsprache sowie Kurse in Marketing, Finanzierung und Investition sowie Personal und Organisation. Darüber hinaus sind Spezialisierungen möglich, wie beispielsweise auf Sanierungs- und Insolvenzmanagement oder Medienwirtschaft. Eine derartige Bandbreite kann der „gemeine Einheitsjurist" dagegen grundsätzlich nicht aufweisen.

Im Gegensatz dazu sind derartige Erfolgsmeldungen über den Einsatz von Diplom-Juristen, die diesen Studienabschluss nach dem ersten juristischen Staatsexamen erhalten können, bisher ausgeblieben. Dies ist auch kaum verwunderlich, weil der Titel „Diplom-Jurist" allein keine besondere Qualifikation darstellt. Er kann bei etlichen Universitäten vielmehr – ohne die Erfüllung weiterer Voraussetzungen – nach bestandenem ersten Staatsexamen auf Antrag erlangt werden. Interessant kann der Abschluss „Diplom-Jurist" für diejenigen sein, die beispielsweise eine Tätigkeit als Justitiar in einem Wirtschaftsunternehmen anstreben. Hier wird nämlich nicht unbedingt auf die praktische Ausbildung eines Juristen im Referendariat und das zweite Staatsexamen Wert gelegt. Grundsätzlich gilt aber: Ohne eine entsprechende Spezialisierung beziehungsweise ein Aufbaustudium haben solche Diplom-Juristen kaum bessere Berufs-Chancen als Juristen mit erstem Staatsexamen.

2.1.3 Welche Chancen bieten die Abschlüsse Bachelor und Master of Law?

Seit 1999 gibt es in Deutschland auch juristische Bachelor- und Master-Studiengänge. Mit dem Grad eines Bachelors of Laws (LL.B.) kann bereits nach sechs bis sieben Semestern ein erster berufsqualifizierender Abschluss erlangt werden. Unter anderem bietet auch die Fernuniversität Hagen einen juristischen Bachelorstudiengang an, der wirtschaftsorientiert ist. Im Anschluss daran besteht die Möglichkeit, ein Masterstudium an einer in- oder ausländischen Universität anzuschließen.

Der juristische Bachelorstudiengang dauert an den meisten deutschen Hochschulen sechs Semester. An der Fachhochschule Wiesbaden dauert der Studiengang Business Law allerdings beispielsweise insgesamt acht Semester. In der Regel werden neben der juristischen Grundausbildung während des Studiums die wichtigsten wirtschaftswissenschaftlichen Grundlagen vermittelt, wie etwa Marketing, Controlling und Finanzierung. In Kursen über Rhetorik und Präsentationstechniken werden die Studenten und Studentinnen darüber hinaus für die Praxis fit gemacht. Zum Teil werden die Lehrveranstaltungen in englischer Sprache abgehalten. In speziellen Seminaren werden die Studenten vor allem in Wirtschafts- und Business-Englisch geschult, um englische Fachtexte zu verstehen und gegebenenfalls das Studium später an einer englischsprachigen Hochschule fortzuführen.

Auf Grund der breit angelegten Qualifizierung bieten sich für die Absolventen und Absolventinnen vielfältige Berufs- und Arbeitsmarktchancen. Ziel der Ausbildung ist es, kompetentes Personal für leitende Aufgaben im kaufmännischen Managementbereich mit bereichsübergreifenden Funktionen im Umfeld von Betriebswirtschaft, Wirtschafts- und Steuerrecht auszubilden. Nach entsprechender Berufspraxis kann beispielsweise auch eine Prüfung zum Steuerberater und/oder Wirtschaftsprüfer abgelegt werden.

Masterstudiengänge können – je nach den örtlichen Zugangsvoraussetzungen – auch für Bachelorabsolventen und -absolventinnen in Betracht kommen. Es gibt verschiedene Arten von Masterstudiengängen, so zum Beispiel für Rechtsvergleichung und Europäisches Recht („Comparative Law and EU Law") oder speziell für Steuerrecht (Tax and Economic Law"). Die Dauer eines Masterstudienganges kann unterschiedlich lang sein. Außerdem gibt es Masterprogramme als eigenständige sowie als weiterqualifizierende Studiengänge. So wird beispielsweise an der Universität Gießen ein achtsemestriger Magisterstudiengang angeboten, der mit dem Abschluss „Magister Iuris Internationalis" (MJI) endet und die Absolventen und Absolventinnen befähigen soll, in einem juristischen Berufsfeld mit internationalem beziehungsweise europäischem Schwerpunkt tätig zu sein.

Dagegen gibt es an anderen Universitäten (zum Beispiel Universität Greifswald) Masterstudiengänge, die sich lediglich über drei oder vier Semester erstrecken und als Vertiefungsstudium beziehungsweise Zusatzqualifizierung zu verstehen sind. Auf diese Weise können sich grundsätzlich auch Juristen mit erstem Staatsexamen weiterqualifizieren. Im Wege einer Doppeleinschreibung ist – je nach Studien- beziehungsweise Prüfungsordnung – auch ein Parallelstudium mit dem Staatsexamensstudiengang denkbar. Auf diese Weise kann die Studiendauer natürlich erheblich verkürzt werden.

Vor allem bei Bewerbern in Großkanzleien werden derartige Zusatzqualifikationen – insbesondere wenn sie im Ausland erlangt wurden – gern gesehen. In der Regel schreiben die Prüfungsordnungen für Masterstudiengänge zudem den Nachweis eines einjährigen Auslandsstudiums vor. Dieses kann im Bewerbungsverfahren ebenfalls Pluspunkte bringen. Oftmals hat der Master of Law in Großkanzleien einen höheren Stellenwert als ein Doktortitel. Aber auch international operierende Wirtschaftsunternehmen, Verbände und EU-Behörden zeigen ein verstärktes Interesse an Juristen mit diesen Abschlüssen.

2.1.4 Ist eine Promotion nützlich?

Der Doktortitel bringt nicht nur Prestige, sondern gilt in großen Anwaltskanzleien und Wirtschaftsunternehmen nach wie vor als ein wichtiges Einstellungskriterium. Nicht selten ist er sogar Einstellungsvoraussetzung. Außerdem kann ein promovierter Jurist in der Regel auch mit einem höheren Anfangsgehalt rechnen. Ebenso dürfte eine Promotion bei einer späteren freiberuflichen Tätigkeit als Rechtsanwalt, Steuerberater oder Wirtschaftsprüfer von Vorteil sein.

Allerdings sollte ein angehender Jurist tunlichst vermeiden, durch die Promotion unnötig viel Zeit zu verlieren. Wer später nicht weiter in der Wissenschaft tätig sein möchte, muss dabei auch nicht auf ein „summa cum laude" hinarbeiten. Da in der Wirtschaft grundsätzlich junge Bewerber bevorzugt eingestellt werden, sollte eine Promotion möglichst gleich nach dem ersten Staatsexamen während der Wartezeit bis zum Referendariat angefertigt werden.

Wer im wissenschaftlichen Bereich tätig sein möchte, muss allerdings eine Super-Promotion vorlegen. Schließlich ist die Konkurrenz groß, gegen die es sich durchzusetzen gilt. Im Jahr 2000 gab es immerhin 1.634 Promotionen im Fach Rechtswissenschaft. Bisher galt als Durchschnittswert für die Anfertigung einer anspruchsvollen juristischen Dissertation eine Dauer von vier bis fünf Jahren. Seit der Änderung des Hochschulrahmengesetzes vom 23. 2. 2002 sollte die Promotion nach einer befristeten Beschäftigung an deutschen Hochschulen von höchstens sechs Jahren abgeschlossen sein. Anderenfalls würde die Erlangung einer so genannten Juniorprofessur als Voraussetzung für die weitere wissenschaftliche Laufbahn von vornherein ausscheiden (§ 47 HRG). Seit der Entscheidung des Bundesverfassungsgerichts vom 27. Juli 2004 (Az.: 2 BvR 2/02) bleibt es allerdings den Ländern vorbehalten, die Qualifikation für die wissenschaftliche Laufbahn von Juristen gesetzlich zu regeln.

2.1.5 Für wen ist Jura als Nebenfach sinnvoll?

Bestimmte Teilgebiete der Rechtswissenschaft können als Nebenfach beispielsweise in den Diplomstudiengängen Betriebs- und Volkswirtschaftslehre oder auch in einem der zuvor genannten Magisterstudiengänge nützlich sein. Auf diesem Wege können zusätzliche Kompetenzen erlangt werden, die vor allem in solchen Berufsfeldern von Vorteil sind, in denen starke Verknüpfungen mit speziellen Rechtsgebieten bestehen. Hierzu zählen unter anderem die öffentliche Verwaltung oder das Personalwesen.

Für das Nebenfachstudium sind die Prüfungsordnung des Hauptstudiums sowie die Nebenfachordnung des jeweiligen Fachbereichs Rechtswissenschaft ausschlaggebend. Bei einem Jurastudium als Nebenfach können die Studierenden in der Regel mindestens zwischen folgenden Rechtsgebieten wählen: Zivilrecht, Öffentliches Recht oder Strafrecht.

2.2 Wie kann das Jurastudium gestaltet werden?

Das Jurastudium muss nicht immer ganz klassisch an einer rechtswissenschaftlichen Fakultät absolviert werden. Seit mehreren Jahren gibt es in Deutschland neben den Universitäten auch private Law Schools wie zum Beispiel die *Bucerius Law School* in Hamburg, die ihren Betrieb am 1. Oktober 2000 aufgenommen hat. Dort besteht die Möglichkeit, bereits nach neun Trimestern den akademischen Titel des Baccalaureus Legum oder Bachelor of Laws (LL.B.) zu erlangen oder nach elf Trimestern das Erste Juristische Staatsexamen abzulegen.

Aber auch die bestehenden Rechtsfakultäten sollen künftig inhaltlich gestärkt und praxisbezogener werden. Dabei bleibt allerdings abzuwarten, wie sich die Bestrebungen der Reform der Juristenausbildung in der Praxis umsetzen lassen. Eine länderübergreifende Juristenausbildung bietet beispielsweise schon jetzt das Kooperationsprojekt *Hanse Law School*, das gemeinsam von den Universitäten Bremen, Oldenburg und Groningen getragen wird.

Welche Vor- und Nachteile ein Jurastudium an einer staatlichen Universität beziehungsweise einer privaten Law School mit sich bringt, ist nachfolgend im Einzelnen dargestellt. Außerdem werden beispielhaft neue juristische Studiengänge und Ergänzungsstudienprogramme (wie etwa Europäisches und Internationales Wirtschaftsrecht, Law and Economics) an verschiedenen Universitäten vorgestellt, die eine gute Möglichkeit bieten, sich durch spezielle Qualifikationen vom so genannten Einheitsjuristen zum Fachjuristen zu spezialisieren.

2.2.1 Der Ablauf des Jurastudiums und des Referendariats nach bisherigem Recht

Die Grundzüge der Juristenausbildung sind im Deutschen Richtergesetz (DRiG) geregelt. Danach gliedert sich die Ausbildung in ein universitäres Studium, das mit der Ersten Juristischen Staatsprüfung abgeschlossen wird, und einer praktischen Ausbildung, dem juristischen Vorbereitungsdienst (Referendariat). Nach Beendigung der Referendarzeit kann dann die Zweite Juristische Staatsprüfung abgelegt werden. Wird auch diese erfolgreich abgeschlossen, erlangen Sie die Befähigung zum Richteramt sowie zum höheren Verwaltungsdienst und dürfen sich als „Volljurist" oder korrekter als Assessor beziehungsweise Assessorin bezeichnen. Als Volljurist können Sie aber auch die Zulassung zur Rechtsanwaltschaft beantragen oder jeden anderen juristischen Beruf ergreifen.

Die juristische Ausbildung kann in den einzelnen Bundesländern durchaus ein wenig variieren, weil die Länder die Details der Juristenausbildung in speziellen Juristenausbildungsgesetzen (JAG) beziehungsweise Juristenausbildungs- und Prüfungsgesetzen (JAPG) festlegen. Darüber hinaus gibt es zusätzlich noch Juristenausbildungsordnungen (JAO) beziehungsweise Juristenausbildungs- und Prüfungsordnungen (JAPO). In Bayern gilt ausschließlich eine JAPO und kein Juristenausbildungsgesetz.

Die Mindeststudienzeit bis zum ersten Staatsexamen beträgt dreieinhalb Jahre oder sieben Semester. Sie darf in Ausnahmefällen um bis zu drei Semester verkürzt werden. Dies ist beispielsweise in solchen Fällen denkbar, in denen ein Student auf Grund einer vorangegangenen Berufstätigkeit entsprechende Rechtskenntnisse vorweisen kann, die angerechnet werden. Als Regelstudienzeit für das Jurastudium sind neun Semester festgelegt. Wer diese Regelstudienzeit überschreitet, muss damit rechnen, kein BAföG mehr zu erhalten oder teure Studiengebühren zahlen zu müssen. Die

Mehrzahl aller Jurastudenten und -studentinnen benötigt bis zur ersten juristischen Staatsprüfung acht Semester. Im Jahr 2000 waren dies beispielsweise 41,1 Prozent. Bundesweit lag die durchschnittliche Studiendauer im Fach Rechtswissenschaft 2002 bei 9,58 Semestern.

Das Universitätsstudium

Während des Studiums sind bestimmte Pflichtfächer zu absolvieren. Hierzu gehören gemäß § 5a Abs. 2 S. 2 DRiG die Kernbereiche des Bürgerlichen Rechts, des Strafrechts, des Öffentlichen Rechts und des Verfahrensrechts einschließlich der europarechtlichen Bezüge, der rechtswissenschaftlichen Methoden und der philosophischen, geschichtlichen und gesellschaftlichen Grundlagen. Die konkrete Festlegung der Pflichtfächer obliegt den Ländern in ihren Gesetzen und Verordnungen zur Juristenausbildung. Zusätzlich zu den Pflichtfächern sind Wahlfächer aus bestimmten Rechtsgebieten zu belegen. Diese dienen der Vertiefung und Ergänzung des Jurastudiums.

Das Jurastudium gliedert sich in ein Grundstudium und ein Haupt- beziehungsweise Vertiefungsstudium. Während des Grundstudiums werden die wichtigsten Grundlagen der Rechtswissenschaft, wie zum Beispiel die Methodenlehre, Rechts- und Verfassungsgeschichte, Rechtstheorie, Rechtsphilosophie und -soziologie durch entsprechende Vorlesungen vermittelt. Zusätzlich finden unter anderem Arbeitsgemeinschaften und Übungen zum Zivilrecht, zum Strafrecht sowie zum Öffentlichen Recht statt, in denen der Vorlesungsstoff mit Hilfe von Übungsfällen praktisch angewandt wird und die angehenden Juristen und Juristinnen mit der Methodik der Fallbearbeitung vertraut gemacht werden.

Das Hauptstudium dient in erster Linie der Vertiefung der im Grundstudium erworbenen Rechtskenntnisse. Die Studierenden können durch die Belegung von Wahlfächern ihre eigenen Interessen verfolgen und bereits die Weichen im Hinblick auf eine spätere Spezialisierung stellen. Außerdem dient das Hauptstudium der Vorbereitung auf die Erste Juristische Staatsprüfung. Zu diesem Zweck werden vor allem während der letzten beiden Semester spezielle Seminare zur Wiederholung und Vertiefung sowie Klausurenkurse angeboten.

Die praktische Studienzeit

Während des Studiums ist in der vorlesungsfreien Zeit ein mindestens dreimonatiges Pflichtpraktikum zu absolvieren. Hierdurch sollen die Studierenden einen Einblick in die Rechts- und Verwaltungspraxis erlangen und die Möglichkeit erhalten, ihr juristisches Wissen praktisch anzuwenden. Die Pflichtpraktika können – je nach Landesprüfungsordnung – bei Gerichten, Staatsanwaltschaften, Verwaltungsbehörden, Rechtsanwälten und Notaren, in den Rechtsabteilungen von Wirtschaftsunternehmen oder auch bei Verbänden im In- und Ausland abgeleistet werden. In manchen Bundesländern ist es zulässig, die praktische Studienzeit in Abschnitten bei verschiedenen Stellen zu verbringen. Auch der Zeitpunkt, ab wann das Pflichtpraktikum angetreten werden kann, ist in der jeweils geltenden Landesprüfungsordnung geregelt. In der Regel sind zuvor eine bestimmte Anzahl von Semestern zurück zu legen oder vorgeschriebene Leistungsnachweise zu erbringen.

Das Erste Juristische Staatsexamen

Das Erste Juristische Staatsexamen ist die Zulassungsvoraussetzung dafür, den juristischen Vorbereitungsdienst (Referendariat) ableisten zu können. Nach bestandenem Examen können Sie bei dem zuständigen Oberlandesgericht Ihre Aufnahme in den juristischen Vorbereitungsdienst (Referendariat) beantragen. Nach der Ernennung dürfen Sie sich dann als Referendar beziehungsweise Referendarin bezeichnen.

Nach den Prüfungsordnungen der Länder wird zum Ersten Juristischen Staatsexamen zugelassen, wer die folgenden Grundvoraussetzungen erfüllt:

- ✓ Nachweis eines ordnungsgemäßen Studiums,
- ✓ Immatrikulation an der Universität des Prüfungsortes seit mindestens zwei Semestern vor der Prüfung,
- ✓ Großer Schein in den Fächern Zivilrecht, Strafrecht und Öffentliches Recht,
- ✓ Erfolgreiche Teilnahme an einem Seminar oder einer vergleichbaren Veranstaltung,
- ✓ Ableistung einer insgesamt dreimonatigen praktischen Studienzeit.

Diese formalen Mindestanforderungen für die Anmeldung zur Ersten Juristischen Staatsprüfung können in den einzelnen Bundesländern allerdings noch ein wenig variieren. Hierüber sollten Sie sich rechtzeitig informieren. Achten Sie auch auf die Anmeldungsfristen zur Prüfung und reichen Sie Ihre Unterlagen mit den erforderlichen Nachweisen rechtzeitig bei Ihrem zuständigen Landesjustizprüfungsamt ein. In der Regel werden Juristische Staatsprüfungen zweimal jährlich (im März und im September) abgenommen. Über die Meldefristen sollten Sie sich rechtzeitig bei Ihrem Landesjustizprüfungsamt erkundigen.

Das Examen selbst setzt sich aus einem schriftlichen und einem mündlichen Teil zusammen. Dabei kann die schriftliche Prüfung – je nach Landesprüfungsordnung – ausschließlich aus Klausuren oder auch aus einer Kombination von Klausuren und einer mehrwöchigen Hausarbeit bestehen. Die Klausurthemen werden aus den Bereichen Zivilrecht, Strafrecht und Öffentliches Recht gestellt.

Bis zur mündlichen Prüfung kann eine Weile vergehen, weil zunächst die schriftlichen Arbeiten korrigiert und bewertet werden müssen. Die Benotung erfolgt nach einer Punkteskala von 0 bis 18. Die Punktzahl 18 ist dabei die beste Note. Das Ergebnis der schriftlichen Prüfung wird Ihnen per Post mitgeteilt. Die Ladung zur mündlichen Prüfung erfolgt nur, wenn ein Kandidat eine in der Landesprüfungsordnung bestimmte Mindestpunktezahl erreicht hat.

Die mündliche Prüfung ist in der Regel in vier Abschnitte gegliedert, in denen die drei großen Rechtsgebiete Zivilrecht, Strafrecht und Öffentliches Recht sowie zusätzlich ein vom Prüfling benanntes Wahlfach behandelt werden. In dem Prüfungsgespräch werden meist mehrere Kandidaten gleichzeitig geprüft, wobei auf jeden einzelnen etwa eine Prüfungszeit von 40 bis 50 Minuten entfallen soll. Da Jurastudenten, die sich auf das Examen vorbereiten, als Zuhörer bei den Prüfungen zugelassen werden, ist es ratsam, von dieser Möglichkeit Gebrauch zu machen, um sich bereits ein wenig an die Ihnen bevorstehende Prüfungssituation zu gewöhnen.

Die Gesamtprüfungsnote setzt sich aus den Punktzahlen der schriftlichen sowie der mündlichen Prüfung zusammen und wird bis auf zwei Dezimalstellen hinter dem Komma berechnet. Was die Punktzahlen im Einzelnen über das Prüfungsergebnis aussagen, können Sie der umseitig abgedruckten Tabelle entnehmen.

Wer die Prüfung nicht besteht, kann diese in der Regel nur einmal wiederholen. Wenn Sie das Examen zwar bestanden haben, mit dem Ergebnis allerdings noch nicht zufrieden sind, dürfen Sie in den Ländern Bayern, Niedersachsen, Rheinland-Pfalz und Saarland grundsätzlich auch zum Zwecke der Notenverbesserung noch einmal wiederholen. In Baden-Württemberg besteht eine solche Möglichkeit zur Prüfungswiederholung nur für Kandidaten, die die erste Prüfung spätestens zum Ende des zehnten Fachsemesters begonnen haben.

Wer sich im so genannten Freiversuch („Freischuss") frühzeitig – in der Regel nach dem achten Semester – zur Prüfung angemeldet, hat ebenfalls noch eine zweite Chance. Wird die Prüfung nicht bestanden, dann gilt sie offiziell als nicht unternommen. Auch hier besteht für den Fall des bestandenen Examens zusätzlich die Möglichkeit, die Prüfung zum Zwecke der Notenverbesserung zu wiederholen. Wenn Sie sich zum „Freiversuch" anmelden, sollten Sie allerdings schon im eigenen Interesse wirklich so fit sein, dass Sie das Examen mit großer Wahrscheinlichkeit bestehen können. Auf keinen Fall aber sollten Sie sich leichtfertig dem enormen Stress eines Juristischen Staatsexamens aussetzen, nur weil man einen „Durchfaller" gut hat. Schließlich wollen Sie ja auch das best mögliche Ergebnis erzielen.

Punkte-Benotung im Jurastudium		
Punktezahl	Note	Umschreibung
16 -18	sehr gut	eine besonders hervorragende Leistung
13 – 15	gut	eine erheblich über den durchschnittlichen Anforderungen liegende Leistung
9 – 12	vollbefriedigend	eine über den durchschnittlichen Anforderungen liegende Leistung
7 – 9	befriedigend	eine Leistung, die in jeder Hinsicht durchschnittlichen Anforderungen entspricht
4 – 6	ausreichend	eine Leistung, die trotz ihrer Mängel durchschnittlichen Anforderungen noch entspricht
1 – 3	mangelhaft	eine an erheblichen Mängeln leidende, im Ganzen nicht mehr brauchbare Leistung
0	ungenügend	eine völlig unbrauchbare Leistung

Das Referendariat

Nach bestandener erster Staatsprüfung können Sie Ihren juristischen Vorbereitungsdienst absolvieren. Hierfür müssen Sie bei dem Präsidenten des zuständigen Oberlandesgerichts (in Berlin ist dies der Präsident des Kammergerichts) oder in Hessen und im Saarland bei den Justizministerien einen entsprechenden Antrag stellen. Das Referendariat muss nicht unbedingt in dem Bundesland abgeleistet werden, in dem das Erste juristische Staatsexamen abgelegt wurde.

Während des juristischen Vorbereitungsdienstes sollen die Referendare mit den Aufgaben von Rechtsprechung, Verwaltung und Rechtsberatung vertraut gemacht werden und dabei möglichst selbstständig und eigenverantwortlich arbeiten. Hierzu gehört es beispielsweise, dass sie unter Aufsicht ihres Ausbilders Gerichtsverhandlungen leiten oder als Sitzungsvertreter der Staatsanwaltschaft Sitzungstermine eigenständig wahrnehmen dürfen.

Da Referendarstellen nur begrenzt zur Verfügung stehen, kann es mancherorts leider zu langen Wartezeiten kommen. Diese sollten möglichst sinnvoll genutzt werden, zum Beispiel für die Anfertigung einer Dissertation oder ein Zusatzstudium zur weiteren Qualifizierung. Möglicherweise lässt sich während der Wartezeit sogar ein Auslandsstudium absolvieren.

Als Referendar werden Sie – je nach Bundesland – entweder in ein Beamtenverhältnis auf Widerruf oder in ein öffentlich-rechtliches Ausbildungsverhältnis berufen. Für die Zeit des Vorbereitungsdienstes erhalten Sie dann monatliche Bezüge beziehungsweise eine Unterhaltsbeihilfe. Die Höhe der Vergütung kann örtlich variieren. Sie können derzeit etwa mit einem Grundbetrag zwischen 830 und 990 Euro rechnen.

Die Referendarzeit dauert zwei Jahre. Der Ablauf des juristischen Vorbereitungsdienstes ist in § 5 b Abs. 1 DRiG vorgeschrieben. Danach sind zunächst vier Pflichtstationen zu absolvieren sowie am Ende eine so genannte Wahlstation. Letztere soll dazu dienen, einen Ausbildungsschwerpunkt zu setzen und dem Referendar eine Spezialisierung zu ermöglichen. Hier nun der Ablauf des Referendariats im Einzelnen und zwar zunächst nach der bisher geltenden Fassung des Deutschen Richtergesetzes sowie daran anschließend nach dem neuen Recht, von dem grundsätzlich alle Referendare erfasst sind, die ab dem 1. Juli 2005 in den Vorbereitungsdienst eintreten (Änderungen bleiben dem Landesrecht vorbehalten):

Die Pflichtstationen, die jeweils mindestens drei Monate dauern müssen, sind bei den folgenden Ausbildungsstellen abzuleisten:

1.) Bei einem ordentlichen Gericht in Zivilsachen (Zivilstation) oder – sofern das Landesrecht es vorsieht – bei einem Arbeitsgericht,
2.) bei einem Gericht in Strafsachen oder einer Staatsanwaltschaft (Strafrechtsstation),
3.) bei einer Verwaltungsbehörde (Verwaltungsstation) – in einigen Bundesländern besteht hierbei die Möglichkeit, die Verwaltungsstation bei einem Verwaltungs-, Finanz-, oder Sozialgericht zu absolvieren; ebenso kann in Länderregelungen bestimmt sein, dass eine Ausbildung an der deutschen Hochschule für Verwaltungswissenschaften in Speyer

auf die Verwaltungs- oder Wahlstation angerechnet werden kann – sowie
4.) bei einem Rechtsanwalt (Anwaltsstation) – je nach Landesrecht – auch bei einem ausländischen Rechtsanwalt.
5.) Die Ausbildung in der Wahlstation dauert mindestens vier, höchstens jedoch sechs Monate. Der Referendar kann dabei zwischen den folgenden Ausbildungsstellen wählen:

- eine der Pflichtstationen,
- eine gesetzgebende Körperschaft des Bundes oder eines Landes,
- ein Notar,
- ein Gericht der Verwaltungs-, Finanz-, Arbeits- oder Sozialgerichtsbarkeit,
- eine Gewerkschaft, ein Arbeitgeberverband oder eine Körperschaft wirtschaftlicher, sozialer oder beruflicher Selbstverwaltung,
- ein Wirtschaftsunternehmen,
- eine überstaatliche, zwischenstaatliche oder ausländische Ausbildungsstelle oder ein ausländischer Rechtsanwalt,
- eine sonstige Ausbildungsstelle, bei der eine sachgerechte Ausbildung gewährleistet ist.

Gem. § 5 b Abs. 2 DRiG n. F. findet die Ausbildung bei folgenden Pflichtstationen statt:

1.) einem ordentlichen Gericht in Zivilsachen,
2.) einer Staatsanwaltschaft oder einem Gericht in Strafsachen,
3.) einer Verwaltungsbehörde
4.) einem Rechtsanwalt statt.

Nach Abs. 4 S. 1 DRiG dauert eine Pflichtstation mindestens drei Monate, die bei einem Rechtsanwalt neun Monate. Die Rechtsanwaltsstation kann durch Regelungen des Landesrechts bis zu einer Dauer von drei Monaten bei einem Notar, einem Unternehmen, einem Verband oder bei einer sonstigen Ausbildungsstätte stattfinden, bei der eine sachgerechte rechtsberatende Ausbildung gewährleistet ist, Abs. 4 S. 1 Hs. 2. Die Station bei Gericht kann auch nach Landesrecht gem. Abs. 3 S. 3 teilweise bei einem Gericht der Arbeitsgerichtsbarkeit, die Station der Verwaltung bei einem Gericht der Verwaltungs-, Finanz- oder der Sozialgerichtsbarkeit stattfinden.

Eine besondere Stellung nimmt die Ausbildung bei einem Rechtsanwalt ein. Der Rechtsanwalt wird bundesgesetzlich als Ausbilder stärker in die

Verantwortung genommen, so dass auch dessen Pflichten- und Aufgabenkreis nach BRAO einer Konkretisierung bedarf. Nach § 59 Abs. 1 BRAO soll der Rechtsanwalt in angemessenem Umfang den Referendar in den Aufgaben eines Rechtsanwalts unterweisen, ihm Gelegenheit zur praktischen Arbeit geben, worunter insbesondere die gerichtliche und außergerichtliche Anwaltstätigkeit, der Umgang mit Mandanten, das anwaltliche Berufsrecht und die Organisation einer Anwaltskanzlei gehören.

Die Ausbildung während des Vorbereitungsdienstes schließt gem. § 5b Abs. 2 n. F. auch eine oder mehrere Wahlstationen ein, bei denen eine sachgerechte Ausbildung gewährleistet ist. Die zeitliche Länge wird in die Regelungskompetenz der Länder gestellt. Ein Katalog von Wahlstationen entfällt.

Der gesamte Vorbereitungsdienst muss nicht unbedingt in einem Bundesland abgeleistet werden. Als so genannter Gastreferendar haben Sie die Möglichkeit, auf Antrag einzelne Ausbildungsabschnitte auch in einem anderen Bundesland zu absolvieren, so zum Beispiel bei der Deutschen Hochschule für Verwaltungswissenschaften in Speyer, auch wenn sich diese außerhalb Ihres Ausbildungsbereichs befindet. Alles Nähere über ein Gastreferendariat erfahren Sie aus den einschlägigen Landesvorschriften beziehungsweise bei Ihrer zuständigen Einstellungsbehörde.

Während der einzelnen Ausbildungsstationen werden Sie einem Ausbilder zugeordnet, so zum Beispiel in der Strafrechtsstation einem Staatsanwalt oder in der Verwaltungsstation einem Verwaltungsbeamten. Begleitend zur Referendarausbildung in den einzelnen Stationen finden regelmäßig so genannte Arbeitsgemeinschaften statt, in denen die Referendare unter Leitung eines Arbeitsgemeinschaftleiters in der Gruppe arbeiten. Bei den Arbeitsgemeinschaftleitern handelt es sich in der Regel ebenfalls um Praktiker, also zum Beispiel um Richter oder Rechtsanwälte. In den Arbeitsgemeinschaften können Sie Ihre Erfahrungen aus der Tätigkeit in der jeweiligen Station aufarbeiten und Erfahrungen mit anderen Referendaren austauschen. Darüber hinaus erlernen Sie hier die Arbeitstechniken für Gerichts- und Verwaltungsentscheidungen, so etwa die Abfassung von Urteilen oder Anklageschriften. Gleichzeitig dienen die Arbeitsgemeinschaften der Vorbereitung auf die Zweite Juristische Staatsprüfung.

Die Zweite Juristische Staatsprüfung

Die juristische Vorbereitungszeit wird mit der Zweiten Juristischen Staatsprüfung abgeschlossen. Wenn Sie dieses zweite Examen bestanden haben, dürfen Sie sich als Assessor beziehungsweise Assessorin bezeichnen und haben damit die Befähigung zum Richteramt sowie zum höheren Verwaltungsdienst erlangt. Umgangssprachlich werden Juristen mit dem zweiten Staatsexamen auch „Volljuristen" genannt.

Auch die Zweite Juristische Staatsprüfung gliedert sich in einen schriftlichen und einen mündlichen Teil. Im schriftlichen Examen ist eine Vielzahl von Klausuren zu schreiben, deren Anzahl sich nach Landesrecht bemisst. Die schriftliche Prüfung beginnt in der Regel nach Beendigung der letzten Pflichtstation. In der mündlichen Prüfung kann grundsätzlich der Stoff der gesamten juristischen Ausbildung unter besonderer Berücksichtigung des von dem Prüfling gewählten Schwerpunkts abgefragt werden.

Zu Beginn der mündlichen Prüfung ist ein Aktenvortrag zu halten (eine Ausnahme gilt lediglich für Bayern). Hierfür wird dem Examenskandidaten etwa 60 bis 90 Minuten vor Prüfungsbeginn ein entscheidungsreifer Aktenfall vorgelegt, den er wie in der Praxis juristisch bearbeiten und für den er abschließend einen Entscheidungsvorschlag treffen muss. Es folgt sodann das so genannte Prüfungsgespräch, das einen stärkeren Praxisbezug aufweist als in der Ersten Juristischen Staatsprüfung. Die Benotung der Leistung erfolgt nach dem gleichen System wie bei der ersten Staatsprüfung. Die Wiederholung des zweiten Staatsexamens zum Zwecke der Notenverbesserung ist lediglich in einigen wenigen Ländern zugelassen. Hierüber erteilen die zuständigen Prüfungsämter Auskunft.

2.2.2 Die reformierte Juristenausbildung seit 2003

Durch die Reform der Juristenausbildung, die am 1. Juli 2003 in Kraft getreten ist, soll das Jurastudium künftig intensiver als bisher auf die rechtsprechende, verwaltende und rechtsberatende Praxis vorbereiten. Da für eine erfolgreiche Arbeit in juristischen Berufen nicht nur Fachkenntnisse erforderlich sind, sondern in zunehmendem Maße auch nichtjuristische Fähigkeiten, ist das Augenmerk künftig vermehrt auf interdisziplinäre Schlüsselqualifikationen (vgl. Kapitel 2.3) wie etwa Verhandlungsmanagement, Gesprächsführung, Rhetorik, Streitschlichtung, Mediation, Vernehmungslehre und Kommunikationsfähigkeit zu legen.

Auch die anwaltsorientierte Ausbildung der jungen Juristinnen und Juristen soll verstärkt werden, weil der Großteil der Jurastudenten bisher später den Anwaltsberuf gewählt hat (75 bis 80 Prozent). Dieses beginnt bereits an der Universität und wird im Vorbereitungsdienst vertieft. Im Rahmen des Vorbereitungsdienstes sollen unter anderem die Ausbildungsdauer und Intensität in der Anwaltsstation erhöht werden. Die Dauer der Pflichtstation in der Rechtsanwaltschaft beträgt für alle Referendarinnen und Referendare nunmehr neun Monate. Außerdem kann nach Landesrecht bestimmt sein, dass die Ausbildung in dieser Station bis zu einer Dauer von drei Monaten bei einem Notariat, einem Unternehmen, einem Verband oder einer sonstigen Ausbildungsstelle stattfinden kann, bei der eine sachgerechte rechtsberatende Ausbildung gewährleistet ist.

Ebenso wird die Anwaltschaft stärker an der Ausbildung sowohl inhaltlich als auch verfahrensmäßig sowie personell beteiligt. Als inhaltliche Vorgaben für die Ausbildung in der Anwaltsstation gilt: Schwerpunkte der Ausbildung sollen insbesondere die gerichtliche und außergerichtliche Anwaltstätigkeit, der Umgang mit Mandantinnen und Mandanten, das anwaltliche Berufsrecht und die Organisation einer Anwaltskanzlei sein.

Besondere Bedeutung kommt auch einer Verbesserung der sozialen Kompetenz im Richterberuf zu. Künftig wird die Berufung von Juristinnen und Juristen in das Richterverhältnis ausdrücklich mit davon abhängen, ob diese auch über die für die Ausübung des Richterberufs erforderliche soziale Kompetenz verfügen. Lebens- und Berufserfahrung stellen in diesem Zusammenhang maßgebliche Einstellungskriterien dar.

Die bisherigen Wahlfächer werden nach der neuen Konzeption zu Schwerpunktbereichen mit Wahlmöglichkeiten aufgewertet. Sie sind wesentlich umfangreicher als früher und sollen dann – soweit möglich – auch interdisziplinäre, internationale, rechtstheoretische und berufspraktische Bezüge aufweisen. Zu den Schwerpunktbereichen gehören – je nach Universität – unter anderem Dienstleistungen und Verbraucherschutz, Wirtschaftsrecht, Internationales und Europäisches Recht, Markt und Wettbewerb, Medien-, Telekommunikations- und Informationsrecht sowie Unternehmens- und Arbeitsrecht. Je nach persönlichem Interessengebiet sollten die Studierenden sich frühzeitig über die örtlich angebotenen Schwerpunktbereiche informieren. Die Prüfungsbefugnis im Schwerpunktbereich obliegt nunmehr der Kompetenz der Universitäten. Die Bewertung der Leistungen im Wahlbereich macht 30 Prozent der Examensnote aus. Der Pflichtfachbereich im Studium unterliegt dagegen weiterhin der Verantwortung der staatlichen Prüfungsämter (mit 70 Prozent der Examensnote). Außerdem ist seit der Reform der Juristenausbildung der erfolgreiche Besuch einer fremdsprachigen rechtswissenschaftlichen Veranstaltung oder eines rechtswissenschaftlich ausgerichteten Sprachkurses nachzuweisen.

Die universitäre Ausbildung gliedert sich in ein Grund- und ein Hauptstudium. Neben dem Studium muss ein jeweils sechswöchiges Praktikum in der Rechtspflege und in der Verwaltung absolviert werden. Diese Praktika sind in der vorlesungsfreien Zeit abzuleisten und dürfen nicht nach und nach abgearbeitet werden, sondern jeweils innerhalb sechs Wochen am Stück. Ein konkreter Termin ist für diese Praktika nicht vorgeschrieben, das heißt, sie können zu jedem Zeitpunkt des Studiums erfolgen.

Das Hauptstudium darf nur aufnehmen, wer zuvor eine Zwischenprüfung bestanden hat. Nach einer weiteren Schwerpunktbereichsprüfung und der Erbringung des Nachweises der Fremdsprachenkompetenz können sich die Studierenden zur Staatsprüfung anmelden. Diese macht 70 Prozent der späteren Examensnote aus.

Die Juristenausbildung bleibt weiterhin zweistufig, das heißt, sie setzt sich aus dem Studium und dem berufspraktischen Vorbereitungsdienst (Referendariat) zusammen. Nach dem Gesetz sollte die Studiendauer in der Regel vier Jahre dauern. Eine Unterschreitung ist bei nachgewiesener Qualifikation möglich. Ein Auslandsstudium kann in der Regel während entsprechender Urlaubssemester absolviert werden. Der beste Zeitpunkt hierfür dürfte nach dem Grundstudium liegen. Bei Studenten im Freiversuch (so genannter Freischuss, siehe S. 17) werden diese Urlaubssemester auf die Gesamtdauer der Studienzeit bis zu einer bestimmten Höhe (in Bayern zum Beispiel zwei Urlaubssemester) nicht angerechnet. Voraussetzung ist unter anderem, dass im Auslandsstudium ein Leistungsnachweis erworben sein muss.

Ausbildungsziel ist nach wie vor der „Einheitsjurist" als Generalist, der in allen juristischen Berufsfeldern eingesetzt werden kann. Deshalb ist es für eine optimale Karriereplanung im Einzelfall besonders wichtig, die Schwerpunktbereiche geschickt zu wählen und sich gegebenenfalls nebenher durch entsprechende Zusatzstudien weiter zu qualifizieren (vgl. Kapitel 4.1.2 und 4.1.3).

Für Studierende, die vor Inkrafttreten des Gesetzes zur Reform der Juristenausbildung ihr Studium aufgenommen haben und die sich bis zum 1. Juli 2006 zur ersten Staatsprüfung gemeldet haben, finden in der Regel noch die Vorschriften nach dem alten Recht Anwendung. Das Gesetz stellt Ihnen jedoch frei, sich nach neuem Recht prüfen zu lassen. Hinweise zu weiteren Informationsquellen bezüglich der Reform der Juristenausbildung finden Sie im Anhang.

2.2.3 Neue Studiengänge für Juristen

Das Studienkonzept der *Hanse Law School* will das Studienfach Rechtswissenschaft den Ansprüchen in der Europäischen Integration anpassen. Hierbei wird vor allem den Bedürfnissen der Wirtschaft, der EU-Institutionen sowie anderer internationaler Verbände Rechnung getragen. An der *Hanse Law School* werden die Grundlagen des deutschen, niederländischen, englischen Rechts sowie des Rechts der Europäischen Union rechtsvergleichend in deutscher, englischer und niederländischer Sprache gelehrt. Die Studenten und Studentinnen erwerben dabei in überschaubaren Lerngruppen durch innovative Lehr- und Prüfungsformen, die sich am Maßstab der beruflichen Praxis orientieren, vor allem Sicherheit in Kommunikation und Verhandlung. Außerdem umfasst die Ausbildung ein Auslandsstudium sowie Praktika im internationalen Umfeld.

Mit ihren Abschlüssen können die Absolventen dieser Ausbildung zwar nicht unmittelbar die Zulassung zur Anwaltschaft erwerben, doch besteht die Möglichkeit nach drei Studienjahren in Deutschland und den Niederlanden den *Bachelor of Comparative and European Law (LL.B.)* sowie nach einem weiteren Jahr den deutsch-niederländischen Doppelabschluss *Master of Comparative and European Law (LL.M.)* und *Master of Laws/meester in de rechten* abzulegen. Mit diesem Abschluss ist nach dreijähriger Tätigkeit in Deutschland eine Anwaltszulassung möglich. Eine niederländische Anwaltszulassung kann erwerben, wer nach Erlangung dieses Doppelabschlusses noch eine praktische Anwaltsausbildung in den Niederlanden durchlaufen hat.

Zu den weiteren Zielsetzungen der *Hanse Law School* gehören eine intensive fachbezogene fremdsprachliche Ausbildung, die in speziellen Förderkursen durchgeführt wird sowie Kurse in Verhandlungsführung. Insgesamt handelt es sich bei diesem Studiengang-Programm um eine echte Alternative für all diejenigen, die gezielt die Karrieremöglichkeiten für Juristen im internationalen Bereich nutzen wollen.

Studenten der *Hanse Law School* zahlen in Deutschland – mit Ausnahme der üblichen Verwaltungsgebühren – keine Studiengebühren wie an privaten Law Schools. Dagegen richten sich die Gebühren für das Studium in Groningen nach niederländischem Recht. Es besteht allerdings die Möglichkeit, hierfür bei der niederländischen Regierung ein Stipendium zu beantragen.

Eine interessante Alternative zum herkömmlichen Jurastudium können auch Aufbaustudiengänge bieten, die an einigen Universitäten für Juristen mit dem ersten Staatsexamen angeboten werden. So bietet beispielsweise die Technische Universität Chemnitz eine spezielle wirtschaftswissenschaftliche Ausbildung für Juristen an, die mit dem Zertifikat *Universitätsdiplom-Wirtschaftswissenschaftliche Ausbildung für Juristen* abgeschlossen wird. Die Studienzeit beträgt hierfür vier Semester und schließt sich an die Erste Juristische Staatsprüfung an. Zum Pflichtprogramm dieser Ausbildung gehört grundlegendes Fach- und Methodenwissen in Volks- und Betriebswirtschaftslehre, kombiniert mit Rechnungswesen und Wirtschaftsinformatik. Bei den Wahlpflichtfächern stehen folgende Vertiefungsrichtungen zur Verfügung: Finanzen und Steuern, Markt und Wettbewerb, Information und Controlling, Personal und Organisation sowie Wirtschaftsrecht. In einem fakultativen Rahmenprogramm werden außerdem bestimmte Schlüsselqualifikationen vermittelt, wie zum Beispiel Fachenglisch, EDV-Training, Verhandlungs- und Gesprächsführung.

Die Einsatzfelder von Absolventen dieses Aufbaustudiums umfassen alle Bereiche, in denen sowohl rechtliches als auch wirtschaftswissenschaftliches Methoden- und Fachwissen gefragt ist. Deshalb kommt grundsätzlich sowohl eine Beschäftigung bei einem Unternehmen, einer Behörde, einem Verband als auch eine Anwaltstätigkeit in Betracht. Die Adresse der Fachstudienberatung finden Sie im Anhang.

Wer später im Bereich der neuen Medien tätig sein möchte, für den empfiehlt es sich möglicherweise, den Ergänzungsstudiengang Rechtsinformatik zu wählen. Seit dem Wintersemester 1999/2000 besteht am Fachbereich Rechtswissenschaft der Universität Hannover die Möglichkeit, im Rahmen des European Legal Informatics Study Programme (EULISP) Spezialkenntnisse aus dem Bereich Rechtsinformatik und den akademischen Grad LL.M. (Rechtsinformatik) zu erwerben. Voraussetzungen für die Zulassung zu diesem Ergänzungsstudiengang sind ein erster berufsqualifizierender juristische Abschluss (Erstes Juristisches Staatsexamen) oder ein vergleichbarer ausländischer Abschluss sowie überdurchschnittliche juristische Fähigkeiten (regelmäßig Prädikatsexamen, Zulassung nach Leistung) sowie hinreichende Sprachkenntnisse für den obligatorischen Auslandsaufenthalt. Des Weiteren werden Interesse und Grundkenntnisse auf dem Gebiet der Informationstechnik vorausgesetzt

Dieses Zusatzstudium erstreckt sich über ein Jahr. Davon ist ein Semester beziehungsweise Trimester an einer der EULIS-Partneruniversitäten (zum Beispiel in Bologna, London, Oslo oder Stockholm) zu absolvieren. Ziel der Ausbildung ist der Erwerb vertiefter Kenntnisse aus den Bereichen EDV- und Informationsrecht, Telekommunikations- und Medienrecht, Datenschutzrecht, Urheberrecht (bezogen auf Informationstechnologie), Recht der elektronischen Transaktionen, Computerstrafrecht sowie informationstechnische Grundlagen. Der Praxisbezug hat bei diesem Studiengang oberste Priorität. Durch zahlreiche Kooperationsvereinbarungen mit Kanzleien, die in größerem Umfang im Bereich des IT-Rechts tätig sind, besteht die Möglichkeit, erste Berufserfahrungen während eines Praktikums oder der Referendarzeit zu erlangen. Die jeweils besten Absolventen dieses Ergänzungsstudiengangs können in der Regel mit guten Jobangeboten rechnen.

Weitere spezielle Aufbaustudien gibt es unter anderem an folgenden Universitäten:

- Universität Augsburg: *Recht der internationalen Wirtschaft und der Informationstechnologie*
Dieser Studiengang dauert ein Jahr und und schließt mit dem Legum Magister (LL.M.) ab. Vorausgesetzt werden das Erste Juristische Staatsexamen, vertiefte Fremdsprachenkenntnisse sowie mindestens ein Auslandssemester.

    Europäisches und Internationales Wirtschaftsrecht
Die Dauer des Studiengangs beträgt drei Monate. Voraussetzung ist das Erste Juristische Staatsexamen. Die Ausbildung schließt mit einem Zeugnis für Referendare ab.

- Universität Frankfurt a. M.: *Europäisches und Internationales Wirtschaftsrecht*
Der Studiengang dauert ein Jahr und schließt mit dem Titel Legum Magister Europae (LL.M. Eur.) ab. Studienbedingung ist der Nachweis der Zulassungsvoraussetzungen für die Erste Juristische Staatsprüfung in Hessen (Abschluss eines jeden Nachweises mit mindestens 10 Punkten) oder die Erste Juristische Staatsprüfung mit mindestens „vollbefriedigend". Der Antrag auf Zulassung zu diesem Aufbaustudiums muss innerhalb eines Jahres nach Ablegen der mündlichen Prüfung der Ersten oder Zweiten Staatsprüfung erfolgen.

- Universität Hamburg: *Law and Economics*
Hierbei handelt es sich um eine einjährige Zusatzqualifikation nach dem Eramus-Programm, die nach jedem abgeschlossenen Hochschulstudium erlangt werden kann. Abschluss ist der European Master in Law and Economics (E.M.L.E.).

- Universität Leipzig: *Europäisches Recht*
Dieser Studiengang dauert zwei Jahre und schließt mit dem Legum Magister Europae (LL.M.Eur.) ab. Voraussetzung für diese Zusatzqualifikation ist das Erste Juristische Staatsexamen oder ein gleichwertiger juristischer Abschluss aus einem europäischen Staat.

- Universität Passau: *Master des Europäischen Rechts*
Dieser einjährige Studiengang setzt ein Erstes Juristisches Staatsexamen mit mindestens acht Punkten, zwei Semester rechtswissenschaftliches Auslandsstudium, ein Seminar in einer der Wahlgruppen Nummer 3, 8, 9 oder 10 und mindestens eine ausländische Rechtssprache in der Qualität der Fachspezifischen Fremdsprachenprüfung II an der Universität Passau voraus. Abschluss ist der LL.M.Eur.

- Universität Saarbrücken: *Gemeinsames integriertes Studienprogramm (GB, D, F)*
Voraussetzung für dieses viersemestrige Kooperationsprogramm mit den Partneruniversitäten Warwick und Lille ist ein erfolgreiches Studium der Rechtswissenschaft von vier Semestern an der Universität des Saarlandes mit dem Erwerb der bis dahin üblichen Leistungsnachweise sowie der Besuch der Veranstaltungen Europarecht, Rechtsvergleichung, English-Legal Terminology, Einführung in das französische Privatrecht und französisches Öffentliches Recht. Die ersten beiden Semester werden in Warwick studiert, das dritte Semester in Saarbrücken und das vierte in Lille. Nach der Abschlussprüfung gibt es ein dreisprachiges Zertifikat über integrierte juristische Studien im deutschen, französischen und englischen

- Universität Saarbrücken: Recht. Die Teilnehmerzahl ist begrenzt. Die Kontaktadresse finden Sie im Anhang.

  DEUG mention Droit
  Die Universität des Saarlandes bietet im Bereich der Rechtswissenschaft außerdem ein in Europa einzigartiges Doppelstudium an, bei dem begleitend zum deutschen Studium ein französischer Hochschulabschluss erworben werden kann. Dieses Studienmodell ermöglicht ein Grundlagenstudium in zwei europäischen Rechtssystemen ohne Studienzeitverlängerung. Anschließend kann das französische Rechtsstudium in Frankreich mit dem Studienziel licence oder maîtrise vervollständigt werden. Es handelt sich um einen zulassungsbeschränkten Studiengang. Die Kontaktadresse ist im Anhang abgedruckt.

Da es auch an anderen Universitäten noch eine Vielzahl weiterer Ergänzungs-, Zusatz- und Aufbaustudiengänge gibt, ist es ratsam, sich hierüber rechtzeitig bei den zuständigen Prüfungsämtern und Studienberatungen zu informieren. Auf diese Weise besteht die Möglichkeit einer gezielten Qualifikation für das angestrebte Berufsfeld.

2.2.4 Was kann eine private Law School bieten?

Die bekannteste private Hochschule in Deutschland, die *Bucerius Law School*, bietet eine international ausgerichtete, praxisnahe und leistungsorientierte Ausbildung zum ersten Staatsexamen, zum Bachelor of Law sowie zur Promotion. Das Studium umfasst zwölf Trimester (also 4 Jahre) und endet zunächst (nach zehn Trimestern) mit der Graduierung zum Bachelor of Law (LL.B.). Daran anschließend legen die Studenten vor dem Hamburgischen Landesjustizprüfungsamt die Erste Juristische Prüfung ab. Auf diese Weise werden zwei qualifizierte Abschlüsse erworben. Nach dem 7. Trimester schließt sich ein mehrmonatiger Studienaufenthalt an einer ausländischen Partneruniversität an (zum Beispiel Columbia University/New York oder University of California/Berkeley). Das Schwerpunktstudium findet im 8. bis zehnten Trimester statt. Im elften und zwölften Trimester werden die Studierenden in einem speziellen Examensvorbereitungsprogramm auf die Staatliche Pflichtfachprüfung vorbereitet.

Im Vordergrund der Ausbildung steht der Rechtsvergleich zwischen dem deutschen, europäischen und amerikanischen Rechtssystem. Die Veranstaltungen finden teilweise auch in englischer Sprache statt. Besonders interessant kann eine solche Ausbildung für angehende Juristen sein, die später als Rechtsanwalt oder in einem Unternehmen, einem Verband oder in der nationalen beziehungsweise internationalen Administration rechtsgestaltende Aufgaben übernehmen möchten. Bei den Wahlfächern liegt der Schwerpunkt auf dem Gebiet Wirtschaft und Recht. In diesem Zusammenhang werden den Studenten auch Grundkenntnisse der Wirtschaftswissenschaften vermittelt. Neben den hauptamtlichen Professoren lehren Praktiker als Lehrbeauftragte (zum Beispiel Rechtsanwälte).

Das Studium an einer Privat-Uni ist allerdings nicht ganz billig. Insgesamt müssen pro Trimester 3.000 Euro als Studiengebühren, also insgesamt 33.000 Euro veranschlagt werden (das Auslandstrimester zählt nicht mit). Außerdem ist das Auswahlverfahren relativ aufwändig. Zunächst einmal kommt es auf die Abiturnote sowie auf das Ergebnis des so genannten Toefl-Tests (siehe Anhang) an, mit dem Bewerber ihre Englisch-Kenntnisse nachweisen müssen. Daran anschließend erfolgt ein schriftlicher Test, bei dem unter anderem ein Essay zu verfassen ist. Die Auswertung erfolgt unter Beteiligung der Akademie für Publizistik. Bei Schwächen in Rechtschreibung und Grammatik scheidet ein Bewerber – auch bei sehr guten Abiturnoten – von vornherein aus. Im dritten Teil des Verfahrens werden in Einzelgesprächen, Vorträgen und Diskussionen die soziale Kompetenz, das Engagement sowie das Argumentationsvermögen der Kandidaten getestet. Pro Jahrgang stehen 100 Studienplätze zur Verfügung. Ein Garant für eine juristische Erfolgskarriere ist der Besuch einer privaten Law School allerdings auch nicht.

2.3 Welche Schlüsselqualifikationen sind gefragt?

Auf welche Schlüsselqualifikationen („Soft Skills") es in der Praxis ankommt, hängt naturgemäß von der Art der späteren Tätigkeit ab. Laut Studieninhalt nach der Reform der Juristenausbildung handelt es sich hierbei generell um solche Fähigkeiten, Einstellungen und Strategien, die bei der Lösung von Problemen und beim Erwerb neuer Kompetenzen in möglichst vielen Inhaltsbereichen nützlich sind. Benannt werden unter anderem Verhandlungsmanagement, Gesprächsführung, Rhetorik, Streitschlichtung, Mediation, Vernehmungslehre und Kommunikationsfähigkeit. Eine Eigenschaft, die in fast allen juristischen Berufsfeldern erwartet wird, ist die „soziale Kompetenz". Hierunter versteht man vor allem die Fähigkeit, auf Mitmenschen in konstruktiver Weise eingehen zu können. Aber auch Teamfähigkeit, das heißt die Fähigkeit, mit anderen konstruktiv zusammen arbeiten zu können, gehört zu den Eigenschaften, die in der Regel von einem Mitarbeiter erwartet wird.

Das Beherrschen von Business-Sprachen steht ebenfalls in der Rangliste der wichtigsten Schlüsselqualifikationen ganz oben. Das Gleiche gilt für eine präzise und fehlerfreie Ausdrucksweise in Wort und Schrift sowie für den Umgang mit modernen Kommunikationsmitteln. Von Bewerbern bei großen Wirtschaftsunternehmen werden außerdem Führungseigenschaften, Dienstleistungs- und Kundenorientiertheit, Durchsetzungsvermögen, Entscheidungsstärke, Zeitmanagement, Organisationsgeschick sowie ein angemessener Umgang mit Verantwortung erwartet. Große Anwaltskanzleien wünschen sich bei ihren Mitarbeitern zusätzlich ein hohes Maß an Eigenverantwortung sowie eine Begabung als Beraterpersönlichkeit.

2.4 Welche Auslandsaufenthalte sind karrierefördernd?

Eine Auslandstätigkeit sollte stets sehr sorgfältig im Hinblick auf das in Aussicht genommene Berufsfeld ausgewählt werden. Anderenfalls kann bei späteren Bewerbungen leicht der Eindruck entstehen, dass der Auslandsaufenthalt lediglich absolviert wurde, weil es heute einfach „dazugehört" oder im Lebenslauf etwas hermacht. Das heißt, die im Ausland ausgeübte Tätigkeit sollte schon gewisse Akzente im Hinblick auf die spätere Berufswahl setzen.

Internationale Wahlstationen während des Referendariats sind besonders geeignet, um auslandsrelevante Erfahrungen und Kenntnisse zu sammeln. In diesem Rahmen sind beispielsweise Einsätze bei Einrichtungen der Europäischen Union, bei den Vereinten Nationen, bei Außenhandelskammern, Botschaften, ausländischen Anwälten oder Verwaltungen möglich.

In internationalen Anwaltskanzleien kann man als Bewerber in der Regel mit einem im Ausland abgelegten Master-Abschluss Pluspunkte sammeln. Dieser Titel lässt sich gut im Rahmen eines Auslandsstudiums erwerben. Hierüber sollten Sie sich frühzeitig bei Ihrem zuständigen Akademischen Auslandsamt informieren. Weitere Auskünfte erteilt außerdem der Deutsche Akademische Auslandsdienst (DAAD). Nützliche Adressen zu Thema „Auslandsstudium" finden Sie im Anhang.

2.5 Welche Fremdsprachen sollten beherrscht werden?

Wer sein berufliches Betätigungsfeld künftig im europäischen Raum sieht, sollte auf jeden Fall Englisch und Französisch fließend beherrschen. Dies gilt selbstverständlich auch für das berufsspezifische Fachvokabular. In der Europäischen Union sind alle Sprachen der Mitgliedsländer der EU auch Amtssprachen (im Europarat dagegen nur Englisch und Französisch). Dagegen sind die Arbeitssprachen der EU, in denen vor allem die Sekretariate arbeiten, Englisch, Französisch, Italienisch, Deutsch und Russisch. Für andere Einsatzgebiete, wie beispielsweise Lateinamerika, sollten Bewerber mit Spanisch oder Portugiesisch aufwarten können.

Optimal ist es natürlich, wenn Sie Sprachkurse mit einem Auslandsaufenthalt beziehungsweise -studium verbinden können. Die kostengünstigste Möglichkeit, sich in Fremdsprachen fortzubilden, bieten natürlich die entsprechenden universitären Sprachkurse. Allerdings sind diese wegen ihrer Beliebtheit oftmals ausgebucht. Dann bleibt leider nur noch der Weg über eine private Sprachenschule. Weitere Informationen hierzu finden Sie im Anhang.

2.6 Welche Praktika sind hilfreich?

Vor Studienbeginn können Praktika vor allem dazu dienen, gute Einblicke in einzelne Berufsfelder zu erlangen oder unter besonders günstigen Voraussetzungen sogar wichtige persönliche Kontakte zu knüpfen, die bei der späteren Bewerbung nützlich sein können. Für derartige „Schnupper-Praktika" bietet sich vor allem die Zeit zwischen Abitur und Semesterbeginn an.

Bei großen Wirtschaftsunternehmen und Anwaltskanzleien ist die Wahrscheinlichkeit, auf diese Weise zu einem frühen Zeitpunkt erste berufliche Erfahrungen zu sammeln, relativ groß. Allerdings gilt es hierbei, viel persönliches Engagement zu zeigen, um von einem solchen Praktikum tatsächlich beruflich profitieren zu können. Generell wird sich eine solche Tätigkeit mangels erforderlicher Fachkenntnisse lediglich auf Aushilfsarbeiten beschränken. Aber selbst wenn Sie beispielsweise in einer Anwaltskanzlei nur Akten archivieren müssen, werden Sie allein durch Ihre Anwesenheit eine Menge davon mitbekommen, wie der tägliche Praxisablauf vonstatten geht.

Dagegen wird ein Praktikum bei einem Verband oder einer ausländischen Institution in der Regel erst im Rahmen des Jurastudiums möglich sein, weil dort bereits einige juristische Grundkenntnisse vorausgesetzt werden. Besonders vorteilhaft kann es sein, wenn Sie ein Praktikum im Ausland ableisten und die Zeit dort gleichzeitig für einen qualifizierten Sprachkurs nutzen. Auf diese Weise können „zwei Fliegen mit einer Klappe geschlagen" und zusätzliche Ausbildungszeit eingespart werden. Gleichzeitig weist ein Auslandspraktikum in Ihrem Lebenslauf grundsätzlich auf ihre Bereitschaft zur Mobilität hin. Die Studentenvereinigung *European Law Students' Association (ELSA)* ist stets der richtige Ansprechpartner, wenn es um ein Auslandspraktikum geht. Kontaktadressen finden Sie im Anhang.

3 Einstiegsmöglichkeiten in die „klassischen" Juristenberufe

Auch in den „klassischen" juristischen Berufen wie Richter, Staats- oder Rechtsanwalt können Sie als Berufsanfänger beziehungsweise -anfängerin Ihre Chancen deutlich steigern, wenn Sie sich frühzeitig auf solche Bereiche spezialisieren, in denen sich noch nicht allzu viele Mitbewerber tummeln. Generell gilt, je besser der berufliche Werdegang auf eine ausgeschriebene Stelle zutrifft, desto höher sind die Erfolgschancen im Bewerbungsverfahren. Außerdem kommt es im Justiz- und höheren Verwaltungsdienst neben überdurchschnittlichen Examensnoten vor allem auf gute Beurteilungen in den Stationszeugnissen Ihres Referendariats an. Hierbei spielen die so genannten Schlüsselqualifikationen eine wichtige Rolle. Auf was es im Einzelnen ankommt, erfahren Sie im Folgenden.

3.1 Karrieretipps für den Justizdienst

Seit der Reform der Juristenausbildung zum 1. Juli 2003 gehört als Schlüsselqualifikation die so genannte Sozialkompetenz zu den Einstellungsvoraussetzungen für das Richteramt. In dem Abschlussbericht des Rechtsausschusses vom 20. 3. 2002 wurde dies unter anderem damit begründet, dass die Ausübung des Richterberufs nicht im bloßen Vollzug einer organisatorischen Kompetenzzuweisung bestehe, sondern im verantwortungsvollen Umgang mit einer persönlich anvertrauten Aufgabe. Der Verbesserung der sozialen Kompetenz im Richterberuf komme deshalb entscheidende Bedeutung zu. Die Konkretisierung des unbestimmten Rechtsbegriffs der „sozialen Kompetenz" obliegt den für die Richtereinstellung in Bund und Ländern zuständigen Richterwahlausschüssen und Organen der Exekutive. Daraus folgt, dass die Einstellungspraxis je nach Bundesland aufgrund einer unterschiedlichen Auslegung dieses Begriffs erheblich variieren kann. In der Praxis wird die soziale Kompetenz der Bewerber und Bewerberinnen in der Regel in ausführlichen Vorstellungsgesprächen vor einer extra geschulten Kommission geprüft.

Generell sollte ein Richter und ebenso ein Staatsanwalt in der Lage sein, mit den unterschiedlichsten Menschen und Problemen umzugehen sowie die Fähigkeit besitzen, auch ausbildungsfremde Sachverhalte und Zusammenhänge in angemessener Zeit zu erfassen, zu analysieren und logisch zu ordnen. Von besonderer Bedeutung ist ein sensibler Umgang mit der ihm anvertrauten Macht. Ein guter Richter oder Staatsanwalt sollte zurückhaltend und selbstkritisch agieren und in der Lage sein, auch eigene Fehler zu korrigieren. Konfliktfähigkeit, Entscheidungsfreude, Unparteilichkeit, Durchsetzungsvermögen, ein gutes Ausdrucks- und Argumentationsvermögen sowie Überzeugungskraft gehören ebenfalls zu den Eigenschaften, die im Justizdienst erwartet werden.

Richter

Im Jahr 2002 war erstmals seit 1995 wieder ein leichter Anstieg von 0,1 Prozent in der Richterstatistik[4] zu verzeichnen. In allen Gerichtszweigen waren insgesamt 20.901 Richter und Richterinnen beschäftigt. Der Anteil der Frauen im Richteramt hat weiter zugenommen und lag 2002 bei 30,09 Prozent. Bei den Richterinnen auf Probe zeigte sich der Anstieg des Frauenanteils mit 53,55 Prozent noch deutlicher. Auf Grund der Altersstruktur in der Richterschaft sind die Chancen für Berufsanfänger in den kommenden Jahren nicht schlecht.

Der Werdegang zum Richter beziehungsweise zur Richterin ist folgender: Einstellungsvoraussetzung sind in der Regel zwei Prädikatsexamina. Das Land Hessen erwartet beispielsweise in beiden Examen Höchstnoten (18 Punkten) von angehenden Richtern und Richterinnen. Der Bewerber beziehungsweise die Bewerberin wird mit der Einstellung zunächst zum Richter beziehungsweise zur Richterin auf Probe ernannt. Nach entsprechender Bewährung im Richteramt folgt sodann die Ernennung zum Richter beziehungsweise zur Richterin auf Lebenszeit. Richter sind keine Beamten, sondern haben lediglich eine beamtenähnliche Stellung. Diese Besonderheit entspringt der in Artikel 97 Grundgesetz garantierten Unabhängigkeit des Richters. Danach ist ein Richter nur dem Gesetz und seinem Gewissen verantwortlich. Hieraus folgt gleichzeitig, dass er sachlich und persönlich unabhängig ist. Deshalb kann ein Richter weder abgesetzt noch versetzt werden. Neben ihrer gesicherten beruflichen Position erhalten Sie auch eine höhere Vergütung als Beamte.

Das Richteramt kann in den folgenden Bereichen ausgeübt werden: in der ordentlichen Gerichtsbarkeit (Zivil- und Strafgerichte), an Arbeits-,

---

[4] Quelle: Bundesministerium der Justiz, Richterstatistik nach dem Stand 31. Dezember 2002.

Finanz- und Sozialgerichten sowie an Verwaltungsgerichten. Außerdem spielt es bei der beruflichen Ausgestaltung des Richteramtes auch eine Rolle, ob man als Einzelrichter oder in einer Kammer beziehungsweise einem Senat tätig ist. Auf jeden Fall muss ein Richter jedoch in der Lage sein, auch komplexe Sachverhalte schnell zu erfassen und die Fähigkeit besitzen, Wesentliches von Unwesentlichem zu trennen, damit er die zu behandelnden Fälle systematisch bearbeiten kann. Er muss sich stets mit tatsächlichen und rechtlichen Bewertungen eines Lebenssachverhaltes auseinandersetzen und sollte vorrangig versuchen, den Rechtsstreit mit einem Vergleich beizulegen. Sollte dies aus den unterschiedlichsten Gründen nicht möglich sein, so muss der Richter nach der Verhandlung einen Beschluss oder ein Urteil erlassen.

Den ganz überwiegenden Teil seiner Arbeitszeit verbringt ein Richter mit der Bearbeitung von Akten, wozu unter anderem das Aktenstudium, das Diktieren von Verfügungen, Beschlüssen und Urteilen sowie die Terminierung von Gerichtsverhandlungen gehören. In der Regel hält ein Richter wöchentlich einen Sitzungstag ab. Die übrige Arbeitszeit kann grundsätzlich frei eingeteilt werden. Aus diesem Grund ist der Beruf der Richterin beispielsweise für Juristinnen mit Kindern ideal. Wer Richter beziehungsweise Richterin in einer Kammer oder einem Senat ist, muss natürlich für die Beratungen zur Verfügung stehen. Außerdem müssen manchmal auch Außentermine zur Beweisfindung wie beispielsweise Inaugenscheinnahmen wahrgenommen werden.

Grundvoraussetzungen für den Richterberuf sind eine gute Menschenkenntnis sowie Verhandlungsgeschick. Besondere Zusatzqualifikationen können Ihre Einstellungs-Chancen erheblich verbessern. Wer sich beispielsweise auf eine Richterstelle beim Sozialgericht bewirbt, kann mit einer Schwerpunktausbildung im Sozialrecht auf jeden Fall Pluspunkte sammeln. Generell kann es sich also auszahlen, die juristische Ausbildung von vornherein gezielt auf einen speziellen Justizbereich (zum Beispiel Finanzgericht) auszurichten.

Staatsanwalt

Falls Sie während des Studiums und Ihrer Referendarzeit ein besonderes Interesse für das Strafrecht entwickelt haben sollten, könnte auch der Beruf des Staatsanwalts für Sie attraktiv sein. Ähnlich wie Richter können auch Staatsanwälte ihre Arbeitszeit relativ flexibel einteilen. Die Anwesenheitspflicht in der Staatsanwaltschaft beschränkt sich in der Regel auf die Zeit von 8 bis 12 Uhr sowie auf die Sitzungstermine. Allerdings sind Staatsanwälte – im Gegensatz zu Richtern – an die Weisungen ihres Vorgesetzten (Behördenleiter) gebunden.

Als Staatsanwalt beziehungsweise Staatsanwältin leiten Sie Ermittlungsverfahren und entscheiden in der Regel auf Grund der polizeilichen Ermittlungsergebnisse, ob Sie in einem Verfahren Anklage erheben oder eine andere Maßnahme (wie etwa Einstellung gegen Geldbuße) treffen. Im Falle einer Anklageerhebung haben Sie diese in der Hauptverhandlung zu vertreten und nach Abschluss der Beweisaufnahme auf ein bestimmtes Strafmaß zu plädieren. Sollte das Urteil von ihrem Antrag abweichen, so können Sie dagegen Berufung oder Revision einlegen.

Zum Arbeitsalltag eines Staatsanwalts gehört es unter anderem, Akten zu studieren, Verfügungen zu schreiben und Telefonate zu führen. Im Rahmen der Ermittlungen kann darüber hinaus auch die Teilnahme an einem Ortstermin oder einer Obduktion erforderlich sein. Außerdem können auch Zeugenaussagen vor einem Staatsanwalt angeordnet werden. In diesem Fall sind insbesondere menschliches Einfühlungsvermögen sowie psychologisches Befragungsgeschick des Staatsanwalts gefragt.

Voraussetzungen für den Beruf des Staatsanwalts beziehungsweise der Staatsanwältin sind mindestens zwei vollbefriedigende Staatsexamina, eine gesunde Menschenkenntnis, eine hervorragende Kombinationsgabe, kriminologisches und kriminalistisches Interesse sowie Grundkenntnisse der Vernehmungslehre. Zeitweise kann die Arbeitsbelastung extrem hoch sein und bürokratische Formalitäten kosten oftmals viel wertvolle Arbeitszeit. Dies gilt insbesondere auch für Aufgaben der Strafvollstreckung, die ebenfalls zum Tätigkeitsfeld eines Staatsanwalts gehören.

Auf Grund der relativ starren Einbindung in den Behördenapparat einer Staatsanwaltschaft ist zu Beginn der Tätigkeit kaum eine Spezialisierung auf ein bestimmtes Rechtsgebiet möglich. Allerdings wird sich ein Tätigkeitsschwerpunkt mit zunehmender Berufspraxis allmählich herauskristallisieren. Dennoch können Sie schon frühzeitig die Weichen in Richtung einer bestimmten strafrechtlichen Spezialisierung stellen und auf diese Weise die Chancen für Ihren Einsatz in einem bestimmten Dezernat erheblich verbessern. Wird beispielsweise eine Tätigkeit als Staatsanwalt in Wirtschaftsstrafsachen angestrebt, so kann hierfür eine wirtschaftsrechtliche Ausrichtung Ihres Jurastudiums von Nutzen sein. Aber auch eine zuvor absolvierte Banklehre oder Ausbildung zum Rechtspfleger sowie eine vor der Bewerbung ausgeübte Anwaltstätigkeit werden in der Regel positiv bewertet.

3.2 Interessante Stellen in Politik und Administration

Die Politik bietet Juristen und Juristinnen ein interessantes und weites Betätigungsfeld. Hochschulabsolventen können beispielsweise als (persönliche) Referenten beziehungsweise wissenschaftliche Mitarbeiter in einem Abgeordnetenbüro oder bei einer Bundestagsfraktion beschäftigt werden. Dort arbeiten sie unter anderem den Abgeordneten zu, erstellen Rechtsgutachten oder begleiten Gesetzesvorhaben von der parlamentarischen Initiative bis zum fertigen Gesetz. Bei den Bundestagsfraktionen gibt es außerdem ein Justiziariat, dass mit unterschiedlichen Rechtsangelegenheiten (zum Beispiel Verfassungsbeschwerden) betraut ist. Diejenigen, die eine derartige Berufskarriere anstreben, sollten tunlichst versuchen, bereits die Wahlstation im Referendariat in einer Bundestagsfraktion zu absolvieren. Auf diese Weise lassen sich schon frühzeitig wichtige persönliche Kontakte knüpfen, die für die spätere berufliche Karriere nützlich sein können.

Auch in der Bundestagsverwaltung bieten sich einige attraktive Betätigungsfelder für Juristen. Wegen des geringen Stellenangebots werden allerdings nur Kandidaten beziehungsweise Kandidatinnen mit guten Examensnoten eine echte Chance haben. In der Regel werden Stellen bei der Bundestagsverwaltung zweimal jährlich ohne konkrete Stellenbezeichnung öffentlich ausgeschrieben (in der Regel in der FAZ). Vor allem die Arbeit in den Enquete-Kommissionen sowie im Wissenschaftlichen Dienst kann für junge Juristen und Juristinnen interessant sein. Erwartet werden von den Kandidaten insbesondere eine hohe Kommunikationsfähigkeit und ein ausgeprägtes Organisationstalent. Auch hier wird von den Mitarbeitern vorrangig soziale Kompetenz erwartet. Außerdem sollten Sie mindestens zwei Fremdsprachen fließend beherrschen. Vergleichbare Beschäftigungsmöglichkeiten bieten zudem die Landesparlamente und -verwaltungen.

Von angehenden Verwaltungsjuristen und -juristinnen wird in der Regel ein sehr früher und zusätzlich überdurchschnittlicher Studienabschluss erwartet. Hieraus wird nämlich geschlossen, dass ein Bewerber beziehungsweise eine Bewerberin zielstrebig und in der Lage ist, das künftige berufliche Tätigkeitsfeld ebenso zügig und erfolgreich zu bearbeiten wie den Lehrstoff während der juristischen Ausbildung.

Ein absolutes „must" für eine künftige Tätigkeit in der Administration oder Politik ist das Beherrschen fachbezogener Fremdsprachen. Englisch und in der Regel auch Französisch als Rechtssprache gelten wegen der vielfältigen Bezüge zum Europäischen Recht als unverzichtbar und werden deshalb grundsätzlich vorausgesetzt. Dies gilt natürlich im verstärkten

Maße für Beschäftigungen bei internationalen Organisationen, wie etwa den Vereinten Nationen, der NATO oder der Weltbank. Hier werden selbstverständlich besonders hohe fachliche und sprachliche Anforderungen an die Bewerber und Bewerberinnen gestellt. Außerdem wird Flexibilität und Mobilität erwartet. Dafür bieten sich den Juristen bei diesen Organisationen breit gefächerte Tätigkeitsfelder, die besonderes diplomatisches und unternehmerisches Geschick erfordern.

Darüber hinaus sollten Bewerber und Bewerberinnen natürlich stellenspezifische Studien- und Tätigkeitsschwerpunkte aufweisen können. Wer sich beispielsweise um eine Stelle bei der Bundesagentur für Arbeit bewirbt, sollte neben überdurchschnittlichen Fachkenntnissen im Öffentlichen Recht möglichst auch über besondere Qualifikationen im Arbeits- und Sozialrecht verfügen. Gern wird auch eine zuvor ausgeübte rechtsberatende Tätigkeit gesehen.

Für junge Juristen und Juristinnen mit einem mindestens befriedigenden Ersten Juristischen Staatsexamen eröffnet sich beim Bundeskriminalamt eine interessante Karriere-Chance als Kriminalratanwärter/-in. Es handelt sich hierbei um eine Führungsposition in der Laufbahn des höheren Kriminaldienstes des Bundes. Während des insgesamt zweijährigen Vorbereitungsdienstes erhalten die Anwärter Bezüge und eine Polizeizulage nach den gesetzlichen Bestimmungen. Nach der erfolgreich abgeschlossenen Laufbahnprüfung erfolgt die Ernennung zum Kriminalrat bzw. zur Kriminalrätin zur Anstellung. Die Vergütung erfolgt dann nach der Besoldungsgruppe A 13 (höherer Dienst) gemäß der Bundesbesoldungsordnung bei Weitergewährung der Polizeizulage. Weitere Voraussetzungen für diese Ausbildung sind u. a. Sprachkenntnisse in einer der Interpol-Sprachen (Englisch, Französisch, Spanisch), gesundheitliche Eignung, ein Führerschein der Klasse B sowie eine Mindestgröße für Männer von 166 cm und für Frauen 162 cm. Außerdem dürfen Sie zum Einstellungstermin 1. 7. 2005 nicht älter als 31 Jahre sein. Die Bewerbungsadresse finden Sie im Anhang dieses Buches.

Neue Berufs-Chancen im ländlichen Raum bietet das so genannte kommunale Management. Hierbei handelt es sich quasi um ein „Outsourcing" in der Form, dass Gemeinden aus Gründen der Kostenersparnis bei selbstständigen „Kommunalmanagern" projektbezogenen Rechtsrat einholen. Die einzelnen Arbeitsfelder können dabei unterschiedlich sein. Inzwischen gibt es beispielsweise kommunales Management in den Bereichen Regionalentwicklung, Kultur oder soziale Angelegenheiten. Je nach Arbeitsfeld sind entsprechende Spezialisierungen beziehungsweise Zusatzqualifikationen erforderlich. Viele größere Städte bieten hierfür spezielle Ausbildungsgänge an (Adressen im Anhang). Für den Bereich

Kulturmanagement gibt es besondere Studiengänge. Über die Ausbildungsangebote informieren auch die Arbeitsagenturen.

3.3 So qualifizieren Sie sich als Anwalt

Wie ein Vergleich der Zulassungszahlen zur Anwaltschaft mit der jeweiligen Zahl der Studienanfänger im Fach Jura während der vergangenen Jahre gezeigt hat, so stehen diese in einem proportionalen Verhältnis zueinander. Das bedeutet: je mehr Studienanfänger zu verzeichnen sind, desto höher ist die Zahl der Neuzulassungen in der Anwaltschaft. Zurzeit gibt es fast 130.000 zugelassene Rechtsanwälte in Deutschland. Nach der Ausbildungsstatistik des BMJ werden 30 bis 35 Prozent der Studienanfänger von heute (das sind etwa 60 bis 70 Prozent derjenigen, die das Zweite Juristische Staatsexamen bestehen) in durchschnittlich acht Jahren zur Anwaltschaft zugelassen. Da die Zahl der Studienanfänger im ersten Fachsemester im Jahr 2002 erstmals wieder angestiegen ist, dürfte somit die Spitze der Zulassungszahl in der Anwaltschaft noch nicht erreicht worden sein. Der Deutsche Anwaltverein rechnet mit etwa 8.000 Neuanwälten pro Jahr, so dass es im Jahre 2010 rund 200.000 zugelassene Anwälte geben wird.

Wer Rechtsanwalt beziehungsweise Rechtsanwältin werden möchte, benötigt grundsätzlich das Erste und das Zweite Juristische Staatsexamen. Auf Ausnahmeregelungen für eine anwaltliche Tätigkeit im europäischen Ausland wurde unter anderem in Kapitel 1 und 2.2.3 hingewiesen. Das bedeutet, dass in beiden Examina mindestens ein „ausreichend" erreicht worden sein muss. Von angehenden Wirtschaftsanwälten werden in der Regel mindestens vollbefriedigende Examensnoten erwartet. In Großkanzleien sind zudem ausländische Studienabschlüsse wie zum Beispiel ein LL.M., sicheres Englisch und Französisch sowie eine Promotion erwünscht.

Rechtsanwälte sollten generell auf mehreren Rechtsgebieten gute Kenntnisse vorweisen können. Hinzu kommen Verhandlungsgeschick und Freude am Umgang mit Menschen. Wichtig sind außerdem folgende Fähigkeiten: gutes Zeitmanagement, rasche Auffassungsgabe, sicheres Auftreten, Rhetorik, Konfliktfähigkeit, Menschenkenntnis und Einfühlungsvermögen. Wer sich selbstständig machen möchte, sollte außerdem über Buchhaltungs- und Bilanzkenntnisse verfügen. Das praktische „Handwerkszeug" eines Anwalts (zum Beispiel das Diktieren von Schriftsätzen, Verhandlungstaktiken, die Kunst der Zeugenbefragung, sinnvolle Zwangsvollstreckungsmaßnahmen) wird in der Regel erst in der Praxis erlangt. In der universitären Ausbildung wurde jedenfalls bisher eine adäquate Vorbereitung auf die Anwaltspraxis vernachlässigt.

Eine neue anwaltsspezifische Ausbildung bietet der Deutsche Anwaltverein (DAV) an. Zielsetzung ist eine tatsächlich anwaltsbezogene, praxisorientierte Ausbildung, die nach Auffassung des DAV ansonsten nicht allein durch die seit der Reform der Juristenausbildung nunmehr neunmonatige Anwaltsstation erreicht werden kann. Die DAV-Anwaltsausbildung setzt sich aus einer theoretischen und einer praktischen Ausbildung zusammen, die in speziellen DAV-Ausbildungskanzleien durchgeführt wird. Die insgesamt 15 Monate dauernde Ausbildung ist untergliedert in einen theoretischen DAV-Ausbildungskurs, der in Kooperation mit der Fernuniversität Hagen als Fernkurs stattfindet und in einem Zeitraum von drei Monaten abgeschlossen werden kann. Die 12-monatige praktische Ausbildung können Anwaltsreferendare in einer DAV-Ausbildungskanzlei im Rahmen ihres Referendariats absolvieren. Am Ende dieser speziellen Ausbildung steht das DAV-Ausbildungszertifikat, das ein selbstständiges berufsbezogenes Abschlusszertifikat darstellt und die besondere Qualifikation der Absolventen für den Anwaltsberuf dokumentiert.

Während der Ausbildung als DAV-Anwaltsreferendar besteht die Möglichkeit, den Anwaltsberuf tatsächlich durch praktische Berufsausübung kennen zu lernen. Dabei soll insbesondere das Interesse der Referendare an wirtschaftlichen Zusammenhängen und unternehmerischem Denken und Handeln gefördert werden. Ebenso gilt die Ausbildung der Förderung des Verantwortungsbewusstseins, der kommunikativen und sozialen Fähigkeiten der angehenden Anwälte. Außerdem werden in der Praxis Einblicke in Aufbau und Management einer Kanzlei, Verhandlungstechniken sowie Rhetorik vermittelt. Die Kosten des gesamten Kurses betragen maximal 2.700 EUR.

Einzelanwalt oder Sozius

Als Einzelanwalt beziehungsweise -anwältin üben Sie selbstständig einen freien Beruf aus. Das bedeutet, Sie verfügen über die volle Entscheidungsfreiheit hinsichtlich ihrer anwaltlichen Tätigkeit, sind jedoch gleichzeitig für die gesamte Organisation Ihrer Kanzlei sowie die Abwicklung Ihrer Mandate allein verantwortlich. Dabei sollten Sie sich gleich von Anfang an darüber im Klaren sein, dass sie nicht nur „Organ der Rechtspflege" sind, sondern ein eigenes Wirtschaftsunternehmen führen. Gerade den wirtschaftlichen Faktor verlieren junge Anwälte und Anwältinnen bei allem Enthusiasmus für ihren Beruf leicht aus dem Blickfeld mit der Folge, dass sich ihre Kanzlei finanziell nicht trägt und letztendlich aufgegeben werden muss. Nach der Statistik der Bundesrechtsanwaltsammer mussten deshalb im Jahre 2002 fast 16 Prozent aller Berufsanfänger ihren Anwaltsberuf wieder aufgeben.

Mehrere Einzelanwälte können sich auch in einer Bürogemeinschaft zusammenschließen und die laufenden Kanzleikosten anteilig tragen. Dies ist besonders für Berufsanfänger eine gute Möglichkeit, das Kostenrisiko möglichst gering zu halten. Außerdem kann es vorteilhaft sein, wenn sich mehrere Anwälte beziehungsweise Anwältinnen zusammen tun, die je auf unterschiedlichen Rechtsgebieten spezialisiert sind.

Auch ein Sozius beziehungsweise eine Sozia ist selbstständig tätig. Der Unterschied zur Bürogemeinschaft liegt allerdings vor allem darin, dass Sozien grundsätzlich nicht auf eigene Rechnung arbeiten, sondern alle Einkünfte in eine gemeinsame Kasse fließen. Für Berufsanfänger besteht die Möglichkeit, in eine Sozietät einzutreten, in der Regel erst nach einer gewissen Erprobungsphase. Nicht selten müssen sich neue Sozien auch in eine bestehende Sozietät „einkaufen". Je nach Renommee der Kanzlei kann es sich hierbei durchaus um eine sechsstellige Summe handeln.

Gerade als Einzelanwalt oder als Sozius einer kleinen Kanzlei sollten Sie über ein breit gefächertes solides juristisches Grundwissen verfügen und vor allem in den „alltagstauglichen" Rechtsgebieten Schuldrecht, Mietrecht, Familienrecht, Arbeitsrecht und Ordnungswidrigkeitenrecht fit sein. Darüber hinaus müssen Sie natürlich in der Lage sein, sich schnell in spezielle Rechtsgebiete einzuarbeiten. Schließlich wissen Sie nie, welche neuen Mandate an Sie herangetragen werden und gerade in der Anfangszeit werden Sie allein schon aus wirtschaftlichen Gründen – wenn irgend möglich – jede neue Sache annehmen.

Da Sie als Einzelanwalt beziehungsweise Einzelanwältin in der Regel über keine Delegationsmöglichkeit verfügen, müssen sie durchweg mit einer extremen Arbeitsbelastung rechnen. Nicht wenige Anwälte nutzten sogar die Wochenenden, um Schriftsätze abzudiktieren. Aber auch psychisch müssen Sie einiges aushalten können, da Sie manchmal mit menschlichen Tragödien konfrontiert werden oder vor allem in Strafsachen aus rechtsstaatlichen Gesichtspunkten Mandanten vertreten, deren Taten Sie selbst nicht billigen können. Entschädigung und Anerkennung finden Sie jedoch immer dann, wenn Ihre Arbeit erfolgreich war und Sie dadurch eine gute Reputation erlangen.

Wenn Sie gleich ins „kalte Wasser springen" und mit einer eigenen kleinen Kanzlei starten, sollten Sie auf jeden Fall über einige Ersparnisse verfügen, die als finanzielles Polster für die Anfangszeit dienen können. In die Gewinnzone kommt eine Einzelkanzlei nämlich in der Regel erst nach circa fünf Jahren. Die Erlangung eines Fachanwaltschaftstitels (zum

Beispiel Fachanwalt für Familienrecht oder für Steuerrecht) kann sich durchaus erfolgsfördernd auswirken.

Angestellter Anwalt in einer Großkanzlei

Wer sich dagegen bereits frühzeitig auf eine sehr spezialisierte Anwaltstätigkeit in einer internationalen Großkanzlei vorbereiten möchte, sollte besser den Weg über entsprechende Zusatzstudiengänge (vgl. Kapitel 2.2.2) und andere Weiterbildungsmaßnahmen (zum Beispiel fachspezifische Fremdsprachenausbildungen, Anwaltsstation in einer ausländischen Anwaltskanzlei) wählen. Außerdem sollten – bei vorausgesetzten Prädikatsexamina – ein LL.M.- und/oder ein Doktortitel erworben werden. Als geeignete Fachgebiete, die derzeit besonders gefragt sind, gelten vor allem das Recht des gewerblichen Rechtsschutzes, Kartellrecht, Insolvenzrecht sowie Internet- und Telekommunikationsrecht. Darüber hinaus werden in der Regel sehr gut Kenntnisse der Branchen, Märkte und deren Potenziale erwartet. Ebenso können Sie mit einer Weiterbildung zum Mediator und/oder Moderator Ihre Einstellungs-Chancen erhöhen. Zusätzlich sollten Sie sich fortbildungsfähig zeigen, weil die meisten Großkanzleien über hauseigene Anwaltsakademien verfügen, in denen spezielle Schulungen durchgeführt werden.

Natürlich ist ein angestellter Anwalt in seinen Entscheidungen nicht frei. Besonders in den „großen Sachen" werden stets die „Kanzleichefs" das letzte Wort haben. Außerdem kann die Arbeitsbelastung für angestellte Anwälte oftmals extrem hoch sein, zumal in manchen Großkanzleien vor allem Berufsanfänger gern dafür eingesetzt werden, bergeweise „ungeliebte" Fälle abzuarbeiten. Gleichzeitig wird auf diese Weise auch die Belastbarkeit der Mitarbeiter geprüft und erwartet, dass schon mal ein Wochenende durchgearbeitet wird, wenn es darauf ankommt.

Von Vorteil kann es dagegen sein, dass Sie als angestellter Anwalt beziehungsweise angestellte Anwältin über sämtliche soziale Absicherungen verfügen können und auch einen angemessenen Urlaubsanspruch haben. Hieran mangelt es dagegen häufig bei selbstständigen Rechtsanwälten, die eine ausreichende Vorsorge manchmal vernachlässigen. Auch die Verdienstmöglichkeiten können deutlich besser sein als für „Einzelkämpfer". So beläuft sich das Anfangsgehalt in einer Großkanzlei für qualifizierte Berufsanfänger und Berufsanfängerinnen durchschnittlich auf mindestens 50.000 Euro im Jahr, zum Teil ist es aber auch deutlich höher (zum Beispiel 75.000 bis 80.000 Euro bei Hengeler Mueller). Das Einkommen kann sich im Laufe der Zeit dann sogar auf das Zehnfache (oder mehr) steigern, wenn Sie Partner beziehungsweise Partnerin werden. Die Partnerschaft wird dabei in etlichen Großkanzleien schon nach relativ kurzer Zeit (etwa nach fünf bis sechs Jahren) angeboten. Dies ist unter anderem bei Linklaters Oppenhoff & Rädler der Fall.

In fast allen Großkanzleien ist es üblich, dass die Berufsanfänger sofort „ins kalte Wasser" springen müssen, das heißt, von Anfang an auch selbstständig Mandantengespräche zu führen und Gerichtstermine wahrzunehmen haben. In den größeren Sachen werden die jungen Anwälte und Anwältinnen allerdings in der Regel zu den Gerichtsterminen von erfahrenen Kollegen oder Kolleginnen begleitet. Vor allem in den ersten fünf Jahren wird von den Berufsanfängern eine intensive Fort- und Weiterbildung erwartet, um auf diese Weise eine hochqualifizierte Spezialisierung zu erlangen. Neben fachlicher Kompetenz werden in den Seminaren der hauseigenen Akademien wichtige Soft Skills vermittelt, wie beispielsweise Mandantenpflege (Client Relationship Management), Rhetorik, Verhandlungsmanagement, Profitabilität und Personalführung. Häufig besteht die Möglichkeit, derartige Fort- und Weiterbildungsmaßnahmen bei den ausländischen Einrichtungen solcher Großkanzleien zu absolvieren. Ausführlichere Informationen über die Anforderungen, die in Großkanzleien an Berufsanfänger und -anfängerinnen gestellt werden, erhalten Sie in Kapitel 5.3.

3.4 Als Wirtschaftsjurist ins Management

Dipl.-Wirtschaftsjuristen und -juristinnen der Fachhochschulen haben auf Grund ihrer juristisch-betriebswirtschaftlichen Doppelqualifikation gute Chancen, im Management von Unternehmen überwachende, koordinierende und organisatorische Aufgaben wahrzunehmen, um die Unternehmensleitung bei deren Aufgabenabwicklung zu entlasten. Aufgrund ihrer Ausbildung sind sie in der Lage, in einer Vielzahl von Tätigkeitsbereichen verantwortliche Aufgaben wahrzunehmen. So können sie beispielsweise Zielsetzungen und Vorhaben auf ihre rechtliche Durchsetzbarkeit analysieren, Problemfelder erkennen und Lösungsvorschläge erarbeiten. Auch die Erstellung von Wirtschaftlichkeitsanalysen sowie das Erstellen und Auswerten von Statistiken gehört zu ihrem Tätigkeitsbereich. Zu ihren Aufgaben zählen außerdem die Aufklärung von Sachverhalten sowie das Erarbeiten von Entscheidungsgrundlagen und -hilfen.

Auf der Leitungsebene als Manager sind Wirtschaftsjuristen besonders geeignet, wirtschaftliche und/oder rechtliche Probleme praxisorientiert zu erfassen und zu analysieren sowie auf Grund ihres wirtschaftswissenschaftlichen Backgrounds für eine stärkere Miteinbeziehung derartiger Aspekte zu sorgen. Wenn Sie während des Studiums den Vertiefungsschwerpunkt „Management" gewählt haben, sind Sie bestens gerüstet für alle rechtlichen und wirtschaftlichen Fragen rund um die betrieblichen Funktionen des Einkaufs, Vertriebs, der Personalwirtschaft sowie des Rechnungs- und Steuerwesens. Ebenso sollten Sie auf Grund Ihrer Ausbildung das Instrumentarium zur Gestaltung moderner Verträge (wie zum Beispiel just-in-time-Verträge, Turnkey-Verträge, Leasingverträge) beherrschen. Da auch das Steuerrecht auf dem Lehrplan angehender Wirtschaftsjuristen und -juristinnen steht, sind diese ohne weitere Zusatzqualifikation grundsätzlich in der Lage, steuerrechtliche Überlegungen als wesentliche Gestaltungs- und Entscheidungsmaxime zu berücksichtigen. Hier haben die Wirtschaftsjuristen den meisten Volljuristen einiges voraus, weil das Steuerrecht während der universitären Juristenausbildung häufig vernachlässigt wird.

Ebenfalls unverzichtbar für eine Tätigkeit im unternehmerischen Management sind gute Kenntnisse im gewerblichen Rechtsschutz und Marketing. Weitere Zusatzqualifikationen sollten jeweils im Hinblick auf den speziellen Wirtschaftszweig erworben werden, in dem die spätere Berufstätigkeit angestrebt wird. Interessante Kombinationen könnten sich beispielsweise mit Medizin- und Biotechnologien oder Informations- und Telekommunikationstechnologien ergeben.

3.5 Karriere-Chancen bei Verbänden, Banken und Versicherungen

Etwa ein Fünftel aller Berufsanfänger findet eine Stelle bei Verbänden, Banken oder Versicherungen. Die Bandbreite der Betätigungsfelder für Juristen in diesen Institutionen ist groß. Zu den wichtigsten Einsatzmöglichkeiten zählen eine Tätigkeit als Justiziar, Verbandssyndikus, Geschäftsführer, Sachbearbeiter oder Referent. Hierfür werden je nach Anwendungsgebiet vertiefte und überdurchschnittliche Rechtskenntnisse erwartet. Darüber hinaus sollte ein Verbandsjurist vor allem beratende, organisierende sowie administrative Fähigkeiten besitzen.

Bewerber bei Banken und Versicherungen können ihre Einstellungs-Chancen unter anderem durch eine vorherige Bank- beziehungsweise kaufmännische Lehre deutlich verbessern. Außerdem werden verhandlungssichere Englischkenntnisse vorausgesetzt. Juristen können bei Banken nämlich nicht nur in der Rechts- oder Personalabteilung eingesetzt werden, sondern auch im allgemeinen Bankgeschäft.

Die Deutsche Bundesbank stellt beispielsweise zweimal jährlich junge Wirtschafts- oder Rechtswissenschaftler als Bundesbank-Referendare ein.

Voraussetzung hierfür ein überdurchschnittliches erstes Staatsexamen sowie sehr gute bis gute Englischkenntnisse. Die Ausbildung in der Laufbahn des höheren Bankdienstes dauert insgesamt 21 Monate. Während dieser Zeit werden die Nachwuchsbeamten mit allen wichtigen Aufgaben des Bankwesens betraut und durchlaufen verschiedene Stationen angefangen von der Zweigstelle über die Hauptverwaltung bis hin zu internationalen Organisationen.

Ein Jurist in der Rechtsabteilung einer Bank sollte über besondere Kenntnisse im Arbeits- und Sachenrecht sowie im Wertpapier-, Gesellschafts- und Insolvenzrecht verfügen. Außerdem sollten ein ausgeprägtes Interesse für das Geld und Kreditgeschäft, Flexibilität sowie Mobilität im In- und Ausland vorhanden sein.

Die Beschäftigungsmöglichkeiten für Juristen in der Versicherungswirtschaft sind äußerst vielfältig. Je nach Examensabschluss und weiterer Spezialisierung kommen Tätigkeiten als Sachbearbeiter in der Schadensabwicklung, im Vertrieb sowie leitende Funktionen in der Vermögensverwaltung, der Personal- oder Rechtsabteilung in Betracht. Juristen und Juristinnen mit dem ersten Staatsexamen oder mit nur ausreichenden Examensnoten haben mittlerweile bei Versicherungen kaum noch Einstellungschancen.

Wer sich bei einem Wirtschaftsverband (zum Beispiel Bund der Deutschen Industrie) bewirbt, sollte zusätzlich zu guten Kenntnissen im Wirtschaftsrecht über die Fähigkeit verfügen, interdisziplinär politische Zusammenhänge zu analysieren und zu bewerten. Als Soft Skills werden zudem eine sehr gute rhetorische und schriftliche Ausdrucksfähigkeit, Verhandlungsgeschick, Integrationsfähigkeit, Kontaktfähigkeit sowie ein Gespür für das politisch Umsetzbare erwartet. Bei einer Organisation innerhalb der Europäischen Union sind neben den entsprechenden Fremdsprachenkenntnissen zusätzlich Kenntnisse des englischen und französischen Rechts erforderlich.

Zur Förderung des Geschäftsführernachwuchses in den Arbeitgeberverbänden bietet die Bundesvereinigung der Deutschen Arbeitgeberverbände (BDA) unter anderem für Juristen mit zweiten Staatsexamen eine zweijährige Ausbildung als Trainee an. Dabei werden mehrere Ausbildungsstationen bei der BDA sowie bei regionalen und fachlichen Arbeitgeberverbänden, internationalen Organisationen und Betrieben durchlaufen. An einem ähnlichen Traineeprogramm können Volljuristen beim Deutschen Industrie- und Handelstag (DIHT) teilnehmen. Diese Ausbildung besteht aus Tätigkeiten beim DIHT selbst, bei zwei deutschen Kammern unterschiedlicher Größe, einer Auslandshandelskammer sowie gegebenenfalls auch in einem Wirtschaftsunternehmen. Bewerber dürften allerdings das 30. Lebensjahr noch nicht vollendet haben. Derartige Traineeprogramme dauern zwischen zwölf und 18 Monate.

3.6 Juristen als Wirtschaftsprüfer oder Steuerberater

Auch eine Karriere als Wirtschaftsprüfer oder Steuerberater kann für junge Juristen und Juristinnen durchaus attraktiv sein. Im Internet findet man immer noch überraschend viele offene Stellen für diese Berufe. Allerdings sind die Einstellungsvoraussetzungen heute deutlich höher als noch vor zwei Jahren. Große Wirtschaftsprüfergesellschaften wie beispielsweise Price Waterhouse Coopers (PWC) erwarten von ihren Bewerbern zusätzlich zu guten juristischen Examina in der Regel ein Diplom als Finanzwirt oder zumindest praktische steuerrechtliche Vorkenntnisse. Bei den Rechtsgebieten sollten die Schwerpunkte im Gesellschafts-, Erb- und Familienrecht liegen. Gute Englischkenntnisse werden als selbstverständlich vorausgesetzt.

Die Steuerberaterprüfung kann ablegen, wer nach Abschluss seines rechtswissenschaftlichen Studiums zumindest drei Jahre auf dem Gebiet des Steuerwesens im Wirkungsbereich des bundesdeutschen Steuerrechts hauptberuflich tätig gewesen ist. Diese Tätigkeit kann entweder bei einem Steuerberater, der Finanzverwaltung, einer Steuerberatungsgesellschaft, einem Unternehmen, einer Kammer oder einem Verband absolviert worden sein. Etliche Fachinstitute bieten zur Vorbereitung auf diese Prüfung spezielle Fernlehrgänge an. Wer Wirtschaftsrecht an einer Fachhochschule studiert hat, ist auf dieses Berufsziel insofern gut vorbereitet, weil in diesem Studiengang das Fach „Steuerrecht und Prüfungswesen" als Schwerpunkt gewählt und das Praxissemester bei einer Steuerberatungs- oder Wirtschaftprüfergesellschaft abgeleistet werden kann.

Für die Zulassung zum Wirtschaftsprüferexamen ist eine mindestens fünfjährige Tätigkeit in der Wirtschaft Vorraussetzung. Davon muss mindestens vier Jahre lang eine Prüfungstätigkeit ausgeübt worden sein. Ebenfalls erforderlich sind betriebswirtschaftliche Kenntnisse, die entweder im Selbst-, Neben- oder Aufbaustudium erworben sein können. Grundsätzlich fallen auch die Aufgaben eines Steuerberaters in das Tätigkeitsfeld eines Wirtschaftsprüfers.

Nach der Ablegung des Wirtschaftsprüferexamens besteht die Möglichkeit einer Anstellung oder einer selbstständigen Tätigkeit. Auf diesem Wege können Sie später beispielsweise auch eine Position in der Geschäftsführung einer Steuerberatungs- oder Wirtschaftsprüfergesellschaft einnehmen. Hierbei werden allerdings hohe Qualitätsanforderungen gestellt. Grundbedingung sind Prädikatsexamina sowie oftmals auch eine kaufmännische Vorbildung. Außerdem werden gute Kenntnisse in Datenverarbeitung und Buchhaltung erwartet sowie eine bereits neben dem Studium oder während der Referendarzeit erlangte praktische Erfahrung beim Steuerberater, einem Wirtschaftsprüfer oder im Finanzamt. Ihre Studienschwerpunkte sollten im Steuer- und Bilanzrecht, Handels- und Gesellschaftsrecht sowie in der betriebswirtschaftlichen und finanzwirtschaftlichen Steuerlehre liegen. Gute Englischkenntnisse gelten als unerlässlich. Häufig sind aber auch französische Sprachkenntnisse erforderlich.

Auslandserfahrungen gelten als ein absolutes Muss. Außerdem wird heute mehr Wert auf die Soft Skills gelegt als früher. Insbesondere müssen sich die Bewerber und Bewerberinnen auf die zunehmende Internationalisierung der Unternehmen sowie auf verschärfte Bilanzierungsregeln einstellen. Die Fähigkeit zum Querdenken sowie zu ganzheitliche Problemlösungen sind dabei besonders gefragt.

3.7 Die juristische Hochschulkarriere

Wenn Sie als Jurist beziehungsweise Juristin die wissenschaftliche Laufbahn einschlagen möchten, so bieten sich Ihnen unterschiedliche Möglichkeiten. Seit der Reform des Hochschulrechts ist an Universitäten für angehende Lehrstuhlinhaber zunächst die so genannte Juniorprofessur vorgeschaltet. Dagegen werden für eine Professur an einer Fachhochschule praktische Berufserfahrungen vorausgesetzt. Nachfolgend erfahren Sie die Einzelheiten:

Die Universitätslaufbahn

Durch das neue Hochschulrahmengesetz (HRG) wurde an deutschen Universitäten eine neue Personalstruktur in Form der so genannten Juniorprofessur eingeführt. Gemäß § 47 HRG kann Juniorprofessur werden, wer

- ein abgeschlossenes Hochschulstudium hat,
- eine pädagogische Eignung besetzt und
- eine besondere Befähigung zu wissenschaftliche Arbeit vorweisen kann, die in der Regel durch die herausragender Qualität einer Promotion nachgewiesen wird.

Die Juniorprofessur soll jungen Wissenschaftlern und Wissenschaftlerinnen gleich nach der Promotion die Möglichkeit zu selbstständiger Forschung und Lehre bieten. Die Dauer der Juniorprofessur ist zunächst auf drei Jahre befristet, kann jedoch bei entsprechender Bewährung um bis zu weiteren drei Jahren verlängert werden. Die Entscheidung für eine Verlängerung erfolgt nach einer Bewertung der Leistungen in Forschung und Lehre. Danach werden die wissenschaftlichen Leistungen im Berufungsverfahren bewertet, so dass bei einem entsprechenden Ergebnis der Weg zu einer Professur auf Lebenszeit geebnet ist.

Durch die Einführung der Juniorprofessur soll der herkömmliche Weg zu einer Professorenstelle über die bisher erforderliche Habilitation abgeschafft werden, um jungen Wissenschaftlern im Alter von Anfang 30 die Möglichkeit zu eröffnen, bereits selbstständig Forschung und Lehre betreiben. Ohne eine vorangegangene Juniorprofessur soll es künftig nicht mehr möglich sein, auf Lebenszeit zum Professor beziehungsweise zur Professorin berufen zu werden. Seit dem Urteil des Bundesverfassungsgerichts vom 27. Juli 2004 (Az.: 2 BvR 2/02) obliegt es nun allerdings allein den Ländern, die Regelungen für die Qualifikation und Berufung zu Professoren eigenständig auszugestalten. Es bleibt abzuwarten, welche Inhalte des zuvor geltenden Bundesrechts von den Ländern übernommen werden.

Nach den Bundesvorschriften über die Juniorprofessur sollte zunächst eine herausragende Promotion möglichst zügig abgeschlossen worden sein. Die Promotionsdauer durfte danach grundsätzlich sechs Jahre nicht überschreiten, weil man vor Erreichen einer Lebenszeitprofessur nur noch höchstens insgesamt 12 Jahre an einer deutschen Hochschule beschäftigt gewesen sein durfte. Juniorprofessoren bzw. Juniorprofessorinnen sollten selbstständig forschen und lehren sowie über das Recht zur Betreuung von Promotionen verfügen.

Juniorprofessoren sollten nach der neuen Besoldungsgruppe W 1 bezahlt werden. Das Grundgehalt liegt danach zwischen 3.260 und 3.526 Euro. Dazu können noch Zuschläge kommen. Der Status eines Juniorprofessors kann – je nach geltendem Landesrecht – der eines Beamten auf Zeit oder der eines Angestellten sein.

Die Fachhochschulkarriere

Einstellungsvoraussetzungen für Professoren und Professorinnen an staatlichen und privaten Fachhochschulen sind für Juristen

- beide juristische Staatsexamina,
- der Nachweis pädagogische Eignung,

- die besondere Befähigung zu wissenschaftlicher Arbeit (die in der Regel durch eine überdurchschnittliche Promotion belegt werden kann) sowie
- (je nach Landesrecht) mindestens fünf Jahre Berufserfahrung außerhalb des Hochschulbereichs.

Die Vergütung für Fachhochschulprofessoren kann in den einzelnen Bundesländern unterschiedlich sein. In Niedersachsen erfolgt die Bezahlung beispielsweise nach der Besoldungsgruppe W.

Fachhochschulprofessoren und -professorinnen nehmen in eigener Verantwortung selbstständig Aufgaben in Forschung und Lehre wahr. Sie vermitteln in ihren Lehrveranstaltungen Grundlagen- und Spezialwissen an die Studierenden auf wissenschaftlicher Basis, das allerdings gleichzeitig anwendungsbezogen sein soll. Zu diesem Zweck ist die starke Einbeziehung von Anwendungsfällen aus der Praxis erforderlich.

Zur Lehrtätigkeit gehören des Weiteren die Abnahme von Prüfungen, die Beratung und Betreuung der Studierenden sowie die Mitwirkung an Veranstaltungen zur Weiterbildung. Forschungsvorhaben beschränken sich in der Regel auf anwendungsbezogene Forschungs- und Entwicklungsaufgaben, die dem Bildungsauftrag der Fachhochschule dienen und überwiegend aus Drittmitteln finanziert werden. Die Forschungstätigkeit ist gleichzeitig Teil der eigenen Weiterbildung. Darüber hinaus wirken die Professoren und Professorinnen an der Selbstverwaltung der Hochschule mit.

4 Neue Berufsperspektiven für Juristen

Gute Examensnoten allein sind längst keine Garantie mehr für eine juristische Berufskarriere. Der „Einheitsjurist" scheint aufgrund der immer komplexer werdenden Lebenssachverhalte und immer schneller fortschreitenden Entwicklungen in vielen gesellschaftlichen und technischen Bereichen gegenüber Absolventen anderer Fachrichtungen oftmals nicht mehr konkurrenzfähig zu sein. So bevorzugen vor allem innovative Unternehmen bei der Besetzung von Führungspositionen häufig Wirtschaftswissenschaftler, weil sie sich von diesen von vornherein mehr Flexibilität und ein breiteres interdisziplinäres Wissensspektrum versprechen. Auch wenn ein guter Jurist in der Lage sein muss, sich selbstständig in neue Sach- und Rechtsgebiete einzuarbeiten, so befürchten doch etliche Arbeitgeber hierdurch unnötige Zeitverluste, die eben durch eine geeignetere fachliche Besetzung vermieden werden könnten. Schließlich gilt in der Wirtschaft nach wie vor der Grundsatz „time is money".

Die fortschreitende Vernetzung unterschiedlicher Disziplinen bietet jedoch für junge Juristen und Juristinnen gleichzeitig neue Betätigungsfelder. Wer diese rechtzeitig erkennt und bereit ist, sich auch auf nicht juristischen Gebieten fortzubilden, wird weiterhin seinen Weg machen. Die Ausbildung zum Volljuristen hat einen entscheidenden Vorteil: die umfassende Beherrschung aller zentralen Rechtsgebiete sowie das Wissen um ihre Zuordnung zueinander, ihre Wertigkeit untereinander und ihre Abhängigkeit voneinander. Wird dieses globale Rechtswissen durch gezielte Spezialisierungen auf besonderen Sach- oder Rechtsgebieten sowie bestimmte Berufserfahrungen erweitert, dürfte die Einsetzbarkeit von Juristen beinahe unbegrenzt möglich sein. In dieser Kombination sind sie zudem Absolventen anderer Studiengänge, in denen lediglich punktuell bestimmte Rechtsgebiete absolviert wurden, stets dann überlegen, wenn es um die Einschätzung und Beherrschung rechtlicher Verflechtungen geht. Hierzu ist es allerdings erforderlich, dass Juristen in stärkerem Maße als bisher bereit sind, fachliches Neuland zu betreten. Die Zeiten des „Nur-Juristen" dürften somit endgültig der Vergangenheit angehören.

4.1 Spezialisten sind gefragt

Wenn Sie als Jurist beziehungsweise Juristin auf dem Arbeitsmarkt konkurrenzfähig sein möchten, sollten Sie Ihr Berufsziel möglichst von Studienbeginn an vor Augen haben und sich bis zum Ausbildungsende hierfür bestmöglich qualifizieren. Die Berufsqualifikation muss bereits im Studium beginnen. Dies ist auch ein Hauptanliegen der Reform der Juristenausbildung (vgl. Kapitel 2.2.1). Die Spezialisierung eines angehenden Juristen sollte einerseits von der Nachfrage auf dem Arbeitsmarkt abhängen, andererseits aber vor allem von seinen persönlichen Interessen. Nur in dieser Kombination bekommt ein Jurist „Profil" und kann Karriere machen.

Bereits ein Blick in die Stellenanzeigen in den für Hochschulabsolventen einschlägigen Printmedien zeigt, dass in der Regel Juristen gesucht werden, die auf bestimmten Rechtsgebiete spezialisiert sind und möglichst bereits über eine gewisse Berufserfahrung verfügen. Dies gilt sogar für Stellenangebote in kleinen bis mittelgroßen Anwaltskanzleien.

Für einen erfolgreichen Berufsstart und weitere gute Karriere-Chancen kommt es somit entscheidend auf die „richtige" Spezialisierung an. Nachfolgend erfahren Sie, wie Sie am besten dabei vorgehen.

4.1.1 Berufs-Nischen finden

Natürlich macht es grundsätzlich wenig Sinn, sich ausgerechnet auf den Rechtsgebieten zu spezialisieren, die ohnehin schon überlaufen sind. Etwas anderes gilt nur für solche Bereiche, in denen die Nachfrage nach Juristen besonders groß ist. So werden beispielsweise ständig Juristen und Juristinnen mit besonderen Qualifikationen im Wirtschafts- und Gesellschaftsrecht, im Bank- und Finanzrecht sowie im Versicherungs- und Haftpflichtrecht gesucht. Stellenangebote kommen dementsprechend naturgemäß von großen Wirtschaftsunternehmen sowie wirtschaftsrechtlich ausgelegten Großkanzleien, Banken und Versicherungen. In der Regel werden hier von den Bewerbern zusätzlich praktische Berufserfahrungen (durchschnittlich zwei bis vier Jahre) erwartet. Daraus folgt, dass bei derartigen Stellenangeboten Berufsanfänger und -anfängerinnen nicht wirklich Chancen haben.

Wie findet man nun aber echte Berufs-Nischen, in denen eine Spezialisierung Erfolg versprechend ist? Wichtig ist zunächst einmal, ein Gefühl für gesellschaftspolitische Entwicklungen zu bekommen, bestimmte Trends in Politik und Wirtschaft rechtzeitig zu erkennen und juristisch einzuordnen. So war es beispielsweise durch die Einführung des Internets von vornherein absehbar, dass sich hierdurch ein teilweise neues rechtliches

Betätigungsfeld auftut beziehungsweise bestehende Rechtsgebiete anzupassen sind. Alles in allem entstand hierdurch ein enormes juristisches Potenzial, das auch heute (also nach über 10 Jahren) noch längst nicht ausgeschöpft ist. Aus diesem Grunde kann es immer noch vorteilhaft sein, sich auf E-Commerce- und IT-Recht (gegebenenfalls in Kombination mit Urheberrecht) zu spezialisieren. Das Gleiche gilt für das Medienrecht, das durch das Internet ebenfalls neue Anwendungsgebiete erhalten hat.

Eine gute Zukunftsprognose besteht sicherlich auch für das Recht der Bio-Technologien sowie das Medizinprodukterecht. Aufgrund der Gesundheitsreform dürften beispielsweise im Bereich des Gesundheitsrechts künftig viele neue Betätigungsfelder für Juristen entstehen. Deshalb könnte sich beispielsweise eine frühzeitige Spezialisierung auf das Krankenkassen- und das Sozialversicherungsrecht lohnen.

Wer sich eher in einer mittelgroßen oder kleineren Rechtsanwaltskanzlei bewerben möchte, kann sich durchaus auch auf abgelegeneren Rechtsgebieten spezialisieren, wie zum Beispiel Architektenrecht, Sportrecht, Pferde- oder Hunderecht, Patientenrecht. Unter Umständen führen sogar die eigenen Hobbys zu derartigen Spezialisierungen, wie etwa einen passionierten Reiter eben zum Pferderecht. Angesichts der Probleme, die sich derzeit aufgrund der Reform des Schuldrechts im Bereich des Tierkaufs ergeben können, handelt es sich bei Letzterem um eine recht gefragte Spezialisierung. Ähnliches gilt beispielsweise für das Hunderecht, das seit der Einführung der Landesgesetze und -verordnungen zum Schutz vor gefährlichen Hunden im Aufwind ist.

Als besonders Erfolg versprechend dürfte eine Spezialisierung auf Marken-, Lizenz- und/oder Patentrecht anzusehen sein. Hierbei handelt es sich um Rechtsgebiete, die wegen der Erweiterung der Märkte vor allem bei großen Wirtschaftsunternehmen eine immer größere Bedeutung spielen werden. Ebenso scheint sich eine steigende Nachfrage nach Juristen auf dem Bau- und Immobiliensektor abzuzeichnen. Wer also gesellschafts- und wirtschaftspolitische Entwicklungen aufmerksam beobachtet und analysiert, wird immer wieder neue juristische Betätigungsfelder finden und sich auf diesen Gebieten beruflich profilieren können.

4.1.2 Zusatzqualifikationen erwerben

Da die reinen Rechtskenntnisse auf bestimmten Spezialgebieten oftmals allein nicht ausreichen, um den Anforderungen von Stellenausschreibungen zu genügen, sollten auf jeden Fall noch weitere nützliche Zusatzqualifikationen erworben werden. Welche Zusatzqualifikationen im Einzelfall am sinnvollsten sind, lässt sich nur anhand des angestrebten Berufsziels beantworten.

Für Tätigkeiten in Wirtschaftsunternehmen dürften aufgrund der immer weiter reichenden internationalen Verflechtungen Fremdsprachenkenntnisse vermehrt an Bedeutung gewinnen. In den meisten Wirtschaftsbereichen sind Englisch, Französisch und Spanisch die gebräuchlichsten Fremdsprachen. Allerdings können gerade im Hinblick auf die Erweiterung der EU auch osteuropäische Sprachen (wie zum Beispiel Polnisch oder Russisch) hilfreich sein. Nicht zu vergessen sind die fernöstlichen Sprachen (etwa Japanisch und Chinesisch), die bei solchen Unternehmen, deren Geschäftsverbindungen in den asiatischen Raum reichen, gewünscht sind. Natürlich spielen bei der Auswahl der zu erlernenden Fremdsprachen auch persönliche Interessen eine Rolle. So wird es einem Studierenden besonders leicht fallen, eine fremde Sprache zu erlernen, wenn er sich gleichzeitig für die Menschen und die Kultur dieses Landes interessiert. Deshalb sollten beispielsweise Auslandssemester beziehungsweise -praktika, die zum Erlernen von Fremdsprachen besonders geeignet sind, stets beide Aspekte, nämlich die spätere Berufsrichtung sowie die persönlichen Interessen, angemessen berücksichtigen. Wer nicht die Möglichkeit hat, Fremdsprachen im Ausland zu erlernen, sollte möglichst die entsprechenden universitären Angebote nutzen. Anderenfalls bleiben nur noch Kurse bei privaten Sprachinstituten, die allerdings in der Regel recht kostenintensiv sind.

Diejenigen, die sich im Bereich des E-Commerce- und IT-Rechts spezialisieren möchten, sollten selbstverständlich über gute Kenntnisse sowie Anwendungserfahrungen in der Datenverarbeitung verfügen. Vor allem sollte ein Grundwissen hinsichtlich der technischen Zugriffs- und Übertragungsmöglichkeiten auf unterschiedliche Computersysteme vorhanden sein.

In Kapitel 2.1.4 wurde bereits generell auf die Vorteile einer Promotion hingewiesen. Ohne die zusätzliche Qualifikation durch eine Promotion dürfte es beispielsweise kaum möglich sein, in einer großen Aktiengesellschaft die Position eines Vorstandsassistenten zu erlangen. Das gleiche gilt für alle anderen Tätigkeiten mit umfangreichen Repräsentationspflichten, wie etwa als Verbandsgeschäftsführer. Wird keine Universitätskarriere angestrebt, so sollte das Dissertationsthema möglichst praxisbezogen sein. Außerdem ist es ratsam, die Promotion noch vor dem 30. Lebensjahr abzuschließen.

Auslandsaufenthalte zählen ebenfalls zu den wichtigen Zusatzqualifikationen. Dies gilt insbesondere für Praktika beziehungsweise die Referendarausbildung in der Wahlstation bei einer renommierten ausländischen

Anwaltskanzlei, dem Europäischen Parlament oder einer diplomatischen Vertretung der Bundesrepublik Deutschland.

Auch die außerfachlichen Qualifikationen spielen bei der Einstellung eines Bewerbers beziehungsweise einer Bewerberin eine nicht zu unterschätzende Rolle. Hierunter fällt unter anderem die so genannte soziale Kompetenz, die seit der Reform der Juristenausbildung nunmehr sogar als Einstellungskriterium für den Beruf des Richters gilt. Zu den fast überall erwünschten Soft Skills (vgl. Kapitel 2.3) gehören unter anderem Teamorientiertheit, Kommunikationsfähigkeit, Zielstrebigkeit, Organisationstalent, Durchsetzungsvermögen und Belastbarkeit. Sofern derartige Eigenschaften nicht bereits in der Persönlichkeit eines Bewerbers beziehungsweise einer Bewerberin liegen sollten, können sie in vielen Fällen im Rahmen der praktischen Betätigungen (zum Beispiel während der Referendarzeit) erworben werden.

4.1.3 Schwerpunkte setzen

Wenn Sie als Jurist beziehungsweise Juristin Karriere machen möchten, sollten Sie sich davor hüten, zu viel Zeit mit Nebensächlichkeiten zu verschwenden. Da in beinahe allen Bereichen möglichst junge Bewerber und Bewerberinnen gefragt sind, sollte die gesamte juristische Ausbildung möglichst zügig absolviert werden. Das heißt vor allem, die erforderlichen Prüfungen sollten nach den jeweils kürzestmöglichen Studienzeiten abgelegt werden.

Eine Spezialisierung neben dem Jurastudium beziehungsweise Referendariat ist selbstverständlich eine erhebliche zusätzliche Belastung. Insbesondere darf dabei nie die Bedeutung der juristischen Examensnoten aus den Augen verloren werden. Schließlich bleiben Sie trotz Zusatzqualifikationen Jurist beziehungsweise Juristin und werden deshalb vor allem nach den Zeugnissen Ihrer juristischen Ausbildung beurteilt.

Deshalb ist es wichtig, das Studium samt aller Zusatzausbildungen (wie etwa Auslandsaufenthalte, Praktika) straff zu organisieren. Hierzu ist es erforderlich, Schwerpunkte zu setzen, um auf diese Weise neben der allgemeinen juristischen Ausbildung die für die Berufskarriere erforderlichen Spezialisierungen zu erlangen. Daran wird erneut deutlich, wie wichtig es ist, das Studium frühzeitig berufsorientiert zu planen.

4.1.4 Praktische Erfahrungen sammeln

Fast ebenso wichtig wie gute Examensnoten sind in den meisten Bewerbungsverfahren auch stellenspezifische Berufs- beziehungsweise Praxiserfahrungen. Aus diesem Grunde sollte bereits während des Studiums beziehungsweise des Referendariats jede Möglichkeit genutzt werden, in dem als Berufsfeld angestrebten Bereich praktische Erfahrungen zu sammeln. Dies kann beispielsweise im Wege eines Betriebspraktikums oder auch durch Jobs während der Semesterferien erreicht werden. Aber auch eine schon vor dem Studium abgeschlossene Ausbildung (zum Beispiel kaufmännische Lehre, Banklehre) kann sich bei der späteren Jobsuche positiv auswirken.

4.2 Interdisziplinär arbeiten

Wer als Jurist beziehungsweise Juristin in einer Berufs-Nische Karriere machen möchte, muss lernen, „über den Tellerrand hinauszusehen" und interdisziplinär arbeiten können. Je nach dem angestrebten Berufsbild kann es sich hierbei um eine geistes- oder eine naturwissenschaftliche Fachrichtung handeln. Da entsprechende Zusatzstudiengänge in der Regel nicht speziell für Juristen angeboten werden (Ausnahmen werden in Kapitel 2.2.2 erörtert), gehört ein gutes Maß an Eigeninitiative dazu, sich in der erforderlichen Weise fortzubilden. Unter Umständen kann sogar ein komplettes Zweitstudium, das parallel zu der juristischen Ausbildung erfolgt, sinnvoll sein.

4.2.1 Geschickte Fächerkombinationen wählen

Zu den wichtigsten Entscheidungen im Rahmen der Karriereplanung gehört unter anderem die richtige Auswahl einer Erfolg versprechenden Fächerkombination. Hierbei sollten vor allem Ihre persönlichen Interessen im Vordergrund stehen. Nur dann werden Sie letztendlich die Motivation und Disziplin beibehalten können, um das selbst gesteckte Ziel zu erreichen.

Wer sich beispielsweise für das Verlagswesen interessiert, könnte sich im Hinblick auf die Osterweiterung der EU durch ein zusätzliches Slawistikstudium besonders qualifizieren und sich damit von der großen Menge der Jura-Absolventen abheben. Mit dieser Zusatzausbildung wäre dann eine Tätigkeit in einem entsprechend ausgerichteten Lektorat möglich. Mit der Fächerkombination Jura/Slawistik ist aber zum Beispiel ebenso eine leitende Funktion in einem Industrieunternehmen denkbar, das sich in einem slawischen Land angesiedelt hat. Außerdem käme mit dieser Spezialisierung eine Beschäftigung in einer kulturellen Stiftung oder im Auswärtigen Amt in Betracht.

Erhebliche Bedeutung als Zusatzqualifikation für Juristen werden künftig sicher auch die Islamwissenschaften haben. Bei derartigen spezifischen Qualifikationen ist es wichtig, rechtzeitig einen Trend für neue Berufsbilder zu erkennen, bevor es etwaige Mitkonkurrenten tun.

Allerdings muss für eine angestrebte Beschäftigung im Verlags- und Medienbereich nicht immer eine so spezielle Qualifizierung vorliegen. In der Regel kann bereits ein Aufbaustudium in Journalistik oder Informationswissenschaft Ihre Karrierechancen (zum Beispiel im Medienmanagement) erheblich verbessern.

Ein weiteres interessantes Kombinationsfach für Juristen kann die Computerlinguistik sein. Diese besondere Qualifikation kann vor allem im Bereich des Informationsmanagements von Vorteil sein.

Zu den Klassikern der Kombinationsfächer mit Jura gehört natürlich das Studium der Politikwissenschaft. Es dürfte nach wie vor für diejenigen interessant sein, die ihr künftiges berufliches Betätigungsfeld in politisch-administrativen Positionen sehen.

4.2.2 Flexibilität beweisen

Um die richtige Fächerkombinationen für sich selbst ausfindig zu machen, bedarf es oftmals sowohl geistiger als auch örtlicher Flexibilität. So ist es beispielsweise erforderlich, sich von gewissen konventionellen Denkweisen freizumachen, damit neue juristische Betätigungsfelder überhaupt realisiert werden. Außerdem wird von Ihnen auch später im Berufsleben Mobilität und Flexibilität erwartet.

Hinzu kommt, dass bestimmte Studiengänge, die als zusätzliche Qualifizierung absolviert werden sollen, nicht an jedem Studienort angeboten werden. Dieses ist am besten gleich bei der Wahl des Ortes, an dem das rechtswissenschaftliche Studium aufgenommen werden soll, zu berücksichtigen.

4.3 Juristen in neuen Wirtschaftsbereichen

Technische und gesellschaftspolitische Entwicklungen schaffen in der Regel auch neue Märkte. Auf diese Weise entstehen immer wieder neue Wirtschaftsbereiche, in denen es auch für Juristen interessante Betätigungsfelder gibt. Nachfolgend erhalten Sie einen Überblick über die derzeit interessantesten Gebiete.

4.3.1 Juristen in der IT-Branche

Die Berufs-Chancen für Juristen im IT-Bereich sind immer noch viel versprechend. Das Tätigkeitsfeld ist außerordentlich breit gefächert und hängt im Wesentlichen von dem konkreten Einsatzgebiet des Einzelnen beziehungsweise der Einzelnen ab. In einer auf IT-Recht spezialisierten Anwaltskanzlei kommt es in erster Linie auf die jeweiligen Industriebereiche der Mandanten an. Deshalb erfolgt hier die Spezialisierung weitgehend im Laufe der Berufstätigkeit. So sind beispielsweise im Bereich der Telekommunikation vorrangig Regulierungsfragen zu klären oder Vereinbarungen zwischen Telekommunikationsanbietern auszuhandeln. Natürlich spielt auch der gewerbliche Rechtsschutz oftmals eine Rolle.

Auf jeden Fall aber erfordert eine derartige Spezialisierung gute Kenntnisse im Bereich der Informationstechnologien sowie darüber hinaus auch gute Branchenkenntnisse. Letztere erlangt man am besten durch Praktika und Jobs bei den einschlägigen Unternehmen. Hilfreich kann auch ein Zusatzstudium in Rechtsinformatik sein, wie es beispielsweise an der Universität Hannover angeboten wird (vgl. Kapitel 2.2.2). Auf Grund der Schnelllebigkeit der Entwicklung in der IT-Branche ist es außerdem erforderlich, sich ständig weiterzubilden und auf dem Laufenden zu halten. Hierin liegt aber auch eine besondere Chance für Neueinsteiger, weil „alte Hasen" auf diesem Gebiet deshalb nie einen unerreichbaren Wissensvorsprung erlangen können.

4.3.2 E-Juristen

Bei den so genannten E-Juristen erstreckt sich die Tätigkeit in erster Linie auf die Problembehandlung im Bereich des Internets. Sie bearbeiten unter anderem Fälle des elektronischen Vertrags- und Urheberrechts (zum Beispiel Verträge mit Internet-Providern) sowie des Datenschutzes bei Online-Banking und internetbasierten Zahlungssystemen. In ihr Ressort fallen beispielsweise auch die Prüfung der Nutzung von Domain-Namen im Internet beziehungsweise der Rechtmäßigkeit eines geplanten E-Business. Arbeitgeber sind unter anderem Software- und E-Commerce-Firmen, aber auch andere Unternehmen, die mit einer Website im Internet auftreten möchten.

Als sinnvolle Spezialisierungen für E-Juristen bieten sich das Wirtschaftsrecht, internationales Privatrecht sowie die Rechtsinformatik an. In dem Fach Rechtsinformatik können sich Juristen mit erstem Staatsexamen an der Universität Hannover im Rahmen eines Zusatzstudiums weiterqualifizieren (vgl. Kapitel 2.2.2). Außerdem sind ein ausgeprägtes technisches

Verständnis, eine gewisse Internetaffinität sowie die Bereitschaft, sich permanent in diesem Bereich fortzubilden, wichtige Voraussetzungen, um in diesem Beruf Erfolg zu haben.

4.3.3 Juristische Berufe im Bereich der Biotechnologie

Im Bereich der Biotechnologie überschneiden sich die unterschiedlichsten naturwissenschaftlichen Disziplinen wie beispielsweise Molekularbiologie, Biochemie, Zellbiologie und Bioverfahrenstechnik. Gleichzeitig bedient sie sich der Instrumente und Erkenntnisse der Ökonomie und Sozialwissenschaften, wodurch letztlich eine wirtschaftlich tragfähige praktische Umsetzung biotechnologischer Forschung erreicht werden kann. Der Einsatz von Biotechnologie findet unter anderem in der Tierzucht, Pflanzenproduktion und Lebensmittelwirtschaft Anwendung und wird in den nächsten Jahren voraussichtlich zu einer der einflussreichsten und wichtigsten Wissenschaftsdisziplinen avancieren.

Neben Wirtschaftswissenschaftlern bietet dieses Fachgebiet auch Juristen ein bisher ungeahntes Potenzial an neuen Betätigungsfeldern. So gibt es bereits in den USA in Großkanzleien spezielle Abteilungen, die sich ausschließlich mit Rechtsfragen der Biotechnologie auseinander setzen. Vor allem im Bereich des Nahrungsmittelrechts (zum Beispiel im Zusammenhang mit patentrechtlichen Problemen) wird auch in Deutschland die Nachfrage nach kompetenten Juristen und Juristinnen steigen. Wer sich in dieser Hinsicht spezialisiert, dürfte deshalb gerade in den kommenden Jahren gute Berufs-Chancen haben.

4.3.4 Juristen im Informationsmanagement

Unter dem Begriff Informationsmanagement ist generell die rationelle Beschaffung, Verarbeitung und Verwaltung unterschiedlichster Informationen zu verstehen. Die Hauptanwendungsgebiete des Informationsmanagements finden sich im Bereich Controlling, Dokumenten- und Wissensmanagement.

Informationsmanagement für Controlling ist keinesfalls nur ein Betätigungsfeld für Betriebswirte, sondern kann unter bestimmten Voraussetzungen auch für Juristen interessant sein. In diesem speziellen Bereich geht es insbesondere darum, in einem Unternehmen vorhandene Datenbestände aufzufinden, zu strukturieren und auszuwerten. Anschließend werden die Ergebnisse visualisiert und den Controllern als Datenbasis zur Verfügung gestellt.

Fachlich wird neben der juristischen Ausbildung auch eine technische und betriebswirtschaftliche Vorbildung erwartet. Außerdem sollten ausreichende Erfahrungen sowie ein besonderes Interesse am IT-Bereich bestehen.

Auch als so genannte Wissensmanager in Verlagen, Online-Diensten oder großen Anwaltskanzleien sind Juristen gefragt, weil juristische Fachinformationen weiterhin an Bedeutung gewinnen. Professional Support Lawyers (kurz: PSL), also Wissensmanager in Anwaltskanzleien sind mittlerweile unverzichtbar geworden. Die Aufgaben eines PSL sind breit gefächerte und erschöpfen sich nicht lediglich in der Informationsbeschaffung und -dokumentation. Sie geben ihr gesamtes Wissen unter anderem auch in Schulungen und Seminaren sowohl an Mitarbeiter als auch an Mandanten weiter und sorgen dafür, dass der Informationsfluss zwischen verschiedenen Standorten und Abteilungen reibungslos funktioniert.

Beim Berufsbild des Wissensmanagers handelt es sich somit um eine eigenständige attraktive Alternative zum Anwaltsberuf. Unverzichtbare Voraussetzung für den Beruf eines Professional Support Lawyers ist die Fähigkeit, sich schnell in andere Materien einarbeiten zu können, weil in der Regel ein interdisziplinäres Wissensmanagement erwartet wird.

4.3.5 Juristische Tätigkeitsfelder im Medienbereich

Der Medien- und Kulturbereich bietet vor allem jungen Anwälten und Anwältinnen gute Einstiegschancen. Inzwischen gibt es in Deutschland um die 40 Anwaltskanzleien, die speziell auf diesem Gebiet tätig sind. Neben einer soliden juristischen Ausbildung mit Spezialisierung im Urheber- und Medienrecht (einschließlich der einschlägigen Europäischen Richtlinien) werden auch gute EDV-Kenntnisse erwartet. Ebenso sollten Wirtschaftsenglisch und zumindest eine weitere Sprache (am besten Französisch, Spanisch oder Italienisch) beherrscht werden.

Oftmals sind für die Einstellung die Examensnoten nicht so wichtig wie das persönliche Auftreten eines Kandidaten beziehungsweise einer Kandidatin. Wichtig ist hier eine gewisse Souveränität sowie sicheres gesellschaftliches Auftreten (auch auf internationalem Parkett). Deshalb sind Auslandsaufenthalte hier besonders nützlich. Am besten sollte schon die Zeit zwischen Abitur und Studienbeginn im Ausland verbracht worden sein. Empfehlenswert ist auf jeden Fall ein Auslandsstudium.

Ein Medienanwalt muss stets auch ein guter Akquisiteur sein. Deshalb sollten so früh wie möglich Kontakte in der Medienbranche geknüpft werden. Hierfür eignen sich am Anfang beispielsweise Praktika und Nebenjobs in einer Film- oder Musikproduktionsgesellschaft.

4.4 Juristen im Konfliktmanagement (Mediation)

Bei der Mediation handelt es sich um eine Form der außergerichtlichen Lösung von Konflikten. Dabei sollen die Konfliktparteien grundsätzlich eigenverantwortlich versuchen, zu einer Lösung des aufgetretenen Problems zu gelangen. Die Aufgabe des Mediators ist es dabei, den Meinungsaustausch zwischen den Beteiligten zu strukturieren, etwaige Blockaden aufzubrechen und auf diese Weise ein für alle Beteiligten hinnehmbares Ergebnis zu erzielen.

Im Bereich des Konfliktmanagements eröffnen sich nicht nur für sozialpsychologisch ausgebildete Mediatoren, sondern zunehmend auch für Juristen und Juristinnen interessante Betätigungsfelder. Oftmals ist sogar eine Zusammenarbeit beider Professionen nützlich beziehungsweise wünschenswert. Dies gilt vor allem dann, wenn in einer Konfliktsituation vor allem juristisches Knowhow gefragt ist, wie beispielsweise bei Auseinandersetzungen zwischen zwei Unternehmen oder im Verhältnis zwischen Bürgern und Staat. Während Soziologen oder Psychologen im Prozess der Mediation besonders dazu prädestiniert sind, die Ursachen eines Konfliktes zu analysieren und die Standpunkte der streitenden Parteien detailliert herauszuarbeiten, können Juristen dazu beisteuern, die Verhandlungsergebnisse in juristisch verbindlichen Vereinbarungen zu fixieren.

Konfliktmanagement kann grundsätzlich dazu beitragen, langwierige und kostenträchtige Gerichtsverfahren entweder ganz zu vermeiden oder durch die geleistete mediative Vorarbeit erheblich zu vereinfachen und zu verkürzen. Dies gilt generell für alle Anwendungsgebiete der Mediation. Hierzu gehört unter anderem die Mediation im Bereich der Wirtschaft, der Umwelt sowie in familiären Angelegenheiten. Das Berufsbild des juristischen Mediators in diesen Anwendungsgebieten wird im Folgenden näher dargestellt.

Daneben gibt es jedoch noch einer Reihe weiterer interessanter Wirkungskreise, wie etwa die Interkulturelle Mediation, der Täter-Opfer-Ausgleich, die Schulmediation, die Nachbarschaftsmediation oder die Mediation bei IT-Projekten. Für welchen Bereich ein Jurist beziehungsweise eine Juristin sich letztendlich entscheidet, sollte von der fachlichen Spezialisierung sowie insbesondere den jeweiligen persönlichen Interessen abhängen.

Die Ausbildung zum Familienmediator beziehungsweise zur Familienmediatorin dauert in der Regel zwei Jahre und sollte bei einem von der Bundesarbeitsgemeinschaft für Familienmediation e.V. (BAFM) anerkannten Institut absolviert werden. Die Ausbildungsordnung der BAFM ist vom Ausschuss „Mediation" der Bundesrechtsanwaltskammer als modellhaft eingeschätzt worden. Auch der Deutsche Anwaltverein bietet regelmäßig Fachlehrgänge zur Mediation an. Fortbildungskurse zur Wirtschaftsmediation werden inzwischen von fast allen Handelskammern angeboten.

Außerdem besteht die Möglichkeit, an der Fernuniversität Hagen den European Master of Mediation zu erlangen. Hierfür bedarf es eines zweisemestrigen Weiterbildungsstudienganges. Im Rahmen dieser Ausbildung besteht die Möglichkeit, sich auf bestimmten Mediationsgebieten zu spezialisieren, wie etwa Umweltmediation oder Mediation im Strafrecht. Andere Universitäten, wie beispielsweise die Universität Oldenburg oder die Universität Münster, veranstalten regelmäßig spezielle Mediationstrainings. Adressen von Verbänden im Bereich der Mediation finden Sie im Anhang.

4.4.1 Familienmediation

In den letzten Jahren bieten Anwälte und Anwältinnen vor allem in Familiensachen zusätzlich eine Vermittlungstätigkeit als Mediator beziehungsweise Mediatorin an. In der Mehrzahl der Fälle erstreckt sich die angebotene Beratung auf die Scheidungsfolgen und hierbei insbesondere auf die Lösung von Konflikten im Zusammenhang mit der Ausübung der elterlichen Sorge sowie des Umgangsrechts mit den Kindern. Aber auch Fragen des Unterhalts, der Vermögens- und Hausratsteilung oder der Altersversorgung lassen sich generell im Wege einer Mediation regeln.

Gerade im Bereich der Familienmediation ist es erforderlich, über interdisziplinäre Fähigkeiten wie zum Beispiel spezielle Kenntnisse in der Familien- und Kinderpsychologie, in Konfliktvermeidungstrategien und Supervision zu verfügen, um den Anforderungen dieser verantwortungsvollen Aufgabe gewachsen zu sein. Ein guter Mediator sollte zudem in der Lage sein, die Grenzen der Mediationstätigkeit zu erkennen. Diese ist unter anderem stets dann erreicht, wenn sich abzeichnet, dass eine der Parteien nicht freiwillig bei dem Verfahren mitwirkt.

Der Markt für Mediatoren im Bereich des Familienrechts ist inzwischen zwar enger geworden, dennoch bietet er gerade jungen Anwälten und Anwältinnen eine gute Möglichkeit, ihre fachliche Kompetenz auszuweiten. Ebenso ist mit der zusätzlichen Bezeichnung „Mediator" beziehungsweise „Mediatorin" ein gewisser Werbeeffekt verbunden. Deshalb ist es nach wie vor durchaus ratsam, sich auf diese Weise von den übrigen im Familienrecht tätigen Anwälten und Anwältinnen abzuheben. Besonders vorteilhaft ist es, wenn zusätzlich noch die Qualifikation als Fachanwalt beziehungsweise -anwältin für Familienrecht erlangt worden ist.

Zur Mediation im Bereich der familiären Angelegenheiten zählen im weiteren Sinne auch die Erbstreitigkeiten. Da es in solchen Fällen oftmals um viel Geld geht, sind Auseinandersetzungen zwischen den Hinterbliebenen in der Regel vorprogrammiert. Dies gilt insbesondere, wenn der Erblasser seinen Nachlass nicht testamentarisch geregelt hat. Ähnlich wie in Scheidungsverfahren stehen auch hier in der Regel emotionale Auseinandersetzungen im Vordergrund. Die Mediation scheint deshalb ein sehr geeignetes Verfahren zur außergerichtlichen Lösung derartiger Konflikte zu sein.

Dieses Gebiet dürfte in den kommenden Jahren für Anwälte gute Betätigungsmöglichkeiten bieten. Neben einer erbrechtlichen Spezialisierung sind hier ebenfalls psychologische Fähigkeiten im Umgang mit den Beteiligten unverzichtbar. Außerdem sollte ein Mediator bereits über einige Jahre Berufserfahrung als Rechtsanwalt verfügen.

4.4.2 Business Mediation

Im Gegensatz zur Familienmediation kommt es im Bereich der Wirtschaftsmediation weniger auf psychologische als auf wirtschaftliche Fachkenntnisse an. Grundvoraussetzung für eine anwaltliche Tätigkeit auf diesem Gebiet sollte eine Spezialisierung im privaten Wirtschaftsrecht sein. Die Mehrzahl der Fälle betrifft Streitigkeiten zwischen Verbrauchern beziehungsweise Kaufleuten und Unternehmen. Fachlich-inhaltlich handelt es sich hierbei um ein weites Anwendungsfeld. Auf jeden Fall sollte ein Anwaltsmediator in diesem Bereich im Gesellschafts- und Vertragsrecht fit sein. Nützlich sind in der Regel auch besondere Kenntnisse im IT-Recht sowie in Joint-Ventures.

Da die Wirtschaftsmediation oftmals im internationalen Geschäftsverkehr angewendet wird, sind gute bis sehr gute Kenntnisse in Wirtschaftsenglisch ein absolutes Muss. Je nach konkretem Wirkungskreis sind darüber hinaus Spezialisierungen in ausländischem Recht erforderlich. Hierfür kann eine Fortbildung im Ausland nützlich sein, wie etwa über das Centre for Dispute Resolution (CEDR), das das gesamte Jahr über Erfahrungskurse und Trainingsseminare für Mediatoren anbietet. Studierende, die sich für eine derartige Weiterqualifikation interessieren, können sich bei der Harvard Law School für ein „Graduate Research Fellowship" bewerben. Weitere Hinweise hierzu finden Sie im Anhang.

Während in den USA die Mediation bei Unternehmenskonflikten bereits zum Alltag gehört, steckt dieses Verfahren in Deutschland eher noch in den Kinderschuhen. Allerdings konnte in den vergangenen Jahren auch hier ein wachsendes Interesse an der Wirtschaftsmediation verzeichnet werden. Im Jahr 2000 wurden immerhin bereits Fälle mit einem Gesamtstreitwert von circa 300 Millionen Deutsche Mark unter Zuhilfenahme von Mediatoren gelöst. Deshalb sollten vor allem junge Anwälte und Anwältinnen diese zukunftsträchtige Chance nicht ungenutzt lassen, auch in Mediationverfahren tätig sein zu können und eine entsprechende Fortbildung absolvieren.

Aber nicht nur niedergelassene Anwälte und Anwältinnen können sich als Wirtschaftsmediatoren betätigen. Eine Vielzahl von großen Wirtschaftsunternehmen beschäftigen inzwischen interne Business Mediatoren. Ihnen obliegt in erster Linie das innerbetriebliche Konfliktmanagement bei Problemen wie zum Beispiel Rationalisierungsmaßnahmen, Outsourcing oder organisatorischen Umstrukturierungen. Zu den Aufgaben eines internen Mediators gehörte in der Regel auch die Konfliktprävention. Neben fachlicher Kompetenz werden von einem Bewerber für dieses Berufsbild unter anderem eine gewisse Führungserfahrung, exzellente kommunikative Fähigkeiten, Kenntnisse in der Sozialpsychologie sowie ein besonderes Verhandlungsgeschick erwartet.

4.4.3 Umweltmediation

Die Mediation im öffentlichen Bereich bietet Anwälten und Anwältinnen ein umfangreiches Betätigungsfeld. Der Grund dafür liegt zum einen in der zunehmenden Vernetzung und Technisierung der Gesellschaft und zum anderen in der besonderen Sensibilität, die die Lösung von Umweltfragen mit sich bringt. Hier gilt es, im Wege der Mediation im Spannungsfeld zwischen Wirtschaft, Politik und Umwelt sachlich und interessengerecht zu vermitteln.

Das Hauptanwendungsgebiet der Umweltmediation liegt im Bereich der öffentlich-rechtlichen Zulassungs- und Genehmigungsverfahren (zum Beispiel Planfeststellungsverfahren). Vor allem im Erörterungstermin bietet sich der Einsatz von Mediatoren an, weil es in diesem Verfahrensstadium vorrangig darum geht, einen Ausgleich zwischen widerstreitenden Interessen zu schaffen. Da in umweltrelevanten Planungsverfahren oftmals Bürgerinitiativen oder andere große Gruppen beteiligt sind, bedarf es hierfür eines besonders ausgestalteten und strukturierten Mediationsverfahrens (zum Beispiel ein Delegationssystem). Eines der bekanntesten Beispiele aus der Praxis für Umweltmediation dürfte die 1998 eingesetzte Mediationsgruppe sein, die die Entwicklung sowie die Auswirkungen eines Ausbaus des Flughafens Rhein-Main auf die Region Frankfurt untersucht und daran anschließend ein Empfehlungspaket veröffentlicht hat. Weitere Einsatzgebiete der Umweltmediation sind unter anderem so genannte Scoping-Verfahren, die im Rahmen einer Umweltverträglichkeitsprüfung gemäß § 5 UVPG durchgeführt werden, sowie die Beteiligungsmöglichkeiten Dritter, die § 4b BauGB bei der Bauleitplanung ermöglicht.

In den kommenden Jahren dürfte die Nachfrage nach kompetenten Umweltmediatoren voraussichtlich steigen, weil in Politik und Administration inzwischen erkannt wurde, dass der Einsatz von Mediatoren dazu beitragen kann, Verteuerungen von Investitions- und Verwaltungsvorhaben auf Grund der Blockaden durch Bürgerproteste frühzeitig entgegen zu steuern. Da eine Mediation nur durch Verhandlung unter Gleichberechtigten funktionieren kann, erhalten Bürgerinteressen auf diese Weise mehr Gewicht. Das Ziel einer jeden Umweltmediation sollte es sein, einen bestehenden Konflikt im Sinne der Beteiligten sachlich und interessengerecht zu lösen.

Eine gute Mediation hängt zum großen Teil auch von dem persönlichen Engagement des Mediators beziehungsweise der Mediatorin ab. Aus diesem Grund sollte eine Weiterbildung zum Mediator auch nur auf den Gebieten erfolgen, für die ein tatsächliches Interesse besteht. Außerdem sollte ein Anwaltsmediator bereits über einige Berufserfahrung auf diesen Rechtsgebieten verfügen. Adressen, die bei der Fortbildung zum Mediator beziehungsweise zur Mediatorin weiterhelfen können, finden Sie im Anhang.

4.5 Juristische Berufe im Ausland

Die Einsatzmöglichkeiten für Juristen und Juristinnen im Ausland sind vielfältig. Attraktive Tätigkeitsfelder bieten sich unter anderem in international tätigen Unternehmen, in Verbänden und Außenhandelskammern, im auswärtigen Dienst, in der Entwicklungshilfe sowie in internationalen Sozietäten und Organisationen. Wer beabsichtigt, später als Jurist beziehungsweise Juristin im Ausland zu arbeiten, sollte die Weichen hierfür allerdings bereits während seines Studiums stellen. Hierfür bieten sich beispielsweise vor allem Vorlesungen im internationalen Rechtsvergleich sowie im Völkerrecht an. Außerdem können Auslandssemester, Ferienkurse sowie Praktika im Ausland bereits einen ersten Eindruck von einer Auslandstätigkeit vermitteln.

Natürlich kann auch die Wahlstation während des Referendariats im Ausland absolviert werden. Hierfür eignen sich vor allem Einrichtungen der Europäischen Union oder der Vereinten Nationen, Botschaften, ausländische Anwaltskanzleien und Verwaltungen. Sofern eine Promotion angestrebt wird, könnte beispielsweise die Wahl eines rechtsvergleichenden

Themas aus dem Gebiet des internationalen Privat- und Handelsrechts nützlich sein. Auf jeden Fall sollte jede Chance genutzt werden, gezielt auf den Traumjob im Ausland hinzuarbeiten.

4.5.1 Stellen bei ausländischen Unternehmen

Eine Beschäftigung bei einem ausländischen Unternehmen ist am ehesten zu erlangen, wenn Sie ursprünglich bei einer deutschen Firma beschäftigt waren und von dort aus beispielsweise zu einer ausländischen Tochtergesellschaft oder Niederlassung dieses Unternehmens entsandt werden. Dies kommt in der Praxis beispielsweise häufiger bei großen Geschäftsbanken vor, die ihre künftigen Führungskräfte im Rahmen der hausinternen Ausbildung gern auch Auslandserfahrungen sammeln lassen. Allerdings sind derartige Auslandsstationen in der Regel zeitlich befristet.

Ansonsten kann auch über die Zentralstelle für Arbeitsvermittlung (ZAV) versucht werden, eine adäquate Auslandsbeschäftigung zu finden. Die ZAV ist die internationale Personalagentur der Bundesagentur für Arbeit und vermittelt seit knapp 50 Jahren Fach- und Führungskräfte ins Ausland. Ein besonderer Service der ZAV stellt die Vermittlung von Fach- und Führungskräften ins europäische und internationale Ausland dar. Dieser spezielle Vermittlungsservice der ZAV vermittelt in rund 130 verschiedene Länder. Da viele Mitarbeiter der ZAV früher selbst im Ausland gearbeitet haben, können sie ihre Praxiserfahrungen gezielt an die Jobsuchenden weitergeben. Weitere Hinweise über die ZAV finden Sie im Anhang.

4.5.2 Juristen im Auswärtigen Dienst

Eine besonders attraktive Auslandstätigkeit bietet der Auswärtige Dienst seinen etwa 1.500 Mitarbeitern und Mitarbeiterinnen im höheren Dienst. Gleichzeitig ist er einer der bedeutendsten Arbeitgeber für deutsche Juristen und Juristinnen im Ausland.

Die Aufgaben im Auswärtigen Dienst erstrecken sich auf die diplomatische und konsularische Tätigkeit. Nachdem die allgemeine juristische Laufbahn absolviert wurde, erfolgt die Spezialisierung der angehenden Diplomaten und Diplomatinnen. Grundvoraussetzung für den diplomatischen Dienst ist zumindest das Erste Juristische Staatsexamen (oder ein vergleichbarer Hochschulabschluss) sowie eine gute Allgemeinbildung. Darüber hinaus werden gute Kenntnisse in Wirtschaft, Geschichte, Völker- und Staatsrecht verlangt. Ein sicheres Englisch und Französisch sind Pflicht, weitere Sprachen können Pluspunkte bringen. Darüber hinaus müssen Bewerber für den Auswärtigen Dienst tropentauglich, mobil und flexibel sein.

Obwohl es für viele jungen Juristen und Juristinnen besonders anziehend erscheint, bei beachtlichen Vergünstigungen und exzellenter sozialer Absicherung die Möglichkeit geboten zu bekommen, fremde Länder kennen zu lernen, sollten auch die nicht so angenehmen Seiten dieser Position berücksichtigt werden. Ein Diplomat beziehungsweise eine Diplomatin ist nicht nur Repräsentantin der Bundesrepublik Deutschland im Ausland, sondern in erster Linie Verwaltungsbeamter beziehungsweise Verwaltungsbeamtin. Das heißt, dass nicht etwa fast ausschließlich Empfänge und andere Festlichkeiten auf dem Programm stehen, sondern stattdessen in der Regel sture Verwaltungsarbeit. Außerdem können sich Bedienstete des Auswärtigen Amtes ihren Einsatzort grundsätzlich nicht aussuchen und müssen deshalb häufig auch in solchen Ländern die Bundesrepublik Deutschland vertreten, deren Lebensstandard weit unterhalb des unsrigen liegt. Hinzu kommt, dass nach drei bis fünf Jahren wieder „Kofferpacken" auf dem Plan steht. Wer einen Partner beziehungsweise eine Partnerin und Kinder hat, wird recht bald merken, wie belastend sich dieser Lebensstil auf die Familie auswirken kann.

Wer eine Tätigkeit im Auswärtigen Dienst dennoch für seinen Traumjob hält, darf bei der Bewerbung nicht älter als 32 Jahre sein. Bewerber und Bewerberinnen mit passenden Berufserfahrungen, wie zum Beispiel in einer internationalen Organisation, der Entwicklungshilfe, der Wirtschaft oder als Anwalt beziehungsweise Anwältin haben in der Regel die besseren Chancen.

Hinweise zum Auswahlverfahren für den Auswärtigen Dienst erhalten Sie in Kapitel 5.2.1.

4.5.3 Europabeamten und -bedienstete

Durch den politischen und wirtschaftlichen Zusammenschluss Europas sind auch für Juristen eine Reihe neuer, interessanter Tätigkeitsfelder entstanden. Die Arbeit eines Europabeamten zeichnet sich vor allem dadurch aus, dass er gegenüber den Mitgliedstaaten sowie gegenüber seinem Herkunftsland unabhängig ist. Er hat seine Dienste ausschließlich im Interesse der Europäischen Union zu leisten und hat sich deshalb gegenüber den einzelnen Ländern neutral zu verhalten.

Europabeamte sind finanziell besser gestellt als bei einer vergleichbaren Tätigkeit in Deutschland. Sie verdienen circa 20 bis 40 Prozent mehr als Beamte vor Ort. Dafür werden allerdings zwei mindestens vollbefriedigende Examina, geistige und persönliche Flexibilität, Teamfähigkeit, analytisches Denken, Planungsvermögen sowie sicheres Englisch und Französisch erwartet. Weitere Sprachen sind auf jeden Fall nützlich. Im Rahmen des Bewerbungsverfahrens sind mehrere Tests und Auswahlverfahren zu überstehen und zu bestehen (vgl. Kapitel 5.2.2). Auf diese Weise wird unter anderem geprüft, ob ein Bewerber beziehungsweise eine Bewerberin über eine gute Allgemeinbildung und Spezialkenntnisse über die Europäische Integration verfügt.

Das Auswahlverfahren besteht für sämtliche Laufbahngruppen in der Regel aus drei Teilen. Die Bewerber und Bewerberinnen müssen jeden Teil erfolgreich durchlaufen haben, bevor sie zum nächsten zugelassen werden. Der erste Teil besteht aus Vorauswahltests, der zweite Teil aus schriftlichen Prüfungen. Die ersten beiden Prüfungsteile werden generell in den Mitgliedstaaten durchgeführt. Der dritte Teil, die mündliche Prüfung, findet in der Regel in Brüssel statt.

Das gesamte Auswahlverfahren kann sich über ein Jahr und länger erstrecken. Ausgewählt wird ausschließlich nach Eignung. Wer alle Tests bestanden hat, wird in eine Reserveliste aufgenommen und für die Besetzung vorgeschlagen, sobald ein Dienstposten vakant ist. Eine Einstellungsgarantie für Bewerber und Bewerberinnen auf der Reserveliste gibt es jedoch nicht.

Die Anforderungen bei den Auswahltests sind sehr hoch. Bei den ersten Testdurchläufen handelt es sich um verschiedene Wissen- und Sprachtests. Die Prüflinge erhalten dabei Registrierungsnummern, so dass den Prüfern die Tests nur in anonymisierter Form vorliegen. Erst in der zweiten Stufe ist die Anonymität aufgehoben. Der abschließende mündliche Test wird von einer hochrangigen Jury abgenommen. Grundsätzlich können lediglich solche Kandidaten und Kandidatinnen bestehen, die nicht nur über ein exzellentes Allgemeinwissen und eine außergewöhnlich gute Kenntnisse in Ihrem Spezialgebiet verfügen, sondern die darüber hinaus auch durch ihre allgemeine Aufgeschlossenheit und ihr kreatives Denken überzeugen können. Die Durchfallquote beträgt hier allerdings bis zu 50 Prozent. Deshalb schaffen bei dem großen Wettbewerb für leitende Beamte (A-Besoldungsgruppe) beispielsweise nur 470 Kandidaten und Kandidatinnen aus über 30.000 zur Prüfung zugelassenen Bewerbern und Bewerberinnen die Aufnahme in die Reserveliste.

Eine Beschäftigung erfolgt sodann in einer der 20 Generaldirektionen (zum Beispiel Landwirtschaft, Kultur, Finanzen). Welches konkrete Tätigkeitsfeld auf einen Europabediensteten später tatsächlich zukommt, hängt nicht zuletzt von Zufällen ab. Aus diesem Grund ist eine weitere Spezialisierung im Vorfeld nur schwer möglich.

4.5.4 Beschäftigungen bei internationalen Organisationen

Besonders breit gefächerte Tätigkeitsfelder für Juristen und Juristinnen bieten internationale Organisationen wie beispielsweise die Vereinten Nationen, die NATO oder die Weltbank. In der Regel werden Juristen dort in konkreten Projekten eingesetzt. Es bedarf hierfür einer besonderen Flexibilität, Mobilität und Anpassungsfähigkeit, um sich in kurzer Zeit auf Menschen aus den verschiedensten Kulturkreisen und Fachrichtungen einzustellen. Gleichzeitig ist es auf Grund dessen schwierig, sich im Vorfeld auf bestimmte Fachgebiete zu spezialisieren.

Bei internationalen Organisationen dieser Art besteht – anders als in der EU – für die Mitarbeiter kein Beamtenstatus. Generell werden lediglich Zeitverträge abgeschlossen, die allerdings unter Umständen auch in ein Dauerarbeitsverhältnis übergehen können. Auf Grund dieser Unsicherheit und mangelnder Absicherung lassen sich deutsche Beamte in der Regel für derartige Sondertätigkeiten lediglich beurlauben, um nach Beendigung eines bestimmten Projekts wieder an den bisherigen Arbeitsplatz zurückzukehren. Wer allerdings zuvor in der freien Wirtschaft tätig war, hat diese Wiederbeschäftigungsgarantie grundsätzlich nicht und geht somit ein gewisses Karriererisiko ein. Allerdings kann der Hinweis auf die Tätigkeit bei einer internationalen Organisationen im Lebenslauf bei späteren Bewerbungen durchaus von Vorteil sein, so dass es in der Regel kaum Probleme geben dürfte, nach Beendigung einer derartigen befristeten Tätigkeit eine neue adäquate Beschäftigung zu finden.

Zurzeit stellt beispielsweise der Internationale Gerichtshof in Den Haag gern junge Juristen und Juristinnen ein, die besondere Kenntnissen im Strafrecht, in der Administration, der Öffentlichkeitsarbeit, im Personal- und Haushaltswesen sowie Informationstechnik aufweisen können. Diese Stellen sind mit etwa 4.000 Euro monatlich für Berufsanfänger gut dotiert. Auch hierbei handelt es sich allerdings um befristete Stellen.

Zu den Einstellungsvoraussetzungen gehören unter anderem hervorragende Abschlüsse sowie fließendes Englisch und Französisch. Weitere Informationen finden Sie hierzu im Anhang dieses Buches.

4.5.5 Mitarbeit in Verbänden und Außenhandelskammern

Auch auf Verbandsebene bestehen insbesondere im Europäischen Raum gute Chancen für eine Auslandstätigkeit. Die Aufgaben der Juristen erstrecken sich dabei in erster Linie auf die Interessenvertretung von Verbänden gegenüber europäischen Einrichtungen. Der Bedarf an juristischen Mitarbeitern wird für die kommenden Jahre als steigend prognostiziert.

Besonders viele Juristen und Juristinnen sind bei den Außenhandelskammern beschäftigt. Etwa 50 Prozent des leitenden Auslandspersonals hat eine juristische Ausbildung absolviert. Vor allem die Positionen der Geschäftsführer und Leiter der Rechtsabteilungen sind mit Juristen besetzt. Der juristische Nachwuchs rekrutiert sich in der Regel über den Deutschen Industrie- und Handelstag. Dieser schließt allerdings seit Mitte der achtziger Jahre nur noch befristete Arbeitsverträge mit einer Laufzeit von drei bis sieben Jahren ab.

4.5.6 Tätigkeit in internationalen Anwaltssozietäten

Eine Anwaltstätigkeit in einer internationalen Sozietät gilt für viele junge Juristen und Juristinnen als absoluter Traumjob. Der Weg dorthin ist allerdings nicht immer einfach. Ebenso sind die Einstellungsanforderungen in der Regel sehr hoch (unter anderem überdurchschnittliche Examensnoten, fachliche Spezialisierung, Beherrschung mehrerer Fremdsprachen, Auslandserfahrung). Welche Soft Skills und Spezialisierungen besonders gefragt sind, können Sie den ab S. 90 abgedruckten Kanzleiprofilen entnehmen.

Den Sprung ins Ausland schaffen Anwälte sowohl über eine deutsche Anwaltskanzlei mit internationaler Ausrichtung als auch über eine ausländische Sozietät. Da sich in Deutschland immer mehr Anwaltskanzleien nach angloamerikanischem Vorbild zu immer größeren Sozietäten zusammenschließen und im Ausland Dependancen gründen, bestehen gute Chancen, auf diese Weise international tätig sein zu können. Umgekehrt lassen sich auch ausländische Kanzleien in Deutschland nieder und stellen deutsche Anwälte und Anwältinnen ein. Allerdings werden hierbei solche Mitarbeiter bevorzugt, die zuvor bereits am ausländischen Hauptsitz der Sozietät beschäftigt waren. Wer also eine Anwaltskarriere bei einer ausländischen Sozietät anstrebt, sollte von vornherein versuchen, direkt in der ausländischen Zentrale eine Stelle zu bekommen (vgl. Kapitel 4.5.1).

4.5.7 Juristen in der Entwicklungshilfe

Auch im Rahmen von Entwicklungshilfeprojekten bieten sich für Juristen und Juristinnen interessante Möglichkeiten, im Ausland zu arbeiten. Gemäß dem Motto „Demokratie statt Brunnenbau" sind gerade Juristen für die Beteiligung am Aufbau demokratischer Strukturen in ehemaligen Krisengebieten gefragt. Hier kann als Beispiel Afghanistan genannt werden, wo sich engagierte Juristen und Juristinnen beim Aufbau staatlicher Institutionen nützlich machen und die Grundsätze der Demokratie vermitteln können.

Die Tätigkeit als solche ist stets projektbezogenen und zeitlich begrenzt. Juristen werden im Allgemeinen gern zur Unterstützung lokaler Partner beim Aufbau von Organisationsstrukturen im Bereich von Genossenschaften und Verbänden eingesetzt. Darüber hinaus kann es zu ihren Aufgaben gehören, Regierungen, Parlamenten und Parteien bei Strukturreformen im politischen, wirtschaftlichen und gesellschaftlichen Bereich zu beraten sowie beim Aufbau einer leistungsfähigen Verwaltung auf kommunaler, regionaler und nationaler Ebene zu unterstützen.

Durchschnittlich können derartige Einsätze etwa drei bis fünf Jahre dauern. Die Vergütung richtet sich in der Regel nach den Tarifen des jeweiligen Projektträgers. Gute Einstellungschancen haben Sie, wenn Sie bereits über Berufserfahrung verfügen oder gar zuvor bereits im Ausland gearbeitet haben. Neben sozialer Kompetenz und Fremdsprachenkenntnissen muss natürlich auch Ihre gesundheitliche Eignung für derartige Auslandseinsätze vorliegen.

Interessenten können sich an verschiedene Organisationen (wie etwa die Friedrich Naumann Stiftung, die Hanns-Seidel-Stiftung oder die Konrad-Adenauer-Stiftung) wenden, die sich unter politisch-juristischen Gesichtspunkten auch in der Entwicklungshilfe engagieren. Kontaktadressen sind im Anhang dieses Buches abgedruckt.

5 Firmen- und Behördenprofile

Die nachfolgenden Firmen- und Behördenprofile sollen Ihnen vor allem einen Einblick darüber verschaffen, welche Stellenkapazitäten für Juristen und Juristinnen in großen Unternehmen und Institutionen vorhanden sind und welche Qualifikationen von Bewerbern und Bewerberinnen erwartet werden. Gleichzeitig erhalten Sie einen Überblick über die wichtigsten Betätigungsfelder innerhalb dieser Firmen und Behörden.

5.1 Interessante Unternehmen für Juristen

In diesem Kapitel erhalten Sie alle wichtigen Informationen über drei führende Unternehmen aus den Bereichen Wirtschaftsprüfung und Steuerberatung, Bankwirtschaft und Unternehmensberatung.

5.1.1 PricewaterhouseCoopers (Wirtschaftprüfung, Steuer- und Rechtsberatung)

Branche/Tätigkeitsfeld:	Wirtschaftsprüfung und prüfungsnahe Dienstleistungen, Steuerberatung, Corporate Finance-Beratung, unter anderem Vertretung führender Industrie- und Dienstleistungsunternehmen, von Unternehmen der öffentlichen Hand, Verbänden sowie kommunaler Träger
Anzahl der Niederlassungen bzw. Standorte:	38 Niederlassungen in Deutschland, weltweit in 139 Ländern

Anzahl der Mitarbeiter/innen:	ca. 9.000 in Deutschland, weltweit etwa 120.000 (davon circa 85 Prozent Hochschulabsolventen)
Bedarf an Hochschulabsolventen:	jährlich ca. 500
Anforderungsprofil:	überdurchschnittliche Examensnoten, hervorragende Sprachkenntnisse, Auslandserfahrung, soziale Kompetenz
Einsatzmöglichkeiten:	Wirtschaftsprüfung und prüfungsnahe Dienstleistungen, Steuerberatung, Corporate Finance-Beratung
Einstiegsprogramme:	kein Traineeprogramm im klassischen Sinne, stattdessen Training-on-the-Job, ergänzt durch fachliche und persönliche Fortbildungskurse in allen Phasen der Karrierestufen im eigenen Schulungszentrum in Seeheim sowie Freistellungsmöglichkeiten zur Vorbereitung auf verschiedene Berufsexamina (zum Beispiel zum Wirtschaftsprüfer)
Auslandstätigkeit:	möglich
Einstiegsgehalt:	nach Vereinbarung
mögliche Einstiegstermine:	ganzjährig
Praktika:	werden in allen Unternehmensbereichen angeboten (Mindestdauer 6 bis 8 Wochen)

sowie zum Beispiel die Möglichkeit der Projektassistenz als Werkstudent/in

Kontakt:	PricewaterhouseCoopers Personalmarketing & Recruiting Marie-Curie-Straße 24-28 60439 Frankfurt am Main Tel.: 0 69 / 95 85-52 26 Fax. 0 69 / 95 85-52 56 www.pwc.de
Ansprechperson:	Frau Alexandra Grosse Tel.: 0 69 / 95 85 – 52 26 E-Mail: personalmarketing@de.pwc.com www.pwc-career.de
Online-Kurzbewerbung:	Online-Bewerbungen unter Nutzung der hierfür zur Verfügung gestellten Bewerberakte sind gern gesehen. Dagegen keine E-Mail-Bewerbungen (E-Mails mit Attachments)!
Bewerbung in Papierform:	sollte enthalten: ✓ Anschreiben mit gewünschtem Unternehmensbereich, Jobcode, Standort und Eintrittstermin ✓ Lebenslauf mit Lichtbild ✓ alle relevanten Zeugnisse ab dem letzten Schulzeugnis zu senden an: PwC Deutsche Revision AG Personalmarketing & Recruiting Marie-Curie-Str. 24-28 60439 Frankfurt am Main

Auswahlverfahren: nach erster Vorauswahl werden die Bewerbungen an den gewünschten Unternehmensbereich weitergeleitet und geprüft, es folgt gegebenenfalls eine Einladung zum Bewerbertag oder zum Interview

Kontakt bei Rückfragen:
Frau Briony Wilson
Tel.: 0 69 / 95 85 – 52 53
E-Mail: personalmarketing@de.pwc.com

5.1.2 Deutsche Bank

Branche/Tätigkeitsfeld: einer der führenden internationalen Finanzdienstleister, Universalbank, Heimatmarkt Europa, globale Aktivitäten, Betreuung von Privatkunden und Firmen- bzw. institutionellen Kunden, bietet unter anderem Beratung bei der Geld- und Wertpapieranlage, Vermögensverwaltung und Vorsorgeplanung, Zahlungsverkehrsabwicklung, Unternehmensfinanzierung, Begleitung von Börsengängen, Beratung bei Übernahmen und Fusionen, Devisen-, Anleihe- und Aktienhandel

Konzernbereiche: Global Markets, Global Equities, Corporate Finance, Global Banking Division, Private and Business Clients, Private Wealth Management, Asset Management

Anzahl der Niederlassungen bzw. Standorte: weltweit circa 2.000 unter anderem Frankfurt, London, New York, Tokio, Warschau

Anzahl der Mitarbeiter/innen:	insgesamt 77.442, 3.807 in Deutschland, (davon circa 85 Prozent Hochschulabsolventen)
Jahresumsatz:	758.355 Mio. Euro
Bedarf an Hochschulabsolventen:	jährlich circa 250
Anforderungsprofil:	überdurchschnittliche Examensnoten, kurze Studienzeit, Praktika, hervorragende Sprachkenntnisse, Auslandserfahrung, soziale Kompetenz
Einsatzmöglichkeiten:	außerordentlich vielfältige Einsatz- und Entwicklungsmöglichkeiten in allen Unternehmensbereichen
Einstiegsprogramme:	maßgeschneiderte individuelle Trainee Programme, erstklassige Aus- und Weiterbildung aufgrund einer ausgeprägten mitarbeiterorientierten Personalpolitik, Direkteinstieg ebenfalls möglich
Auslandstätigkeit:	gute Möglichkeiten, da internationales Arbeitsumfeld; mehr als die Hälfte aller Mitarbeiter sind außerhalb Deutschlands beschäftigt
Einstiegsgehalt:	circa 40.000 bis 45.000 Euro
mögliche Einstiegstermine:	jeweils zum Ersten eines Monats

Praktika:	möglich unter anderem in Projekten sowie im Tagesgeschäft in allen Unternehmensbereichen (Dauer mindestens 8 Wochen) Vergütung nach Vereinbarung, Voraussetzungen: überdurchschnittliche Studienabschlüsse, gute bis sehr gute Englischkenntnisse, Leistungswille und Eigeninitiative, Team- und Kommunikationsfähigkeit
Kontakt:	Bewerberhotline (Mo – Do, 14 bis 17 Uhr): 0 69 / 9 10 – 3 62 21
Onlinebewerbung:	wird bevorzugt (auf eine bestimmte Stellenanzeige oder initiativ), Bewerbungsschreiben ist in englischer Sprache zu verfassen (nicht länger als eine Seite!), tabellarischer Lebenslauf (ebenfalls in englischer Sprache) ist hinzuzufügen, für die weiteren erforderlichen Informationen gibt es ein spezielles Internet-Programm, in das die persönlichen Daten so präzise wie mögliche einzugeben sind (dauert circa 30 bis 45 Minuten), Studenten und Hochschulabsolventen bewerben sich ausschließlich über: www.db.com/carees
Bewerbung in Papierform:	ist auch möglich und zu senden an: Deutsche Bank Graduate Recruitment & Marketing Große Gallusstraße 10 - 14 60311 Frankfurt
Auswahlverfahren:	Eingangsbestätigung für die Bewerbung nach circa einer Woche, es folgt die Vorauswahl durch die Personalabteilung und den jeweiligen Fachbereich (Dauer circa

sechs Wochen), danach gegebenenfalls Einladung zu erster Gesprächsrunde, nach circa vier Wochen gegebenenfalls Einladung zu zweiter Gesprächsrunde, danach gegebenenfalls Angebot (circa eine Woche) später

5.1.3 McKinsey & Company, Inc. (Managementberatung)

Branche/Tätigkeitsfeld: Unternehmensberatung, Topmanagement-Beratung, Generalist unter den Beratern, neben den klassischen Beratungsfeldern wie Organisation, Strategie und Marketing auch Engagement in den Bereichen Corporate Finance, Informationstechnologie und Innovation und Unternehmensgründung

Anzahl der Niederlassungen bzw. Standorte: 83 Büros in insgesamt 45 Ländern, davon 7 in Deutschland

Anzahl der Mitarbeiter/innen: weltweit circa 6.200 Berater/innen, davon circa 1.100 in Deutschland

Bedarf an Hochschulabsolventen: jährlich circa. 200

Anforderungsprofil: überdurchschnittliche Examensnoten, kurze Studienzeit, Praktika, hervorragende Sprachkenntnisse, Auslandserfahrung, soziale Kompetenz, gefragt sind

- ✓ kreative Individualisten
- ✓ vielseitig interessierte, ausgeprägte Persönlichkeiten

	✓ mit dem Mut, Erreichtes in Frage zu stellen, um nach besseren Lösungen zu suchen
Einsatzmöglichkeiten:	vielfältig und anspruchsvoll, gesamte Bandbreite aller Beratungsmöglichkeiten
Einstiegsprogramme:	Festanstellung als Fellow für Hochschulabsolventen mit einem Abschluss, als Associate mit zweitem Abschluss bzw. relevanter Berufserfahrung, hervorragende Entwicklungsmöglichkeiten zum Associate Prinicpal mit direkter finanzieller Beteiligung (in der Regel bereits nach vier Jahren)
Auslandstätigkeit:	ist möglich
mögliche Einstiegstermine:	flexible Termine
Praktika:	werden in allen Bereichen angeboten (Dauer in der Regel 8 bis 12 Wochen), außerdem auch Workshops und Seminare grundsätzliche Voraussetzungen: ✓ Abschluss des Grundstudiums, ✓ Begeisterungsfähigkeit, ✓ Interesse an wirtschaftlichen Fragen, ✓ Einsatzbereitschaft, ✓ Außeruniversitäre Aktivitäten, ✓ analytische Fähigkeiten, ✓ herausragende Leistungen, ✓ Eigeninitiative ✓ Teamgeist Praktika werden vergütet

5.1 Interessante Unternehmen für Juristen 81

Kontakt:	McKinsey & Company Inc. Recruiting Königsallee 60c 40027 Düsseldorf Tel.: 02 11 / 1 36 – 49 77 Fax: 02 11 / 1 36 – 47 26
Ansprechperson:	Frau Andrea Heckmann
Onlinebewerbung:	ist möglich, wird jedoch nicht einer schriftlichen Bewerbung vorgezogen, Bewerbungsprogramm zu erreichen über: www.mckinsey.de
Bewerbung in Papierform:	ist zu senden an: McKinsey & Company Recruiting Königsallee 60c 40027 Düsseldorf aus der Bewerbung sollte unter anderem hervorgehen, warum die Tätigkeit als Berater/in gewählt wurde, weshalb die Bewerbung bei McKinsey erfolgt, welche Qualifikationen vorliegen, welche Interessen außerhalb der Hochschule verfolgt werden (zum Beispiel Clubs, Vereine usw.), hinzuzufügen sind der Lebenslauf mit Angaben zum akademischen Werdegang, Praktika, Auslandsaufenthalten, Berufserfahrungen sowie die dazugehörigen Zeugnisse
Auswahlverfahren:	in der Regel mehrere Interviews, bei denen

mit verschiedenen Beratern Einzelgespräche geführt werden. Beurteilt werden vor allem:

- ✓ Kreativität
- ✓ Neugier
- ✓ Flexibilität
- ✓ strukturiertes und analytisches Denken
- ✓ Eigeninitiative
- ✓ kommunikative Fähigkeiten
- ✓ unternehmerisches Denken
- ✓ Interesse für die Wirtschaft
- ✓ sicherer Umgang mit Zahlen

5.2 Politische Institutionen und Administrationen

Eine Vielzahl interessanter beruflicher Perspektiven bietet sich für junge Juristen und Juristinnen in der Administration sowie bei den unterschiedlichsten politischen Institutionen. Durch die fortschreitende Erweiterung der Europäischen Union wird dieses Angebot in Zukunft noch weiter ausgedehnt werden.

Stellen im höheren Verwaltungsdienst gibt es sowohl auf Bundes- als auch auf Länderebene. Daneben sind Juristen auch bei politischen Institutionen, wie zum Beispiel parteigebundenen Stiftungen oder Fraktionsgeschäftsstellen, gefragt. Nicht zu vergessen sind die beruflichen Möglichkeiten bei den Regierungen und Parlamenten des Bundes und der Länder sowie die Mitarbeit bei den Wissenschaftlichen Diensten in den verschiedenen Ausschüssen.

Nachfolgend erhalten Sie beispielhaft einen Einblick in die Anforderungsprofile für eine juristische Tätigkeit im Auswärtigen Dienst, in der Europäischen Kommission sowie im Deutschen Bundestag:

5.2.1 Auswärtiges Amt

Allgemeine Aufgaben: Vertretung der Bundesrepublik Deutschland im Ausland

Wesentliche Aufgaben:
- Informationsbeschaffung

- Berichte über Angelegenheiten, die für die verschiedenen Regierungsstellen des Bundes und der Länder von Bedeutung sind
- Hilfe gegenüber deutschen Staatsbürgern, die in Not geraten sind
- Unterstützung deutscher Unternehmen bei Aktivitäten im Gastland sowie zur Förderung des beiderseitigen Handels
- Förderung des Kulturaustausches
- Information der Öffentlichkeit des Gastlandes über die deutsche Außenpolitik, die deutsche Gesellschaft im Allgemeinen sowie ihre Kultur
- Vorbereitung und Begleitung hochrangiger Besuche aus Deutschland

Anzahl der Vertretungen: weltweit insgesamt 217 Auslandsvertretungen, davon:

142 Botschaften
57 Generalkonsulate und Konsulate
12 Ständige Vertretungen
6 sonstige Auslandsvertretungen

Anzahl der Mitarbeiter/innen: weltweit circa 6.300 Mitarbeiter/innen als Stammpersonal

Anforderungsprofil: hervorragende Qualifikationen, soziale Kompetenz, überdurchschnittliche Fremdsprachenkenntnisse und eine robuste Verfassung

Einsatzmöglichkeiten: grundsätzlich überall in der Welt (unter Umständen auch in Krisengebieten), Wechsel des Einsatzortes und des Fachgebietes in der Regel alle drei bis vier Jahre (so genannte Rotation)

Einstiegsprogramme: amtseigene Ausbildung, Dauer der Ausbildung zum höheren Dienst 1 Jahr, theoretische Ausbildung in den Bereichen neuere Geschichte/Politik, Völker-/Europarecht, Volkswirtschaft, Rechts- und Konsularwesen sowie Personalmanagement und -führung, berufspraktische Übungen und Praktika im Inland und an den Auslandsvertretungen

Auslandstätigkeit: in der Regel ständig

mögliche Einstiegstermine: zurzeit zum 1. Juli eines jeden Jahres

Praktika: sind möglich bei den deutschen Auslandsvertretungen sowie in der Zentrale des Auswärtigen Amtes

Voraussetzungen:
In der Regel muss es sich um ein Praktikum im Rahmen einer Hochschulausbildung handeln. Die Mindestdauer beträgt 6 Wochen, die Höchstdauer 6 Monate. Das universitäre Grundstudium muss abgeschlossen sein. Eine Praktikantenvergütung wird nicht gewährt.

Kontakt: Auswärtiges Amt
Aus- und Fortbildungsstätte
Gudenauer Weg 134-136
53127 Bonn

Tel.: 0 18 88 / 17 – 11 52
Fax: 0 18 88 / 17 – 5 11 52

E-Mail: 1-AF-0-10@auswaertiges-amt.de

Referendariat: je nach Justizausbildungs- und Prüfungsordnung des jeweiligen Bundeslandes ist es möglich, die Wahl-, Wahlpflicht- oder Verwaltungsstation an einer deutschen Auslandsvertretung oder in der Zentrale des Auswärtigen Amtes abzuleisten

Bewerbungen sind zu richten an.

Auswärtiges Amt
1-AF (Berlin)
Werderscher Markt 1
10117 Berlin

Tel.: 0 18 88 / 17 – 26 82
Fax: 0 18 88 / 17 – 15 77
E-Mail: 1-AF-01@auswaertiges-amt.de

Achtung: die Bewerbungsunterlagen müssen dem Auswärtigen Amt spätestens 7 Monate vor Antritt der Station vorliegen

Onlinebewerbung: der Bewerbungsbogen kann online ausgefüllt werden (Eingabemaske unter www.diplo.de)

Bewerbung in Papierform: ist zu senden an:

Auswärtiges Amt
Aus- und Fortbildungsstätte
Gudenauer Weg 134-136
53127 Bonn

Grundvoraussetzungen für eine Bewerbung für den höheren Auswärtigen Dienst:

- ✓ Deutsche/-r im Sinne des Grundgesetzes
- ✓ zum Einstellungstermin (1. Juli) darf das 32. Lebensjahr noch nicht vollendet worden sein
- ✓ Abschluss eines wissenschaftlichen Studiums (1. Juristisches Staatsexamen genügt)
- ✓ es müssen mindestens Englisch und Französisch beherrscht werden
- ✓ gesundheitliche Eignung muss vorliegen

Dem Bewerbungsschreiben sind beizufügen:

- ✓ nichttabellarischer Lebenslauf (ist auch Bestandteil der Online-Bewerbung)
- ✓ Zeugnisse (auch Reifezeugnis)
- ✓ Geburtsurkunde
- ✓ Nachweise über Sprachkenntnisse, besondere Qualifikationen, Praktika, Berufserfahrungen, Auslandsaufenthalte usw.
- ✓ Nachweis über die deutsche Staatsangehörigkeit

Bewerbungsschluss:
zurzeit der 31. August eines jeden Jahres

Auswahlverfahren: ist Persönlichkeits- und Wissensprüfung zugleich, gefordert werden unter anderem:

- präzise mündliche und schriftliche Ausdrucksfähigkeit
- Kontaktfähigkeit
- Sinn für Teamarbeit
- Umstellungsfähigkeit
- Initiative

- Entscheidungsbereitschaft
- Ausgeglichenheit
- physische wie psychische Belastbarkeit
- gesunder Menschenverstand

Das Auswahlverfahren gliedert sich in die Vorauswahl, das schriftliche und das mündliche Auswahlverfahren. Einen Vorgeschmack auf die Testfragen erhalten Sie unter www.auswaertiges-amt.de, wo Sie Testfragen aus verschiedenen Sachgebieten finden können (inkl. einem englischen Sprachtest).

5.2.2 Europäische Kommission

Allgemeine Aufgaben: sie vertritt das Allgemeininteresse der EU, unter anderem besitzt die Kommission für die Gesetzgebung das Initiativrecht, sorgt als Exekutivorgan für die Ausführung europäischer Gesetze und vertritt die Union weltweit

Vertretungen in Deutschland: in Deutschland unterhält die Europäische Kommission drei Vertretungen (Berlin, München, Bonn)

Anzahl der Mitarbeiter/innen: insgesamt etwa 20.000, wovon die meisten in Brüssel arbeiten

Anforderungsprofil: von angehenden A-Beamten wird Schwung, Initiative, Kreativität sowie Geschick im Umgang mit Menschen erwartet

Einsatzmöglichkeiten: Hochschulabsolventen bieten sich viele Möglichkeiten für eine interessante Karriere in Bereichen wie Verwaltung, Management, Recht, Finanzen und Wirtschaft. Mitarbeit unter anderem möglich:

- in EU-Rechts- und Finanzvorgängen
- bei der Koordinierung der Wirtschaftspolitiken der Mitgliedsstaaten
- Verhandlung mit Nicht-EU-Ländern
- Mitarbeit in der gemeinsamen Agrarpolitik
- einheitliche Umsetzung des Gemeinschaftsrechts

Einstiegsprogramme: erfolgreiche Teilnehmer an den Auswahlverfahren werden von der Bundesregierung angeschrieben und erhalten Hilfestellung bei der Suche nach einer Stelle in der Kommission sowie Informationen über die Möglichkeit, befristet in einem der Bundesministerien (zum Beispiel im Auswärtigen Amt, Finanzministerium, Wirtschaftsministerium) oder auch in einem Landesministerium mitzuarbeiten, um Wartezeiten zu überbrücken

Auslandstätigkeit: die meisten Kommissionsmitarbeiter/innen arbeiten in Brüssel

mögliche Einstiegstermine: in der Regel nach Personalbedarf

Praktika: Zweimal jährlich werden Verwaltungspraktika angeboten. Sie dauern jeweils 5 Monate und beginnen am 1. März bzw. 1. Oktober. Bewerbungen müssen hierfür spätestens am 1. September bzw. 31. März des Vorjahres eingegangen sein. Die Altersgrenze für die Praktika liegt grundsätzlich bei 30 Jahren. Voraussetzung ist ein abgeschlossenes Hochschulstudium sowie gute Kenntnisse in einer zweiten Gemeinschaftssprache (am besten Englisch und/oder Französisch). Auf die halbjährlich zu vergebenden Plätze kommen circa 5.000 – 7.000 Bewerbungen. Alle Praktikanten erhalten Stipendien.

Kontakt:	Praktikantenbüro B-68 1/37 Generalsekretariat Europäische Kommisssion 200, Rue de la Loi B – 1049 Brüssel (Belgien) Bewerbungsunterlagen unter: http://www.europa.eu.int/comm/stages/form/form_de.pdf
Referendariat:	Für Referendare besteht die Möglichkeit, ein auf drei Monate verkürztes Praktikum abzuleisten, wenn sie zum Beispiel in der Wahlstation nicht länger freigestellt werden können.
Onlinebewerbung:	Online-Bewerbung möglich unter: http://europa.eu.int/epso/on-line-applications/on-line-index_de.htm
Bewerbung in Papierform:	ist in manchen Fällen erforderlich, Informationen unter: Europäische Kommission Info-Einstellung 200, rue de la Loi B – 1049 Brüssel Tel.: (00 32) (2) 2 99 31 31 (9 -16 Uhr) Fax: (00 32) (2) 2 95 74 88

http://europa.eu.int/en/comm/
dg09/concours/fr/526.htm

Grundvoraussetzungen für eine Bewerbung um die Position eines Beamten der Europäischen Kommission ist ein abgeschlossenes Hochschulstudium. Ein vorheriges Praktikum kann nützlich sein.

Auswahlverfahren: Das Auswahlverfahren der Kommission besteht aus drei Teilen, nämlich einem Vorauswahltest, einer schriftlichen und einer mündlichen Prüfung. Ein Bewerber muss jeden Prüfungsteil erfolgreich durchlaufen, damit er zum nächsten Teil zugelassen wird. Das gesamte Verfahren („Concours") erstreckt sich über 12 Monate.

Im **Vorauswahltest** werden in der Regel folgende Teilgebiete abgefragt:

✓ allgemeine Europakenntnisse (Zeitgeschehen, Politik, Geographie, Wirtschaft, Naturwissenschaften etc.)
✓ Sprachtest (Multiple-Choice-Verfahren)
✓ Logiktest (ist nicht Standard)

In der **schriftlichen Prüfung** sind folgende Aufgaben zu erfüllen:

✓ Aufsatz zu allgemeinen Fragen (zum Beispiel zur EU-Erweiterung)
✓ Spezialistenfragen (zum Beispiel Recht und Verwaltung)
✓ Fallstudie (Beurteilung eines Dossiers über eine Tätigkeit der Gemeinschaften
✓ Sprachtest (in der Regel schriftliche Behandlung eines allgemeinen The-

mas in der zweiten vom Bewerber angegebenen Gemeinschaftssprache)

Inhalt der **mündlichen Prüfung**:
Die mündliche Prüfung findet in der Regel in Brüssel statt und dauert pro Kandidat zwischen 30 und 45 Minuten. Nach Art eines Bewerbungsgesprächs erfragt der Prüfungsausschuss die Motivation und das persönliche Engagement des Kandidaten beziehungsweise der Kandidatin. Es muss aber auch mit Fragen des Allgemein- und Europawissens gerechnet werden. Hierbei kommt es vor allem auf die Fähigkeit an, sich mündlich ausdrücken zu können.

Es ist ratsam, an einem Vorbereitungsseminar für das Auswahlverfahren teilzunehmen, wie es zum Beispiel vom Auswärtigen Amt durchgeführt wird. Informationen unter:
www.auswaertiges-amt.de

5.2.3 Deutscher Bundestag (wissenschaftliche Dienstleister)

Allgemeine Aufgaben: unter anderem Wissenschaftliche Dienstleistungen in den Fachbereichen, Ausschüssen und Enquête-Kommissionen

Wesentliche Aufgaben:

- Ausarbeitung von Papieren/Gutachten auf Anfrage von MdBs
- Vorbereitung, Durchführung und Nachbereitung der Ausschuss-Sitzungen
- Erstellen von Dokumentationen
- Materialsammlungen
- Informationsbeschaffung
- Archivierung

Anzahl der Mitarbeiter/innen: circa 750

Anforderungsprofil: in der Regel zwei Prädikatsexamina, nützlich sind praktische beziehungsweise berufliche Erfahrungen im jeweiligen Fachgebiet, grundsätzliches Interesse am politischen Geschehen, nicht zwingend Mitgliedschaft in einer politischen Partei, mindestens zwei Fremdsprachen, Soft Skills: Organisationsvermögen, Sozialkompetenz, Kommunikations- und Teamfähigkeit und Stressresistenz (Chaosmanagement)

Einsatzmöglichkeiten: Bundestagsverwaltung, unter anderem Abteilung W (wissenschaftliche Dienste) beim Deutschen Bundestag, untergliedert in vier Unterabteilungen, nämlich zwei Abteilungen „Wissenschaftlicher Fachdienst" (WF), die Abteilung „Petitionen und Eingaben" (Pet) und die Abteilung „Wissenschaftliche Dokumentationen" (WD), Arbeit in Enquête-Kommissionen oder Ausschusssekretariaten

Einstiegsprogramme: die Auswahl unter den Bewerbern wird nach Art eines Assessmentcenters getroffen; gestestet werden die persönliche und fachliche Eignung, danach erhalten die jungen Juristen keine weitere Ausbildung, sondern werden sofort „ins kalte Wasser geworfen"

Auslandstätigkeit: in der Regel nicht

mögliche Einstiegstermine: die Bundestagsverwaltung schreibt jährlich zweimal Stellen aus (in der Regel in der FAZ); es handelt sich um Pauschalausschreibungen ohne konkrete Stellenbezeichnung

Praktika: grundsätzlich möglich, sofern es im Rahmen der Ausbildung abgeleistet wird; Anmeldung mindestens 6 Monate im Voraus

Kontakt: Deutscher Bundestag
- Verwaltung -
Personalreferat ZV 2
Platz der Republik 1
11011 Berlin
Tel.: 0 30 / 2 27 – 0
Fax: 0 30 / 2 27 – 3 68 78 oder 2 27 – 3 69 79
http://www.bundestag.de/info/parl_pde.html
E-Mail: vorzimmer.zv2@bundestag.de

Referendariat: Wahlstation ist zum Beispiel möglich bei den Bundestagsfraktionen oder bei den Sekretariaten der Ausschüsse

Bewerbungen und Anfragen sind zu richten an:

Deutscher Bundestag
- Verwaltung -
Platz der Republik 1
10111 Berlin

Tel.: 0 30 / 2 27 – 0 (Vermittlung)
E-Mail: mail@bundestag.de (Anfragen an die Verwaltung)

oder direkt an die

Personalstellen in den Fraktionsbüros im
Deutschen Bundestag
Platz der Republik 1
11011 Berlin

5.3 Internationale Anwaltskanzleien

Wer von einer Anwaltstätigkeit in einer renommierten internationalen Anwaltskanzlei träumt, muss in der Regel schon mit besonderen Qualifikationen und jeder Menge Engagement aufwarten können. Das heißt unter anderem: gute bis sehr gute Examensnoten, hervorragende Fremdsprachenkenntnisse, Auslandsaufenthalte und Zusatzqualifikationen auf Spezialgebieten. Darüber hinaus werden von den Mitarbeitern solcher „Anwaltsfirmen" eine hohe Motivation und ein überdurchschnittlicher Arbeitseinsatz erwartet. Wer einen „Nine-to-Five-Job" sucht, ist in einer solchen Großkanzlei eher fehl am Platz. Hier zählt vielmehr persönlicher Einsatz – auch wenn das Privatleben darunter oftmals auf der Strecke bleibt.

Wen dieses Arbeitspensum nicht abgeschreckt, dem kann sich eine interessante und aufregende Anwaltstätigkeit bieten, fernab von „08 15-Mahnbescheiden" und juristischen „Feld-,Wald- und Wiesen"-Fällen. Nachfolgend erhalten Sie einen Einblick in die Unternehmensphilosophien und die Tätigkeitsfelder einiger international tätiger Anwaltskanzleien in Deutschland.

5.3.1 Hengeler Mueller

Standorte in Deutschland: Düsseldorf, Frankfurt am Main, Berlin

Standorte weltweit: London, Brüssel, Budapest, Prag

Anwälte insgesamt: 195

Anzahl der Partner: 74

Beratungsschwerpunkte: Kerngebiete sind Mergers & Acquisitions, Beratung bei komplexen gesellschaftsrechtlichen Umstrukturierungen, Börseneinführungen, das nationale und internationale Bank- und Kapitalmarktrecht, Private Equity sowie die Beratung von Großunternehmen, Investmentbanken, Private Equity Fonds und Start-ups in den Bereichen Telekommunikation, Medien und Technologie (TMT), spezialisierte Teams bearbeiten die Bereiche Kartellrecht, Arbeitsrecht, Steuerrecht, Öffentliches Recht, gewerblicher Rechtsschutz und Litigation

Bedarf an Juristen: in den nächsten drei Jahren voraussichtlich circa 30 bis 40 pro Jahr

Anforderungsprofil: „Von den Besten die Nettesten."

Auslandsaufenthalte: Sind grundsätzlich möglich. Ein Studien- oder Berufsjahr im englischsprachigen Ausland ist bei Hengeler Mueller Pflicht. Bei fehlender Auslandserfahrung werden die jungen Rechtsanwälte und Rechtsanwältinnen zu einem einjährigen Aufenthalt bei befreundeten Kanzleien in die USA oder nach London entsandt. Mitarbeiter und Mitarbeiterinnen, die bereits einen LL.M. oder ähnlichen Titel haben, werden in Einzelfällen erneut ins Ausland abgeordnet.

Berufsperspektiven: Alle Berufseinsteiger erhalten den gleichen Karriereweg. Die Ausbildung bei Hengeler Mueller ist grundsätzlich breit angelegt. Sie setzt keine vollständige Spezialisierung voraus, fördert jedoch vorhandene Spezialisierungswünsche. Die Mitarbeiter und Mitarbeiterinnen haben die Möglichkeit, nach Wunsch verschiedene

Rechtsbereiche kennen zu lernen. Vom ersten Tag an erfolgt die Ausbildung „on the job" und – bei geringem Leverage – in enger Zusammenarbeit mit den Sozien. Abgerundet wird die Ausbildung durch ein strukturiertes und intensives Fortbildungsprogramm. Die Kanzlei bietet eine faire Chance zur Partnerschaft in einem überschaubaren Zeitraum (fünf Jahre).

Praktika:

Die Möglichkeit zu einem Praktikum besteht für Studenten und Studentinnen ab dem fünften Semester. In allen Inlandsbüros des Unternehmens werden jeweils im Juli/August eines Jahres Sommerpraktika durchgeführt. Darüber hinaus ist es möglich, sich hiervon unabhängig um einen Praktikumsplatz zu bewerben. Praktika bei Hengeler Mueller dauern zwischen vier und sechs Wochen. Sie sind in allen Tätigkeitsbereichen möglich. Die Praktikanten und Praktikantinnen erhalten pro Monat eine Vergütung von 800 Euro.

Stagen/Referendariat:

Hengeler Mueller bieten ständig eine Ausbildung im Rahmen des Referendariats (Stagen) sowie Nebentätigkeiten während des Referendariats an. Bereits die Referendare und Referendarinnen erhalten die Möglichkeit einer engen Zusammenarbeit mit Sozien und erhalten eine breit angelegte Ausbildung „on the job". Damit diese intensive Einbindung von Referendaren in den Kanzleibetrieb gewährleistet ist, wird in jedem Büro stets nur eine bestimmte Anzahl von Referendaren ausgebildet. Nicht wenige ehemalige Referendare sind später als Rechtsanwälte und Rechtsanwältinnen bei Hengeler Mueller tätig oder Partner der Sozietät geworden.

Arbeitszeit:	Bei Hengeler Mueller besteht grundsätzlich die Möglichkeit, wegen einer Dissertation, der Vorbereitung auf das Steuerberater- oder Wirtschaftsprüferexamen oder auch aus familiären beziehungsweise persönlichen Gründen eine flexible Arbeitszeit zu wählen. Von dieser Möglichkeit machen zahlreiche Mitarbeiter und Mitarbeiterinnen bei Hengeler Mueller Gebrauch.
Zusätzliche Informationen:	Hengeler Mueller bieten umfangreiche Informationen – auch zur Unternehmensphilosophie – auf ihrer Homepage sowie in ihrer Bewerberbroschüre an, die Interessenten anfordern können.
Kontakt/Ansprechpartner:	jeweils in den Standortbüros, siehe: www.hengeler.com oder www.hengeler.de Dr. Joachim Rosengarten Bockenheimer Landstraße 5 60325 Frankfurt joachim.rosengarten@hengeler.com Dr. Wolfgang Spoerr Charlottenstraße 35/36 10117 Berlin wolfgang.spoerr@hengeler.com Dr. Christoph Stadler Trinkausstraße 7 40213 Düsseldorf christoph.stadler@hengeler.com

5.3.2 Clifford Chance Pünder

Standorte in Deutschland:	Berlin, Düsseldorf, Frankfurt am Main und München
Standorte weltweit:	28 weitere internationale Standorte
Mitarbeiterzahl:	in Deutschland circa 900
Anzahl der Partner:	in Deutschland 124
Beratungsschwerpunkte:	Banking and Capital Markets, Corporate, Litigation & Dispute Resolution, Real Estate, Tax, Kartellrecht und integrierte Industrieberatung (Pharma, Energie, Telekommunikation)
Bedarf an Juristen:	in den nächsten drei Jahren weiteres Wachstum geplant
Anforderungsprofil:	hervorragende juristische Kenntnisse, längerer Aufenthalt im englischsprachigen Ausland, Begabung als Beraterpersönlichkeit, „Spaß daran zu haben, exzellente Arbeit zu leisten und auf der Karriereleiter voranzukommen", Teamgeist, Fähigkeit zu partnerschaftlichen Denken und Handeln
Auslandsaufenthalte:	sind möglich
Berufsperspektiven:	gezielte Aus- und Weiterbildung von Berufsanfängern durch die Clifford Chance

	Academy (Europäisches Trainingscenter in Amsterdam), Partnerschaft
Praktika:	sind in allen Tätigkeitsfeldern (vgl. Beratungsschwerpunkte) möglich für Studenten und Studentinnen ab dem 4. Semester, Praktikantenvergütung (bei 5-Tage-Woche) ab 180 Euro/Woche
Stagen/Referendariat:	Sowohl die Anwaltsstation als auch die Wahlstation kann bei Clifford Chance Pünder absolviert werden. Je nach Bundesland ist auch die Verwaltungsstation möglich.
Arbeitszeit:	Die Möglichkeit, wegen einer Dissertation und der Vorbereitung auf das Steuerberater- oder Wirtschaftsprüferexamen oder aus familiären beziehungsweise persönlichen Gründen eine flexible Arbeitszeit zu wählen, besteht grundsätzlich nur nach Einzelabsprache. Vorbereitungen auf weitere berufsqualifizierende Examina werden allerdings gefördert.
Zusätzliche Informationen:	Interessenten erhalten bei Clifford Chance Pünder eine Bewerberbroschüre.
Kontakt/Ansprechpartner:	Clifford Chance Pünder Postfach 11 14 42 60049 Frankfurt/Main www.cliffordchance.com Dr. Klaus Grossmann Tel.: 02 11 / 43 55 – 52 10 Klaus.Grossmann@cliffordchance.com

Uwe Hornung
Tel.: 0 69 / 71 99 – 29 51
Uwe.hornung@clifforchance.com

5.3.3 Luther Menold

Standorte: Berlin, Bochum, Dresden, Düsseldorf, Essen, Frankfurt & Eschborn, Hamburg, Hannover, Köln, Leipzig, Mannheim, München, Stuttgart, Zusammenarbeit mit German Desks in Brüssel, New York und Singapur; Luther Menold gehören der weltweiten Ernst & Young Law Alliance an, die mit über 3000 Anwältinnen und Anwälten in rund 70 Ländern vertreten ist

Mitarbeiterzahl: circa 250 Rechtsanwältinnen und Rechtsanwälte in Deutschland

Anzahl der Partner: 94

Beratungsschwerpunkte: die Anwältinnen und Anwälte bei Luther Menold haben sich entsprechend ihrer fachlichen Spezialisierung in sieben Service Lines organisiert:
- Banking & Finance
- Commercial/Litigation & Arbitration
- Corporate/M&A
- EU/Competiton & Trade
- IP/IT
- Labor
- Real Estate

Sämtliche Service Lines arbeiten standortunabhängig bundesweit zusammen

Bedarf an Juristen: regelmäßige Suche nach hervorragend qualifiziertem und engagiertem Nachwuchs

Anforderungsprofil: Da die Qualität der Leistung bei Luther Menold an erster Stelle steht, wird diese entsprechend auch von den Mitarbeitern verlangt. Jungen Juristinnen und Juristen, die mit Ehrgeiz und Spaß an der Arbeit ihre sowie die Ziele von Luther Menold verfolgen, die sich auf dem Parkett internationaler Mandate bewähren und sich in ihrem Fachgebiet zu gesuchten Spezialisten entwickeln wollen, haben in dieser Kanzlei – auch über den aktuellen Bedarf hinaus – stets eine gute Chance.

Auslandsaufenthalte: Die Bereitschaft zu einer Tätigkeit im Ausland wird von den Bewerbern erwartet. Auf Grund der Einbindung von Luther Menold in die weltweite Ernst & Young Law Alliance sowie der großen Anzahl internationaler Mandate ergeben sich zahlreiche internationale Perspektiven. Konkrete Einsatzgebiete zeigen sich nach der Einarbeitungsphase im jeweiligen Heimatbüro sowie nach Vakanzen in den Auslandsbüros.

Berufsperspektiven: Berufseinsteiger werden von Beginn an in die Arbeit der Service Lines einbezogen. Luther Menold fördert die fachliche Spezialisierung und überträgt den jungen Mitarbeitern und Mitarbeiterinnen deshalb einen eigenverantwortlichen Aufgabenbereich. Dem juristischen Nachwuchs wird zudem ein junges Umfeld mit einem freundlichen, offenen Arbeitsklima geboten, in dem neue Kollegen und Kolleginnen gefördert und unterstützt werden.

Kontakt/Ansprechpartner:	Luther Menold Rechtsanwaltsgesellschaft mbH Uwe Doenges Ludwigstraße 8 50667 Köln

www.eylaw.com

Uwe Doenges
Tel.: 02 21 / 27 79 – 2 56 89
Fax: 02 21 / 27 79 – 2 56 85
Uwe.Doenges@de.eylaw.com

5.3.4 Linklaters Oppenhoff & Rädler

Standorte:	in Deutschland: Berlin, Frankfurt am Main, Köln und München
	weltweit: Brüssel, London, New York, Prag, São Paolo, Warschau und weitere 25 (insgesamt 31 Büros in 22 Ländern)
Mitarbeiterzahl:	rund 350 in Deutschland, mehr als 2000 weltweit
Anzahl der Partner:	100 Partner in Deutschland, 500 weltweit
Beratungsschwerpunkte:	M&A Gesellschaftsrecht, Bank- und Kapitalmarktrecht, gewerblicher Rechtsschutz /IP, EU- und Kartellrecht, IT&C, Steuerrecht und Wirtschaftsprüfung, Immobilien- und Baurecht, Insolvenzrecht, Sanierung, Prozessführung und Schiedsgerichtsbarkeit, Private Equity, regulierte

	Märkte, Arbeitsrecht, Öffentliches Wirtschaftsrecht einschließlich Umwelt- und Vergaberecht
Bedarf an Juristen:	pro Jahr zirka 40 bis 50 Juristen und Diplomkaufleute
Anforderungsprofil:	junge oder angehende Rechtsanwältinnen und Rechtsanwälte mit mindestens „vollbefriedigenden" Examina, sehr gute Englischkenntnisse, die vorzugsweise im Ausland erworben sein sollten, idealerweise ein Abschluss (LL.M.) in angloamerikanischem Recht, Belastbarkeit, Teamfähigkeit und Freude am Beruf
Auslandsaufenthalte:	sind möglich
Berufsperspektiven:	Die Associates bei Linklaters Oppenhoff & Rädler arbeiten von Anfang an direkt am Mandat. In speziellen Programmen werden sie im In- und Ausland kontinuierlich aus- und weitergebildet. Durch die Einbeziehung in internationale Teams wird die berufliche und persönliche Entwicklung der Berufsanfänger gefördert. Nach etwa drei Jahren können sie zum Managing Associate aufsteigen. Nach weiteren drei Jahren besteht die Möglichkeit, bereits Partner bei Linklaters Oppenhoff & Rädler zu werden.
Praktika:	für Jurastudenten und -studentinnen ab dem fünften Semester werden in den deutschen Büros von Linklaters Oppenhoff & Rädler mehrwöchige Praktika angeboten

Stagen/Referendariat: Linklaters Oppenhoff & Rädler bieten Referendaren und Referendarinnen bei überdurchschnittlicher Vergütung eine aktive Mitarbeit in einem internationalen Team sowie bei entsprechenden Voraussetzungen auch Stationen im Ausland an. Die Bewerbung sollte mindestens sechs Monate vor der geplanten Stationszeit eingereicht werden. Für Auslandsstationen beträgt die Bewerbungsfrist in der Regel zwölf Monate im Voraus.

Arbeitszeit: aus familiären oder anderen persönlichen Gründen sowie zur Anfertigung einer Dissertation oder wegen der Vorbereitung auf das Steuerberater- oder Wirtschaftsprüferexamen sind besondere Vereinbarungen für flexible Arbeitszeitmodelle möglich

Zusätzliche Informationen: insbesondere in Form persönlicher Gespräche an den Informationsständen von Linklaters Oppenhoff & Rädler auf Juristenmessen und ähnlichen Informationsveranstaltungen

Kontakt/Ansprechpartner: Linklaters Oppenhoff & Rädler
Mainzer Landstraße 16
60325 Frankfurt am Main

www.linklaters.com

Sandra Bernascheck
Tel.: 0 69 / 7 10 03 – 1 34
Fax: 0 69 / 7 10 03 – 6 76
sandra.bernascheck@linklaters.com

5.3.5 Lovells

Standorte:	in Deutschland: Berlin, Düsseldorf, Frankfurt, Hamburg, München weltweit: Alicante, Amsterdam, Brüssel, Budapest, Chicago, Ho-Chi-Minh-Stadt, Hongkong, London, Mailand, Moskau, New York, Paris, Peking, Prag, Rom, Singapur, Tokio, Warschau, Washington, Wien, Zagreb
Mitarbeiterzahl:	in Deutschland circa 270 Anwälte, weltweit mehr als 1.500 Juristen
Anzahl der Partner:	in Deutschland 81
Beratungsschwerpunkte:	alle Bereiche des Wirtschaftsrechts, z. B. Corporate (M&A, Private Equity, Venture-Capital, Gesellschaftsrecht), Bank- und Kapitalmarktrecht, Steuerrecht, Projektfinanzierung, Privatisierungen, gewerblicher Rechtsschutz, Patent- und Markenrecht, Produktpiraterie, Kartellrecht, Europarecht, Telekommunikationsrecht und neue Medien, Informationstechnologie, Immobilien- und Baurecht, Arbeitsrecht, Öffentliches Wirtschaftsrecht (Umweltrecht, Life Sciences, Vergaberecht), Prozessführung, Schiedsgerichtsverfahren
Bedarf an Juristen:	in den nächsten drei Jahren bundesweit etwa 60 pro Jahr
Anforderungsprofil:	zwei mindestens „vollbefriedigende" Examina, Doktorarbeit und verhandlungssicheres Englisch sind gern gesehen, jedoch keine Einstellungsvoraussetzung

Auslandsaufenthalte: sind entweder in einem der weltweiten Lovells-Büros möglich oder aber bei befreundeten Sozietäten oder Mandanten

Berufsperspektiven: Die Arbeit ist von Beginn an durch Teamarbeit geprägt, die auch über den Standort und nationale Grenzen hinausgeht. Es werden konkrete Partneraussichten geboten. Ebenso wird eine Weiterbildung zum Fachanwalt gefördert. Spezielle Ausbildungsprogramme mit internen Workshops und externen Seminaren helfen Berufsanfängern bei der Orientierung. In regelmäßigen Feedbacks erhalten die Mitarbeiter konkrete Perspektiven bis hin zur mittelfristig angestrebten Partnerschaft.

Praktika: sind für Studenten und Studentinnen ab dem 6. Semester für etwa vier Wochen möglich

Stagen/Referendariat: Stagen und Nebentätigkeiten während des Referendariats werden als gute Methode des Kennenlernens begrüßt. Für Referendare, die einen Teil ihrer Zivilstation bei einem Anwalt der Kanzlei verbringen möchten, gibt es bei Lovells ein spezielles Ausbildungsprogramm. Aus diesem Grund ist eine frühzeitige Anmeldung erforderlich, da die zur Verfügung stehenden Plätze beschränkt sind.

Arbeitszeit: Eine Teilzeitbeschäftigung aus Gründen der persönlichen Lebensplanung (zum Beispiel Dissertation, familiäre Gründe) ist grundsätzlich möglich und wird praktiziert, sofern sie mit dem Arbeitsanfall in dem betreffenden Fachbereich vereinbar ist.

Zusätzliche Informationen: Weitere interessante Informationen über Lovells sind auf der Homepage www.lovells.com zu finden. Vor allem Juristinnen werden unter Hinweis auf Familienfreundliche Arbeitszeitregelungen ermutigt, sich zu bewerben. Besonderer Wert wird auf das Sich-wohl-Fühlen der Mitarbeiter in der Arbeitsumgebung gelegt, sowie auf Kommunikation und einen gegenseitigen respektvollen und kollegialen Umgang.

Kontakt/Ansprechpartner: Lovells
Darmstädter Landstraße 125
60598 Frankfurt

www.lovells.com

Dr. jur. Michael Neumann
Tel: 0 69 / 96 23 66 66

michael.neumann@lovells.com

6 Mit "Networking" zum Erfolg

Fast ein Drittel aller Stellen in Deutschland werden nicht über die Arbeitsagentur oder Stellenanzeigen besetzt, sondern über persönliche Kontakte. Dies gilt vor allem für die wirklich interessanten und meistens hoch dotierten Positionen. Aus diesem Grund kann es für die Jobsuche nur nützlich sein, wenn Sie möglichst viele berufliche und private Kontakte zu solchen Personen knüpfen, die auf Ihrem Fachgebiet beziehungsweise in dem von Ihnen beruflich angestrebten Beschäftigungsfeld tätig sind. Ihr Ziel sollte es also sein, möglichst frühzeitig ein persönliches Kontakt-Netzwerk zu knüpfen und zu pflegen, damit Sie es für die spätere Jobsuche beziehungsweise Karriereplanung nutzen können. Im angloamerikanischen Sprachgebrauch wird diese Methode zur Verbesserung der eigenen Berufs-Chancen „Networking" genannt.

Dem Begriff „Networking" kommt im Bereich der selbstständigen Tätigkeit jedoch noch eine andere Bedeutung zu. Hier sind Netzwerke nützlich, um gemeinsame Interessen zu verfolgen und Fachwissen untereinander auszutauschen. Auf diese Weise können von Netzwerk-Partnern in der Regel schnell und unbürokratisch wertvolle Informationen und Knowhow auf solchen Gebieten erlangt werden, die nicht unbedingt zu den eigenen Schwerpunkten gehören. Vorteilhafte Kooperationen in Form von Netzwerken sind beispielsweise zwischen selbstständigen Rechtsanwälten und Steuerberatern, Unternehmensberatern oder IT-Spezialisten möglich. Gerade junge Anwältinnen und Anwälte können von einem solchen Wissenspool profitieren und auf diesem Wege auch noch das eine oder andere Mandat erlangen.

Die Möglichkeiten, geeignete Kontakte und Beziehungen zu knüpfen, sind vielfältig. Sie reichen von Mitgliedschaften in berufsständischen Vereinigungen und Verbänden über die Beteiligung an Fachtagungen bis hin zum Besuch von „Karrieremessen", Kongressen und Vorträgen. Die Chancen müssen nur erkannt und die Gelegenheiten, einflussreiche Persönlichkeiten kennen zu lernen, beim Schopfe ergriffen werden. Schüchternheit ist bei derartigen Anlässen fehl am Platz. Allerdings sollten Sie fachlich fit sein, damit Sie bei Diskussionen mithalten können. Dies ist immer noch die beste Möglichkeit, auf sich und sein Können aufmerksam zu machen.

Die Idee der Nutzung von Beziehungs-Netzwerken ist nicht neu. Während es früher eher die Studentenverbindungen und Society-Clubs waren, die für die Berufskarriere nützlich sein konnten, so sind es heute recht unterschiedliche Zusammenschlüsse von „Verbündeten", die sich in erster Linie als Infobörsen verstehen. Solche Netzwerke können sowohl formell als auch informell, also eher im privaten Kreise, existieren. Dabei gilt es auch längst nicht mehr als anrüchig, den Karriere-Einstieg mit Hilfe von „Vitamin B" geschafft zu haben. Denn eines dürfte schließlich klar sein, bei allen guten Beziehungen bleibt der berufliche Erfolg letztendlich versagt, wenn die fachlichen Voraussetzungen nicht in ausreichendem Maße gegeben sind.

Der Vorteil einer persönlichen Empfehlung liegt vor allem darin, dass über den Background eines Bewerbers beziehungsweise einer Bewerberin weitaus mehr Informationen geliefert werden können, als je aus einer Bewerbungsmappe hervorgehen würden. Umgekehrt wird natürlich auch der empfohlene Bewerber alles daransetzen, um den in ihn gesetzten Erwartungen zu entsprechen. Auf diese Weise können beide Seiten, also das Unternehmen, das eine Position neu besetzen möchte, als auch der Bewerber beziehungsweise die Bewerberin von einer persönlichen Empfehlung profitieren. Besonders erfreulich ist, dass in den letzten Jahren vermehrt spezielle Frauen-Netzwerke entstanden sind, die entsprechend qualifizierten Bewerberinnen beim Karriere-Start hilfreich zur Seite stehen können. Die Adressen entsprechender Organisationen finden Sie im Anhang dieses Buches.

Bevor im weiteren Verlauf dieses Kapitels ausführlich auf spezielle „Kontakt-Börsen" für Juristen eingegangen wird, erhalten Sie nachfolgend zunächst allgemeine Tipps für das „richtige" Verhalten in Netzwerken:

- Zu den Grundvoraussetzungen eines erfolgreichen Networking gehört ein gesundes Maß an sozialer Kompetenz. Hierbei steht an oberster Stelle die Fähigkeit, mit anderen Menschen in Kontakt zu treten und mit ihnen zu kommunizieren. Inzwischen gibt es von den unterschiedlichsten Anbietern Seminare, in denen Kommunikationsfähigkeit trainiert werden kann. Wer in seiner beruflichen Praxis auf diesem Gebiet noch nicht genügend Erfahrung gesammelt hat, dem ist es durchaus angeraten, sich auf diesem Wege fortzubilden.

- Grundsätzlich sollten Sie möglichst offen, freundlich und höflich auf Ihr Gegenüber zugehen und auch eine gewisse Toleranz an den Tag legen. Dazu gehört natürlich auch, dass Sie den anderen stets ausreden lassen. Zeigen Sie Interesse an der Meinung Ihres Gegenübers und lassen Sie seine Ansichten in Ihre Überlegungen mit einfließen. Damit zeigen Sie ihrem Gesprächspartner, dass Sie seine Argumente ernst nehmen und bei Ihren eigenen Ausführungen berücksichtigen. Schließlich bedeutet Networking stets ein gegenseitiges Geben und Nehmen. Nur auf diese Weise können beide Seiten letztendlich voneinander profitieren.

- Kontakte wollen gepflegt werden. Nicht umsonst fällt in diesem Zusammenhang häufig auch der Begriff des Beziehungsmanagements. Nehmen Sie sich deshalb stets genügend Zeit für persönliche Gespräche mit Ihren Netzwerk-Partnern. Kurze E-Mails sind dagegen weniger geeignet, tragfähige Netzwerk-Beziehungen aufzubauen beziehungsweise zu erhalten. Sie sollten lediglich dazu benutzt werden, um sich kurz wieder in Erinnerung zu bringen oder ein persönliches Treffen vorzuschlagen. Einer E-Mail ist ansonsten aber zumindest ein Telefongespräch vorzuziehen, wobei allerdings die wichtigen Komponenten Gestik und Mimik des persönlichen Kontaktes des direkten Dialogs hierbei nicht vermittelt werden können. Besonders angenehm lässt es sich beispielsweise bei einem gemeinsamen Essen kommunizieren. Bei derartigen Gesprächen in entspannter Atmosphäre treten oftmals auch außerberufliche Interessensübereinstimmungen zutage, wie etwa die gleichen Hobbys oder Reiseziele. Dies kann nützlich sein, um den bestehenden Kontakt zu intensivieren oder auf dieser Basis weitere Kontakte zu knüpfen, so zum Beispiel durch Zugang zu Society-Clubs oder Vereinen, in denen die gemeinsamen privaten Interessen gepflegt werden.

- Seien Sie stets authentisch in Ihrer Argumentation. Das heißt, behaupten Sie nichts, was nicht mit Ihren persönlichen Einstellungen übereinstimmt. Dies gilt selbst für den so genannten Smalltalk mit Personen, die Sie noch nicht so gut kennen. Denken Sie stets daran, dass der erste Eindruck eines Menschen oftmals der wichtigste sein kann. Stellen Sie deshalb zunächst die fachliche Komponente in den Vordergrund und schenken Sie im Gespräch Ihrem Gegenüber Ihre volle Aufmerksamkeit und Ihr uneingeschränktes Interesse.

- Ein guter Netzwerk-Partner muss auch ein guter Zuhörer sein. Hierfür sollten Sie die Kunst des aktiven Zuhörens beherrschen. Hierunter versteht man die Fähigkeit, nicht nur die Sprache des Gesprächspartners akustisch wahrzunehmen, sondern auch sämtliche non-verbalen Mitteilungen, wie zum Beispiel Körpersprache, Gestik und Mimik zu erkennen und zu werten. Auf diese Weise lernen Sie, die Wahrhaftigkeit von Äußerungen einzuschätzen und in der gebotenen Weise darauf zu reagieren. Gleichzeitig vermitteln Sie Ihrem Gesprächspartner durch ein aktives Zuhören, dass Sie ihn akzeptieren und respektieren. Hierzu gehört unter anderem, dass Sie Blickkontakt halten und sich völlig auf Ihr Gegenüber konzentrieren. Lassen Sie Ihren Gesprächspartner stets ausreden und stellen Sie nur solche Zwischenfragen, mit denen Sie Ihr Interesse am Thema bekunden. Vergessen Sie nicht, Ihrem Gegenüber regelmäßig ein Feedback zukommen zu lassen, mit dem Sie gleichzeitig Ihre Zustimmung zu erkennen geben. Vermeiden Sie es aber auf jeden Fall, Ihren Gesprächspartner lediglich zum Munde zu reden. Ihre ganz eigene Meinung sollte stets klar zum Ausdruck kommen und natürlich auch überzeugend begründet werden. Bei Meinungsverschiedenheiten sollte versucht werden, zumindest punktuell einen Konsens zu finden.

- Zeigen Sie selbst ein gesundes Selbstvertrauen bezüglich Ihres Fachwissens und Ihrer Berufserfahrung. Nur auf diese Weise wird man Sie als gleichwertigen Netzwerk-Partner ernst nehmen und mit einbinden. Hüten Sie sich allerdings vor Übertreibungen oder gar Hochstapelei. Wer zu hoch pokert, wird in der Regel schnell entlarvt und verliert jeglichen Vertrauensvorschuss. Außerdem ist eine geschädigte Reputation nur mit sehr großen Anstrengungen und Verdiensten wiederherzustellen.

- Beweisen Sie stets Zuverlässigkeit, Vertrauenswürdigkeit, Seriosität und Glaubwürdigkeit. Gehen Sie vor allem mit Ihnen anvertrauten Informationen äußerst diskret um. Bestätigen Sie mündlich getroffene Abmachungen umgehend schriftlich beziehungsweise per E-Mail, um Ihrem Netzwerk-Partner so Ihre Ernsthaftigkeit und Verlässlichkeit kund zu tun. Halten Sie Terminabsprachen unbedingt ein beziehungsweise teilen Sie unvermeidbare Terminverschiebungen dem anderen rechtzeitig mit, damit dieser sich frühzeitig darauf einstellen und umdisponieren kann. Hierdurch beweisen Sie nicht nur Höflichkeit, sondern gleichzeitig auch Ihre Wertschätzung gegenüber Ihrem Netzwerk-Partner und dessen anderweitigen Verpflichtungen.

- Starten Sie Ihr persönliches Networking möglichst frühzeitig beziehungsweise bemühen Sie sich rechtzeitig um Aufnahme in bereits bestehende interessante Netzwerke, damit Sie hiervon bei Abschluss Ihrer Ausbildung gleich profitieren können. Im Idealfall können Sie dann sogar Ihren ersten Job mit Hilfe Ihrer Netzwerk-Partner erlangen. Aus diesem Grunde ist es ratsam, sich bereits während der Studienzeit in berufs- beziehungsweise branchenspezifischen Organisationen zu engagieren. Außerdem sollten Sie auch als Student beziehungsweise Studentin schon an Kongressen und Fachtagungen teilnehmen und versuchen, dort gute Kontakte zu knüpfen. Empfehlenswert ist ebenso der regelmäßige Besuch so genannter „Juristen-Messen". Für diejenigen, die später die wissenschaftliche Laufbahn einschlagen möchten, sind die fachspezifischen Assistenten-Tagungen ein absolutes Muss. Vergessen Sie nicht, auch nach Beendigung des Studiums Kontakt zu Ihren Professoren und Kommilitonen zu halten. Dieser Personenkreis sollte auf jeden Fall zu Ihrem ganz persönlichen Netzwerk zählen.

- Drängen Sie sich niemandem auf und erwecken Sie auf gar keinen Fall den Eindruck, bestimmte Kontakte aus purer Berechnung knüpfen zu wollen. Jede Art von Verbissenheit wirkt beim Networking absolut abschreckend. Machen Sie deutlich, dass auch Sie im Bereich Ihrer Möglichkeiten bereit sind, für andere da zu sein.

- Geben Sie sich selbst hochgestellten Persönlichkeiten gegenüber möglichst unbefangen und natürlich. Verhalten Sie sich im Umgang mit anderen Menschen höflich und vergessen Sie nicht, sich am Ende jeweils für ein Gespräch zu bedanken. Lassen Sie ruhig einmal über Dritte Grüße an solche Personen ausrichten, deren Name in einem Gespräch beiläufig fällt, die ihnen jedoch persönlich bekannt sind.

- Selbstverständlich sollten Sie stets genügend Visitenkarten bei sich haben, um auch bei größeren Veranstaltungen für neue Kontakte gut gerüstet zu sein. Umgekehrt sollten Sie alle Visitenkarten, die Sie erhalten, sorgfältig archivieren und möglichst persönliche Vermerke dazu schreiben, so zum Beispiel auf welcher Veranstaltung der jeweilige Kontakt geknüpft wurde, über welche Themen man sich unterhalten hat und welche Networking-Möglichkeiten sich hieraus ergeben könnten. Ebenso sollten Sie bereichsspezifisch verschiedene Network-Karteien anlegen und regelmäßig auf ihre Aktualität hin überprüfen. In diesen Karteien sollten Sie auch vermerken, wann der letzte persönliche Kontakt stattgefunden hat. Notieren Sie sich dabei am besten gleich eine Frist, innerhalb derer Sie diesen Kontakt wieder erneuern möchten, damit er nicht „einschläft". Hierfür können Sie selbstverständlich die Hilfe Ihres Computers in Anspruch nehmen, der Sie in regelmäßigen Abständen an eine eventuell erforderliche neue Kontaktaufnahme erinnert.

- Wurden bereits konkrete Projekte ins Auge gefasst, sollten Sie – sofern Sie von der anderen Seite seit etwa drei Wochen nichts gehört haben –

selbst nachhaken und gegebenenfalls ein weiteres Treffen anregen. Bleiben Sie am Ball, aber seien Sie nicht aufdringlich. Hier gilt es, die richtige Mischung zwischen Geschäftsinteresse und angemessenem zwischenmenschlichen Verhalten zu finden. Besonders wichtig ist es dabei, eine positive Ausstrahlung auf Ihren Network-Partner ausüben, die ihn in Ihrem Sinne einnimmt und zu Ihrem Verbündeten macht.

- Vergessen Sie nicht, Ihre Netzwerk-Partner regelmäßig über Ihre weiteren Qualifikationen und beruflichen Erfolge zu informieren. Allerdings sollten Sie hierbei nicht gerade plump prahlen, sondern Ihre positiven persönlichen Entwicklungen stets eher beiläufig erwähnen. Nutzen Sie dabei geschickt ein passendes Stichwort in einem gemeinsamen Gespräch, um zum Beispiel auf einen soeben von Ihnen veröffentlichten Fachaufsatz zu einem bestimmten Thema oder Ihre Mitarbeit in einem Projekt hinzuweisen.

- Scheuen Sie sich nicht, sich geeigneten einflussreichen Personen dahingehend zu offenbaren, dass Sie eine bestimmte berufliche Position suchen. Dies gilt sowohl für Berufsanfänger als auch für diejenigen, die auf der Karriereleiter aufsteigen möchten. Dabei sollten Sie natürlich durch geeignete Qualifikationen auf Ihre fachliche Kompetenz hinweisen. Schließlich muss sich Ihr persönlicher „Fürsprecher" darauf verlassen können, dass Sie sich im Falle seiner Empfehlung als Stellenbesetzung nicht als Flop erweisen.

Nachfolgend erhalten Sie einen Überblick über die wichtigsten Recruiting-Messen und andere nützliche „Kontakt-Börsen" für Juristen. So kann es beispielsweise durchaus nützlich sein, auf Tagungen zu „tingeln", um sich in Fachkreisen bekannt zu machen. Allerdings macht dies nur Sinn, wenn Sie sich dort auch kompetent einbringen können. Anderenfalls gehen Sie das Risiko ein, lediglich belächelt zu werden.

Neben der Nutzung formeller Netzwerke sollten Sie Ihr ganz persönliches Networking nicht vergessen. Schließlich werden diejenigen, die Ihren beruflichen Werdegang über Jahre hinweg verfolgt haben, Ihre Fähigkeiten am besten einschätzen können und auch zu schätzen wissen. Deshalb können sich auf diesem Wege noch eher interessante Berufs-Chancen ergeben.

6.1 Recruiting-Messen für Juristen

Seit einigen Jahren gibt es auch in Deutschland so genannte Juristen-Messen, die regelmäßig in verschiedenen Großstädten stattfinden. Zu den wohl bekanntesten Veranstaltungen dieser Art gehört die Kölner Juristen-Messe, an der jeweils mehrere hundert Nachwuchsjuristen teilnehmen. Die meisten von ihnen sind Referendare. Aber auch junge Assessoren und Studenten nutzen gern die Möglichkeit, sich auf einem derartigen Recruiting-Event zu informieren und interessante Kontakte zu knüpfen. Schließlich nehmen an derartigen Messen zahlreiche in der Regel international tätige Rechtsanwaltskanzleien, Steuerberatungs- und Wirtschaftsprüfungsgesellschaften sowie auch Unternehmensberatungen teil. Im Wege der Voranmeldung ist es dabei möglich, ein Einzelgespräch mit Vertretern dieser Firmen zu vereinbaren. Auf diese Weise ist ein unverbindliches persönliches Kennenlernen möglich und es kann der eine oder andere Tipp für die persönliche Karriereplanung mit nach Hause genommen werden.

Darüber hinaus werden verschiedene Workshops und Vorträge angeboten, in denen die Teilnehmer wichtige Informationen über das Tätigkeitsspektrum auf verschiedenen Rechtsgebieten erhalten können. Oftmals werden auch aktuelle Fallstudien aus der Anwaltspraxis dargestellt, so dass die Besucher die anwaltliche Tätigkeit hautnah miterleben können. Daneben wird allerdings auch über weitere Berufsperspektiven neben der Anwaltstätigkeit informiert, wie beispielsweise die Tätigkeit als Lobbyist bei der Europäischen Union. Die ebenfalls vertretenen Wirtschaftsunternehmen sind zudem bemüht, auf diesem Wege geeignete neue Mitarbeiter zu gewinnen, die sich bewusst für eine firmeninterne Berufslaufbahn entscheiden können.

In den Rahmenprogrammen werden in der Regel Vorträge zu allen wichtigen Themen rund um die Karriereplanung angeboten, wie zum Beispiel optimale Bewerbungsstrategien, die perfekte Selbstdarstellung im Vorstellungsgespräch oder sinnvolle Spezialisierungsmöglichkeiten. Bei den Referenten handelt es sich grundsätzlich um namhafte Experten, die den Teilnehmern ebenfalls persönlich Rede und Antwort stehen.

Auch Universitäten, wie beispielsweise die Universität Hannover, beteiligen sich aktiv an derartigen „Juristen-Messen" (zum Beispiel Praxi§ - Karrieremesse). Auf diese Weise kann die Praxisnähe der juristischen Ausbildung maßgeblich verbessert und bereits Studenten die Chance geboten werden, wichtige Kontakte für die spätere berufliche Karriere zu knüpfen. Dies gilt insbesondere, weil eine Vielzahl international tätiger Großkanzleien (zum Beispiel Linklaters Oppenhoff & Rädler) zu den Ausstellern und Sponsoren dieser Veranstaltung gehört. Gleichzeitig wird über wichtige Zusatzqualifikationen informiert sowie über Möglichkeiten, diese außerhalb der universitären Ausbildung zu erlangen (wie beispielweise durch Praktika im In- und Ausland).

Zu den bekanntesten Recruiting-Events für Juristen zählen außerdem die JURAcon-Veranstaltungen, die unter anderem in Frankfurt, München, Hamburg, Berlin und Köln stattfinden. Die JURAcon wendet sich an Juristinnen und Juristen aller Ausbildungsphasen und bietet ebenfalls eine hervorragende Gelegenheit, sich in persönlichen Gesprächen mit den Personalverantwortlichen namhafter Kanzleien vorzustellen und zu bewerben. Dies gilt insbesondere für Referendarinnen und Referendare, die auf Grund der reformierten Juristenausbildung nunmehr die Gelegenheit haben, sich einen neunmonatigen Ausbildungsplatz in einer Anwaltskanzlei zu suchen. Mit Hilfe des Online-Karriereprotals, das JURAcon zur Verfügung stellt, besteht für Teilnehmer im Vorfeld der Veranstaltung die Möglichkeit, sich zu bewerben und feste Interviewtermine mit den teilnehmenden Kanzleien zu vereinbaren. Darüber hinaus stehen die Kanzleivertreter im Rahmen ihrer Präsenz auf dieser Messe den Teilnehmern auch für spontane Karrierekontakte zur Verfügung. Der Eintritt zu dieser Veranstaltung ist frei.

Im internationalen Vergleich der Rekrutierungsmessen haben die Veranstaltungen von CareerVenture (weitere Informationen im Anhang) überdurchschnittlich gut abgeschnitten, weil sich diese Messen durch eine besonders große Angebotsbreite und hervorragende Kontaktqualität auszeichnen.[5] Bei den Recruiting-Veranstaltungen von CareerVenture stehen neben einem fachlichen oder branchenbezogenen Schwerpunkt ernsthafte Auswahlinterviews zwischen den Personalentscheidungen der teilnehmenden Unternehmen und den Besuchern als Bewerber im Vordergrund. Dabei kann es sich entweder um einen konkreten Berufseinstieg, ein Praktikum oder um eine Praxis-Diplomarbeit handeln.

Da zu diesen Veranstaltungen nur diejenigen Interessenten eingeladen werden, die auf Grund ihrer Anmeldungs- beziehungsweise Bewerbungsdaten von mindestens einem der teilnehmenden Unternehmen für ein Interview vorgesehen wurden, handelt es sich hierbei nicht lediglich um Erstkontaktgespräche, sondern bereits um konkrete Auswahlinterviews. Anderes als bei den anderen Karriere-Messen finden diese Interviews nicht in der geschäftigen und oftmals lauten Atmosphäre einer Veranstaltungshalle statt, sondern als Einzelgespräche in einem speziellen Tagungshotel. Falls gleich mehrere Unternehmen an Ihrer Bewerbung Interesse gezeigt haben, können Sie auf diese Weise an einem Tag gleich mehrere Auswahl-

---

[5] vgl. Kienbaum-Untersuchung „Internationale Recruiting-Messen im Vergleich" vom Juli 2003, Zusammenfassung und Bezugsquelle unter www.kienbaum.de.

interviews absolvieren. Während der etwaig entstehenden Wartezeiten bestehen Informationsmöglichkeiten durch Präsentationen der teilnehmenden Kanzleien und Unternehmen. Auch während der gemeinsamen Kaffee- und Mittagspausen bieten sich weitere Möglichkeiten für spontane Gespräche mit Unternehmensvertretern. Die ansonsten straff organisierte Veranstaltung beginnt in der Regel um 9:00 Uhr und endet mit einem letzten Interview-Zeit Block um 18:30 Uhr.

Auf der Homepage von CareerVenture (siehe Anhang) können Sie sich im Vorfeld der Veranstaltung bereits über die teilnehmenden Unternehmen eingehend informieren, damit Sie sich optimal auf die Gespräche vorbereiten können. Für alle weiteren Fragen steht Ihnen ein spezielles Betreuungsteam telefonisch sowie am Tagungsort ein Organisationsbüro zur Verfügung. Die Anmeldung zu einer CareerVenture-Veranstaltung kann sowohl online als auch offline erfolgen. Wer sich für die Online-Variante entscheidet, kann bei seiner erstmaligen Anmeldung ein Login und ein Passwort wählen, um sich so jederzeit zur Vornahme von Ergänzungen oder Korrekturen in den Lebenslaufinformationen einloggen zu können. In dem so genannten offline-Verfahren übernimmt CareerVenture für Sie die komplette Eingabe Ihrer Lebenslaufdaten in das digitale Bewerbungssystem. Hierfür senden Sie alle für eine Bewerbung erforderlichen Informationen (insbesondere Lebenslauf) an den Veranstalter. Sie erhalten anschließend per E-Mail ein Login und Passwort, damit Sie Ihre Daten online überprüfen und gegebenenfalls ergänzen können.

Bei Eingabe Ihrer Bewerbungsdaten können Sie in der Rubrik „Firmenauswahl" angeben, an welchen Unternehmen Sie besonders interessiert sind oder ob ein spezielles Unternehmen Ihre Unterlagen auf keinen Fall vorgelegt bekommen soll. Diese Auswahlmöglichkeit ist besonders für diejenigen Bewerber und Bewerberinnen wichtig, die an einem Jobwechsel interessiert sind, um ihre persönliche Karriere voranzutreiben.

In der so genannten Auswahlphase führt der Veranstalter anhand der von jedem Unternehmen übermittelten Profile eine Bewerber-Vorauswahl durch. Die Daten derjenigen Kandidaten, die die Vorauswahlkriterien erfüllt haben, werden anschließend zu Endauswahl direkt an die einzelnen Unternehmen gesandt. Nachdem die teilnehmenden Unternehmen einen Bewerber ausgewählt haben, wird dieser von CareerVenture per E-Mail benachrichtigt, um sich entsprechend auf die Interviews vorbereiten zu können. Die Teilnahme an einer CareerVenture Recruiting-Veranstaltung ist für die eingeladenen Bewerber und Bewerberinnen kostenlos. Dies gilt sowohl für die Bewirtung während der gesamten Veranstaltung als auch für notwendige Übernachtungen von Teilnehmern mit weiter Anreise. Außerdem organisiert CareerVenture Anreisemöglichkeiten in Form von Mitfahrbörsen und stellt gesponserte Bahntickets zur Verfügung.

Grundsätzlich lässt sich sagen, dass Juristen-Messen beziehungsweise spezielle Recruiting-Veranstaltungen für Juristen eine gute Möglichkeit darstellen, interessante Kontakte zu potenziellen Arbeitgebern zu knüpfen sowie um Networking zu praktizieren. Letztendlich kommt es aber darauf an, wie der beziehungsweise die Einzelne die sich bietenden Informationen und Chancen wahrnimmt. Der Vorteil solcher Juristen-Messen besteht vor allem darin, dass Sie an einem Ort eine Vielzahl kompetenter Partner aus führenden Anwaltskanzleien, Consulting- und Steuerberatungsgesellschaften treffen, die für Ihren weiteren beruflichen Weg hilfreich sein können. Dies gilt auch für diejenigen, die lediglich eine Praktikantenstelle oder eine Nebentätigkeit beziehungsweise Stage während ihres Referendariats suchen.

Sowohl an den Informationsständen der teilnehmenden Unternehmen als auch in den einzelnen Bewerbungsgesprächen sowie in den Vorträgen und Workshops erhalten Sie wertvolle Einblicke in den Berufsalltag und die verschiedenen Unternehmensphilosophien. Diese Erfahrungen und die auf diesem Wege erlangten persönlichen Kontakte können Sie auf Ihrem Karriereweg ein gutes Stück voranbringen. Damit Sie auch im Anschluss an Ihre Teilnahme an einer derartigen Veranstaltung auf dem Laufenden bleiben, sollten Sie möglichst von den Angeboten einiger Veranstalter Gebrauch machen, einen E-Mail-Newsletter zu abonnieren oder in einen Info-Pool aufgenommen zu werden. Auf diesem Wege werden Sie rechtzeitig auf alle wichtigen neuen Events aufmerksam gemacht und erhalten außerdem die aktuellsten Informationen über interessante Entwicklungen auf dem Arbeitsmarkt für Juristen. Die wichtigsten Internet-Adressen hierfür finden Sie im Anhang dieses Buches.

6.2 Verbände und Vereine als Berufsnetzwerke

Gerade für Berufseinsteiger kann sich eine Mitgliedschaft in einer branchen- oder berufsspezifischen Vereinigung als nützlich erweisen, weil sich auf diesem Wege wohl am leichtesten wichtige Kontakte zum Aufbau eines persönlichen Netzwerkes knüpfen lassen. Außerdem sind derartige Institutionen gute Informationsquellen für Berufsinterna und aktuelle Karriere-Chancen. Eine große Anzahl interessanter Berufsvereinigungen finden Sie im Anhang dieses Buches. Nachfolgend erhalten Sie einen Einblick in die Aktivitäten und Serviceleistungen einiger für junge Juristen und Juristinnen und besonders interessanter Organisationen:

Forum Junge Anwaltschaft

Hierbei handelt es sich um eine Arbeitsgemeinschaft des Deutschen Anwaltvereins. Die Mitglieder sind entweder junge Rechtsanwälte und Rechtsanwältinnen bis 40 Jahre oder Jungjuristen und -juristinnen, die bereits das erste Staatsexamen abgelegt haben und sich dem Anwaltsberuf zuwenden wollen.

Zurzeit hat das Forum etwa 4.800 Mitglieder. Es handelt sich um die größte Kommunikationsplattform für junge Anwälte und Referendare. Zu den Zielsetzungen dieser Vereinigung gehören unter anderem der Informationsaustausch zwischen den Mitgliedern sowie insbesondere Hilfe zur Selbsthilfe für den Einstieg in den Anwaltsberuf. Dem Forum angeschlossen ist außerdem die Job-Börse AdvoJob, die Sie über die Homepage des Forums erreichen können.

Das Forum organisiert zahlreiche Veranstaltungen zu allen mit der Kanzleigründung und dem Berufsstart zusammenhängenden Fragen. Anhand der Mitgliederliste des Forums können individuelle Netzwerke aufgebaut werden, mit deren Hilfe die Mitglieder untereinander vermitteln und sich bezüglich aller berufsspezifischen Fragen und Probleme austauschen können.

Dem Erfahrungsaustausch und Networking dienen außerdem regionale Treffen bei Stammtischen, die von dem nach Landgerichtsbezirken beauftragten Vertretern des Forums vor Ort veranstaltet werden. Durch Kontakte zu ausländischen Arbeitsgemeinschaften für jungen Rechtsanwälte und Rechtsanwältinnen wird ein entsprechendes europaweites Netzwerk angestrebt. Der jährliche Mitgliedsbeitrag im Forum Junge Anwaltschaft beträgt 50 Euro und ermäßigt sich für Mitglieder eines dem DAV angeschlossenen Anwaltvereins um 50 Prozent. Zusätzlich bieten viele örtliche Anwaltvereine Forums-Mitgliedern weitere Vergünstigungen an. Die Kontaktadresse des Forums Junge Anwaltschaft ist im Anhang abgedruckt.

Eurojuris Deutschland

Hierbei handelt es sich um ein internationales Netzwerk, in dem fortschrittliche und dienstleistungsorientierte Kanzleien zusammenarbeiten. Das Ziel dieser Organisation ist vorrangig eine optimierte Mandantenbetreuung durch Wissenstransfer. Dabei soll der Netzwerkgedanke als Antwort auf das stetige Anwachsen der Anwaltschaft und den Trend zur Konzentration auf Kernkompetenzen und Spezialisierung verstanden werden. Das Dienstleistungsangebot sowie das Marketing von Eurojuris soll die wirtschaftliche Leistungsfähigkeit der Mitgliedskanzleien verbessern.

Der Verband mit Sitz in Berlin hat zurzeit mehr als 800 Mitglieder im In- und Ausland.

Für junge Juristen hat Eurojuris ein spezielles Jurismus-Programm entwickelt, das jungen Anwälten und Referendaren sowie auch Studenten der Rechtswissenschaft den Kontakt und Austausch auf internationaler Ebene ermöglicht. Innerhalb des Jurismus-Programms besteht die Möglichkeit, bei Veranstaltungen und Weiterbildungen langlebige und nachhaltige internationale Kontakte herzustellen. Gleichzeitig können Anwaltskanzleien auf diesem Wege ihr internationales Knowhow erweitern. Weitere Informationen über das Jurismus-Programm können unter www.jurismus.net abgerufen werden. Die Eurojuris-Kontaktadresse finden Sie im Adressenteil.

Bundesverband der Freien Berufe

Laut Satzung besteht der Zweck dieser Vereinigung darin, „alle bedarfsübergreifenden Bestrebungen der Angehörigen der Freien Berufe in einem allgemeinen Sinn zu verfolgen und für die Erhaltung und den Ausbau der Freien Berufe einzutreten." Der Verband vertritt unter anderem Mitglieder, die in freien rechts-, steuer- und wirtschaftsberatenden Berufen tätig sind, gegenüber den Organen des Bundes und der Länder hinsichtlich aller ethnischen und ökonomischen Grundlagen ihrer Berufsausübung. Der BFB tritt unter anderem für eine qualifizierte Aus-, Weiter- und Fortbildung ein, sowie für die Pflege der Beziehungen zwischen Angehörigen aller freien Berufe.

Auf internationaler Ebene werden die Interessen der Freiberufler durch ein selbstständiges Büro in Brüssel vertreten. Der BFB ist unter anderem im Wirtschafts- und Sozialausschuss der Europäischen Union vertreten. Der Verband organisiert regelmäßig in verschiedenen Bundesländern Fachtagungen und Versammlungen, wie zum Beispiel den Tag der Freien Berufe oder Kongresse der Steuerberaterkammern. Besonders für Berufseinsteiger bietet dieser Verband gute Möglichkeiten, wertvolle Kontakte aufzubauen. Weitere Informationen zum Bundesverband der Freien Berufe erhalten Sie im Adressenteil.

Deutsch-Amerikanische Juristen-Vereinigung

Die Deutsch-Amerikanische Juristen-Vereinigung bietet deutschen Juristen die Möglichkeit zum Austausch und zur Fortentwicklung ihrer Amerika-Erfahrungen und unterstützt Kontakte zwischen deutschen und amerikanischen Juristen. Zu den Hauptzielen dieser Organisation gehört es, junge Juristen zur deutsch-amerikanischen Rechtsvergleichung und zur Fortbildung in den USA anzuregen. So können beispielsweise Interessenten an einem Law School Studium bei der DAJV einen „USA-Studienführer für Juristen" sowie die Broschüre „USA-Masterstudium für Juristen (LL.M., M.C.L., M.C.J.)" anfordern. Außerdem bietet sie jährlich das Informationsseminar „Amerikanisches Recht und sein Studium in den USA" an. Studenten und Studentinnen höherer Semester sowie Rechtsreferendare und Rechtsreferendarinnen werden von der Deutsch-Amerikanischen Juristen-Vereinigung auf der Suche nach einem geeigneten Ausbildungsplatz unterstützt. Ebenso ist die Vermittlung junger deutscher Juristen für ein Praktikum oder eine Wahlstage bei einem amerikanischen Anwaltsbüro, Richter oder Public Office im Rahmen des „German-American Internship Service" möglich.

Die Deutsch-Amerikanische Juristen-Vereinigung veranstaltet jährlich im gesamten Bundesgebiet circa 60 Vortragsabende, Podiumsdiskussionen und Seminare mit amerikanischen Referenten zu aktuellen Themen des Verfassungs-, Wirtschafts-, Zivil- und Strafrechts. Außerdem finden zu besonderen Anlässen gesellschaftliche Veranstaltungen und Luncheons statt, die sich besonders gut zum persönlichen Networking eignen.

Der Verein hat zurzeit über 4.000 deutsche und amerikanische Mitglieder aus sämtlichen Bereichen, in denen Juristen tätig sind (Anwaltschaft, Wirtschaft, Wissenschaft und Verwaltung). Grundsätzlich kann jeder Interessierte der Vereinigung beitreten. Der Mitgliedsbeitrag ist steuerlich absetzbar und beträgt für ein Einzel-Mitglied 60 Euro, für Referendare 30 Euro und für Studenten der Rechtswissenschaft 25 Euro jährlich. Die Kontaktadresse finden Sie im Anhang dieses Buches.

Deutscher Juristinnenbund

Der Deutsche Juristinnenbund gilt als eines der wichtigsten Netzwerke für Juristinnen sowie für Volks- und Betriebswirtinnen. Nach seiner Zielsetzung dient er der Fortentwicklung des Rechts auf allen Gebieten, ist unabhängig, überparteilich und überkonfessionell. Mitglied werden kann jede Frau, die Rechts- oder Wirtschaftswissenschaften studiert hat oder studiert. Eine Berufsausübung ist keine Voraussetzung für die Mitgliedschaft im Deutschen Juristinnenbund.

Die Organisation strebt die Verwirklichung der Gleichberechtigung und Gleichstellung der Frau in allen gesellschaftlichen Bereichen an. Ebenso setzt sie sich für die rechtliche Absicherung der Lebenssituation von Frauen, Kindern und älteren Menschen ein.

Der Deutsche Juristinnenbund bietet Fortbildung durch Seminare und wissenschaftliche Veranstaltungen an, arbeitet mit gleichartigen Vereinigungen auch auf internationaler Ebene zusammen und fördert internationale Netzwerke.

Der reguläre Mitgliedsbeitrag beträgt jährlich 125 Euro, für Mitglieder in der Ausbildung nur 40 Euro. Die Internet- und Postadresse des DJB finden Sie im Adressenteil.

Deutscher Akademischer Juristenverein

Dieser 1995 gegründete Verein will den Traditionen des juristischen Studiums an der Universität Hannover ein Denkmal setzen und zugleich ein gemeinsames Forum für die juristische Zusammenarbeit nach dem Studium bilden. Es handelt sich hierbei um eine junge Informationsbörse, die vor allem für Studenten und Referendare interessant ist. Diese Plattform dürfte ebenfalls geeignet sein, um Kontakte für ein erstes privates Netzwerk zu knüpfen. Auf der Homepage des Vereins (Adresse siehe Anhang) finden Sie eine Vielzahl aktueller juristischer Informationen, die umfassende Linksammlung JuraPORTAL sowie das juristische Diskussionsforum JuraFORUM, das keinesfalls nur auf Absolventen der Universität Hannover beschränkt ist. Die Kontaktadresse finden Sie im Adressenteil.

6.3 Juristische Fachtagungen

Networking lässt sich ebenfalls recht erfolgreich auf juristischen Fachtagungen praktizieren. So kann man beispielsweise hochkarätige Referenten gut im Anschluss an ihren Vortrag ansprechen und mit fachlichen Zusatzfragen einen ersten persönlichen Kontakt herstellen, der – wenn man Glück hat – in einer Kaffeepause oder beim Lunch noch vertieft werden kann.

Juristische Fachtagungen gibt es zu fast allen Rechtsgebieten. In der Regel sind die kleineren Veranstaltungen besser für das Networking geeignet, als Großveranstaltungen wie beispielsweise der Deutsche Juristentag. Dennoch gibt es eben Events, bei denen eine Präsenz einfach unumgänglich ist, um einen bestimmten Personenkreis kennen zu lernen. Aus diesem Grund wird nachfolgend ein kleiner Überblick über drei recht unterschiedliche Kategorien von Tagungen gegeben.

Deutscher Juristentag

Der Deutsche Juristentag ist ein eingetragener Verein, in dem etwa 8.000 Juristen und Juristinnen aus allen Berufsgruppen und Generationen versammelt sind. Zu seiner Zielsetzung gehört es, auf Rechtsmissstände aufmerksam zu machen, auf wissenschaftlicher Grundlage die Notwendigkeit von Änderungen oder Ergänzungen der Rechtsordnung zu untersuchen, der Öffentlichkeit Vorschläge zur Fortentwicklung des Rechts vorzulegen und – last but not least – einen lebendigen Meinungsaustausch unter Juristen und Juristinnen aller Berufsgruppen und Fachrichtungen zu ermöglichen. Da diese Vereinigung keine unmittelbaren beruflichen oder gesellschaftlichen Interessen vertritt, kommt ihren Verlautbarungen sowohl in Juristenkreisen als auch beim Gesetzgeber erhebliche Beachtung zu.

Als Sprachrohr dieser juristischen Vereinigung dient in erster Linie der alle zwei Jahre stattfindende große Juristenkongress, der ebenfalls den Namen „Deutscher Juristentag" trägt. Dort werden in verschiedenen Fachabteilungen bedeutsame rechtspolitische Fragen im gesamtgesellschaftlichen Interesse sowie unter Beteiligung des Juristenstandes behandelt. Dabei können die Teilnehmer dieser Veranstaltung zur Debatte stehenden Rechtsprobleme auf der Grundlage umfassender wissenschaftlicher Gutachten und zahlreicher Referate eingehend diskutieren und abschließend Regelungsvorschläge in Form von Beschlüssen erarbeiten. Während die Teilnahme an dieser Veranstaltung allen Interessierten offen steht, dürfen an den Abstimmungen und an der Beschlussfassung ausschließlich die Mitglieder des Vereins Deutscher Juristentag e.V. teilnehmen. Die Beschlüsse des Deutschen Juristentages werden oftmals vom Gesetzgeber aufgegriffen und bei der Normsetzung berücksichtigt.

Inzwischen hat der Deutsche Juristentag auch eine europäische Dimension angenommen. Gemeinsam mit dem Österreichischen Juristentag und dem Schweizerischen Juristenverein wurde deshalb im Jahr 2001 der erste Europäische Juristentag in Nürnberg durchgeführt, auf dem über die Fortentwicklung der Europäischen Rechtsordnung diskutiert und beraten wurde. Da an den Juristentagen in der Regel auch viele hochrangige Vertreter aus Wirtschaft und Politik teilnehmen, sind die Networking-Chancen auf diesen Veranstaltungen als hoch einzuschätzen. Auf kaum einer anderen juristischen Großveranstaltung wird man so viele interessante Teilnehmer aus den verschiedensten gesellschaftlichen Bereichen antreffen können. Deshalb kann vor allem Referendaren und Hochschulabsolventen der Besuch des Deutschen Juristentages nur wärmstens empfohlen werden.

Deutscher Anwaltstag

Für angehende Anwälte und Referendare sollte der Deutsche Anwaltstag auf jeden Fall zum „Pflichtprogramm" gehören. Dieser jährlich stattfindende Anwaltskongress findet stets in verschiedenen Städten statt und bietet in der Regel ein nettes Rahmenprogramm. Die zu verschiedenen Rechtsthemen angebotenen Arbeitsgruppen sowie Podiumsdiskussionen mit oftmals hochkarätiger Besetzung bieten nicht nur die Möglichkeit, sich fortzubilden, sondern sind ebenso bestens dazu geeignet, durch kompetente Redebeiträge auf sich aufmerksam zu machen sowie neue Netzwerk-Kontakte aufzubauen beziehungsweise bereits bestehende zu vertiefen.

Die Termine sowie das Programm des Deutschen Anwaltstags können Sie am schnellsten über die Homepage des Deutschen Anwaltvereins, dem Veranstalter dieses Kongresses, erhalten. Die Kontakt- beziehungsweise Internetadresse des DAV finden Sie im Adressenteil dieses Buches.

Deutscher EDV-Gerichtstag

Einmal jährlich findet in Saarbrücken der Deutsche EDV-Gerichtstag statt, der von dem gleichnamigen Verein in Zusammenarbeit mit dem Institut für Rechtsinformatik der Saar-Universität veranstaltet wird. Es handelt sich hierbei inzwischen um einen der größten Juristen-Kongresse unseres Landes. Nationale und internationale Experten behandeln auf dieser Tagung die unterschiedlichsten Rechtsprobleme, die sich im Umgang mit den neuen Medien in allen gesellschaftlichen Bereichen ergeben können.

Insofern ist diese Veranstaltung insbesondere für diejenigen interessant, die sich auf dem Gebiet des IT-Rechts auf dem Laufenden halten wollen und gleichzeitig wertvolle fachbezogene Kontakte knüpfen möchten. Weitere Informationen über den Deutschen EDV-Gerichtstag finden Sie auf der Homepage des Vereins (siehe Adressenteil).

6.4 Online-Networking

Auch das Internet bietet gute Möglichkeiten, über Internet-Netzwerke interessante Kontakte zu knüpfen. In den letzten Jahren sind vor allem speziellen Netzwerke für Manager im Internet ganz groß im Kommen. Das zurzeit wohl bekannteste Business-Netzwerk CAPup! verfügt über eine sehr ansehnliche Member-Liste, die sich wie das who is who der deutschen Wirtschaft liest. Über derartige Netzwerke können Sie sich entweder in verschiedenen Foren austauschen oder über die Member-Liste gezielt Kontakte zu den Professionals oder Führungskräften der darin enthaltenen Unternehmen aufnehmen. Auf diese Weise können Sie Ihr eigenes Netzwerk ganz individuell generieren.

Internet-Netzwerke ermöglichen einen Erfahrungsaustausch on demand. Das heißt, Sie müssen nicht erst bis zu einem Arbeitsgruppen-Treffen oder einem Fachkongress warten, um sich über ein spezielles Problem austauschen zu können, sondern können mit Hilfe eines Internet-Netzwerkes ad hoc mit geeigneten Spezialisten kommunizieren – dies sogar fast jeder Tages- und Nachtzeit. Da die meisten Online-Netzwerke berufs- und branchenübergreifend sind, dürften Sie in der Regel schnell den richtigen Network-Partner für Ihr Anliegen gefunden haben. Darüber hinaus haben Sie generell die Möglichkeit, zwischen regionalen, nationalen und internationalen Kontakten auszuwählen.

Die richtigen Ansprechpartner in Ihrem Business-Netzwerk finden Sie mit Hilfe von Filtern und speziellen Suchmaschinen. Da die members ihre Fachrichtungen und Spezialisierungen bei ihrer Anmeldung zum Netzwerk angeben, dürfte die Suche keine großen Probleme bereiten. Übrigens müssen sich die Kontakte nicht nur auf das rein Fachliche beschränken. So sind auf diesem Wege beispielsweise ebenfalls Verabredungen möglich, um gemeinsamen Hobbys zu frönen. Die interessantesten Links zu derartigen Internet-Netzwerken finden Sie im Anhang dieses Buches.

7 Die ultimative Bewerbung

Eine erstklassige Ausbildung und die Beherrschung der wichtigsten Soft Skills sind allein noch keine Garantie dafür, eine Stelle zu bekommen. Mindestens ebenso wichtig ist eine optimale Selbstdarstellung im Bewerbungsverfahren. Dies beginnt mit der richtigen Formulierung und Gestaltung der Bewerbungsunterlagen und setzt sich fort in einem taktisch-klugen Verhalten im Bewerbungs- beziehungsweise Vorstellungsgespräch. Im Folgenden erhalten Sie deshalb alle wichtigen Informationen und Praxis-Tipps, die Sie für eine erfolgreiche Bewerbung benötigen.

7.1 Der „ausgefeilte" Lebenslauf

Der Formulierung Ihres Lebenslaufs sollten Sie besondere Aufmerksamkeit schenken. Der Inhalt eines Lebenslaufes hat sich stets daran zu orientieren, um welche Art von Stelle Sie sich bewerben. Das heißt, der Lebenslauf ist für jede neue Bewerbung stets entsprechend den Anforderungen der ausgeschriebenen Stelle abzufassen. Aus diesem Grund sollten Sie sich davor hüten, einmalig einen „Standard-Lebenslauf" zu verfassen, den Sie dann – womöglich noch fotokopiert – jeder Ihrer Bewerbungen beifügen. Ihr Lebenslauf sollte vielmehr für jede Stelle, auf die Sie sich bewerben, geradezu maßgeschneidert sein.

Beachten Sie, dass die wichtigsten Kriterien bei der Auswertung eines Lebenslaufs einerseits die zeitliche Abfolge Ihrer beruflichen Entwicklung (von der Ausbildung bis zur zuletzt ausgeübten Berufstätigkeit) und andererseits der Verlauf Ihrer bisherigen beruflichen Karriere sind. Aus diesen beiden Entwicklungssträngen ergeben sich für einen Personalchef oder Arbeitgeber wichtige Informationen über den Charakter und die Fähigkeiten eines Bewerbers beziehungsweise einer Bewerberin.

Haben Sie beispielsweise Ihre Stellen bisher häufig und in kurzen Abständen gewechselt, so könnte dies dahingehend ausgelegt werden, dass sie unstet und nur wenig ausdauernd sind. Wer dagegen bisher ausschließlich nur bei ein und derselben Firma beschäftigt war, kann wiederum als unflexibel und träge eingeschätzt werden. Außerdem wird man in diesem Fall

Zweifel an ausreichenden praktischen Erfahrungen des Bewerbers beziehungsweise der Bewerberin haben. Natürlich kommt es stets auf den konkreten Einzelfall sowie auf die ausgeübte Tätigkeit an. Dennoch sollte sich aus Ihrem Lebenslauf eine kontinuierliche positive Entwicklung mit wachsenden beruflichen Herausforderungen bis hin zu der mit der Bewerbung angestrebten Stelle erkennen lassen.

Bedenken Sie stets, dass der Lebenslauf in Ihrer Bewerbungsmappe in der Regel als Erstes gelesen wird. Aus diesem Grund sollten sich Ihre Qualifikationen und besonderen Fähigkeiten in Bezug auf die ausgeschriebene Stelle bereits aus dem Lebenslauf auf einen Blick erkennen lassen. Sollte sich hieraus bereits ergeben, dass eine unabdingbare Qualifikation (wie zum Beispiel bestimmte Fremdsprachenkenntnisse oder eine Spezialisierung) fehlt, dann kann es Ihnen passieren, dass Ihre Bewerbung gleich beiseite gelegt wird, manchmal sogar ohne dass Ihr Anschreiben dazu überhaupt zur Kenntnis genommen wurde.

Achten Sie auch darauf, dass der Lebenslauf gut gegliedert und optisch ansprechend gestaltet ist. Der Lebenslauf sollte keine wahllose Aneinanderreihung Ihrer Lebensdaten sein, sondern vielmehr auf einen Blick die Zielrichtung Ihrer anvisierten Berufskarriere widerspiegeln. Dabei braucht es ein wenig Fingerspitzengefühl, um die wichtigsten Stationen Ihres bisherigen Berufslebens so knapp und gleichzeitig so aussagekräftig wie möglich, zusammenzustellen. Auf jeden Fall sollte der Lebenslauf nicht länger als zwei Seiten sein. Weitere Informationen erhält der Personalchef beziehungsweise Arbeitgeber aus den von Ihnen beigefügten Anlagen. Allerdings wird er sich diese nur dann gründlicher anschauen, wenn Ihr Lebenslauf bereits sein Interesse geweckt hat.

Zum Lebenslauf gehört auch ein Foto des Bewerbers beziehungsweise der Bewerberin. Hierbei sollte es sich um ein aktuelles Portraitfoto (circa 5,5 x 4 cm) handeln. Sie sollten dieses Foto bei einem guten Fotografen anfertigen lassen. Die Bedeutung des Bewerbungsfotos ist nicht zu unterschätzen. Schließlich kann bereits dieser erste optische Eindruck beim Personalchef oder Arbeitgeber Gefühle der Sympathie beziehungsweise der Antipathie hervorrufen.

Tabellarischer Lebenslauf

Sofern in einer Stellenanzeige nicht ausdrücklich ein handschriftlicher oder ausführlicher Lebenslauf gewünscht wird, können Sie einen mit dem Computer beziehungsweise der Schreibmaschine geschriebenen so genannten tabellarischen Lebenslauf einreichen. Darin sind Ihre Angaben in folgender Reihenfolge aufzuführen:

- ✓ Persönliche Daten

  Hierher gehören Ihr vollständiger Name, Ihre Adresse mit Telefonnummer, Ihr Geburtsdatum und -ort. Außerdem sind der Familienstand sowie die Anzahl Ihrer Kinder zu benennen. Angaben zu Eltern oder Ehepartnern sind heute nicht mehr üblich.

- ✓ Ausbildung

  Unter den Punkt „Ausbildung" fallen sämtliche Stationen Ihres persönlichen Werdegangs, die auf Ihren späteren Beruf ausgerichtet waren, angefangen von der Schulausbildung, über eine etwaige Berufsausbildung bis hin zu Ihrem Studienabschluss. Bei Akademikern ist nur der letzte Schulabschluss von Bedeutung. Deshalb genügt neben der Angabe des Zeitrahmens Ihrer Schulausbildung die Nennung der Abiturprüfungsfächer sowie der Abiturgesamtnote.

  Der besseren Übersichtlichkeit wegen sollten Sie in dieser Rubrik Unterpunkte verwenden, also etwa *Berufsausbildung* und *Studium*. Hierzu gehören auch etwaige Zusatz- beziehungsweise Aufbaustudien.

- ✓ Berufstätigkeit

  Unter diesem Punkt können Sie die Stationen Ihrer bisherigen beruflichen Karriere nach Art, Zeitraum und Inhalt angeben.

- ✓ Praktika

  An dieser Stelle können Sie sämtliche freiwilligen und Pflichtpraktika aufführen, die Sie bisher im Inland abgeleistet haben. Dabei sollten Sie auch Kurz-Praktika benennen, sofern diese im Hinblick auf die angestrebte Stelle von Bedeutung sein können.

- ✓ Auslandserfahrung

  In diese Rubrik gehören alle Auslandspraktika und -jobs, die in konkreter Beziehung zu der ausgeschriebenen Stelle stehen. Ebenso können hier Auslandsstudienaufenthalte benannt werden.

✓ Sprachen	Bei der Benennung der von Ihnen beherrschten Fremdsprachen sollte der jeweilige Anwendungslevel angegeben werden (also beispielsweise verhandlungssicher, fließend in Wort und Schrift, Grundkenntnisse).
✓ EDV-Kenntnisse	Da diese heutzutage grundsätzlich als selbstverständlich vorausgesetzt werden, erübrigt sich im Allgemeinen eine Aufzählung der gängigen Anwendungsprogramme. Bei Bewerbungen im IT-Bereich sollten dagegen die beherrschten Programmiersprachen sowie der Grad der praktischen Erfahrung angegeben werden.
✓ Interessen	Bei Firmen, die laut Ihres Profils auch an den privaten Unternehmungen ihrer Mitarbeiter interessiert sind, sollten Sie auch einige Hobbys oder auch ehrenamtliche Tätigkeiten aufführen, die Ihr Persönlichkeitsbild möglichst noch im positiven Sinne abrunden. So lässt beispielsweise das Betreiben einer Mannschaftssportart (wie etwa Cricket oder Hockey) auf einen ausgeprägten Teamgeist schließen.

Beendet wird der Lebenslauf mit der handschriftlichen Angabe des Orts und des Datums sowie mit Ihrer persönlichen Unterschrift (mit Vor- und Nachnamen).

Grundsätzlich nicht in den Lebenslauf gehören Angaben über eine etwaige Kirchen-, Partei- oder Gewerkschaftszugehörigkeit. Eine Ausnahme gilt lediglich, wenn Sie sich bei einer derartigen Institution bewerben. Ebenso wenig haben Angaben über Ihren Gesundheitszustand oder Ihre Vermögensverhältnisse etwas in Ihrem Lebenslauf zu suchen.

Mit einer geschickten Formatierung des Lebenslaufes können Sie dem Leser die Aufnahme der wichtigsten Informationen erheblich erleichtern. Dies kann beispielsweise dadurch geschehen, dass Sie Schlüsselbegriffe, wie zum Beispiel den Ausbildungsabschluss, durch Fettdruck hervorheben. Dagegen sollten Sie farbige Schrift tunlichst vermeiden, damit das Schriftbild nicht zu aufdringlich wirkt. Die Schriftgröße sollte mittelgroß sein, so dass das Lesen notfalls sogar noch ohne Lesebrille möglich ist.

Nachfolgend wird in einem Muster-Lebenslauf für die Bewerbung um eine Stelle als Rechtsanwältin beziehungsweise Rechtsanwalt in einer international tätigen Anwaltskanzlei veranschaulicht, wie die wichtigsten Stationen im beruflichen Werdegang eines jungen Juristen beziehungsweise einer jungen Juristin im Lebenslauf möglichst knapp und dennoch aussagekräftig zusammengefasst werden können.

Der umseitig abgedruckte Lebenslauf ist ganz klassisch gestaltet. Er enthält alle wichtigen Eckdaten des bisherigen beruflichen Werdegangs der Bewerberin. Die Daten zur Person (wie etwa Name, Adresse, Geburtsdatum) können alternativ auf einem gesonderten Deckblatt angegeben werden. In diesem Fall kann das Portraitfoto des Bewerbers gut in dieses Deckblatt integriert werden. Auf diese Weise erhält Ihre Bewerbungsmappe das Layout einer professionellen Präsentation in eigener Sache. Sofern Sie kein Deckblatt benutzen wollen, gehören die Adresse, die Telefonnummern, unter denen Sie zu erreichen sind sowie Ihre E-Mail-Adresse in den Briefkopf Ihres Anschreibens.

Beachten Sie bitte, dass es sich bei diesem Muster-Lebenslauf lediglich um eine grobe Orientierungshilfe für das äußere Erscheinungsbild eines Lebenslaufs handelt und hüten Sie sich davor, dieses Muster – nur mit ihren persönlichen Daten ergänzt – unreflektiert zu übernehmen. Diese Form der „Arbeitserleichterung" würde sich in jedem Fall nachteilig für Sie auswirken, da ein Lebenslauf für jede einzelne Bewerbung maßgeschneidert sein sollte. Der konkrete Inhalt eines Lebenslaufs hat sich stets an der jeweiligen Stellenausschreibung zu orientieren.

Auch wenn es eigentlich selbstverständlich sein sollte, sei darauf hingewiesen, dass der Lebenslauf natürlich auch optisch ansprechend wirken muss. Dies sollten Sie vor allem bei der Auswahl des Papiers und der Schriftbilds bedenken. Ein hochwertiges Papier (am besten mit Wasserzeichen) und ein sauberer Ausdruck mit einem Laserdrucker machen auf jeden Fall einen besseren Eindruck, als wenn Sie Ihren Lebenslauf auf einem preiswerten Kopierpapier mit einem halbleeren Tintenstrahldrucker ausdrucken.

Last but not least darf natürlich nicht vergessen werden, den Lebenslauf gründlich Korrektur zu lesen. Nichts wäre schließlich peinlicher, als wenn Ihnen ein Schreib- oder gar Rechtschreibfehler unterlaufen wäre. Achten Sie auch darauf, ob die Bewerbung nicht sogar in englischer Sprache erwartet wird, wie es bei einigen internationalen Anwaltskanzleien durchaus Usus ist. Sollten Sie zum Zeitpunkt der Bewerbung im Englischen noch nicht so ganz fit sein, sollten Sie dringend professionelle Hilfe in Anspruch nehmen und schnellstens einen Crash-Kurs belegen, damit Sie spätestens zum Bewerbungsgespräch in dieser Sprache fit sind.

Lebenslauf

Carla Immenbeck
Hallerstr. 185
20146 Hamburg

040/447981
carla.immenbeck@provider.de

geboren am 15. Mai 1975 in Hamburg
Deutsche, ledig, keine Kinder

Ausbildung

1985-1994	Gymnasium und Abitur in Hamburg Abiturnote: 1,8
1995-1999	*Studium* der Rechtswissenschaft in Frankfurt/Main Abschluss: Erstes Juristisches Staatsexamen *Examensnote: gut*
2001-2003	*Referendariat* u. a. folgende Stationen: Landgericht Frankfurt/Main Industrie- und Handelskammer Frankfurt/Main Bird & Bird, Lawyers, London EC4A 1 JP
Juni 2003	Zweites Juristisches Staatsexamen *Examensnote: gut*

Auslandserfahrung

März 2001	LL.M., Cornell University, NY, USA
August 2003	Sprachkurs Business English in San Diego/USA
September-Dezember 2003	Praktikum im Musikverlag Sundown, Nashville/USA

Sprachen

Englisch	verhandlungssicher
Französisch	fließend
Spanisch	fließend

Hobbys

Reisen, Beachvolleyball

Hamburg, 15. März 2004

Carla Immenbeck

Europäischer Lebenslauf

Seit 2002 gibt es einen genormten europäischen Lebenslauf, der vom Centre Europeen pour le Developpement de la Formation Professionnelle (Cedefop) entworfen wurde. Bisher hat sich diese Form des Lebenslaufs in Deutschland noch nicht durchgesetzt. Dennoch können Sie sich getrost hieran orientieren. Dies gilt natürlich besonders, wenn Sie sich auf eine Stelle im europäischen Ausland bewerben.

Was bei dem EU-Lebenslauf auf den ersten Blick auffällt: Er orientiert sich sehr stark an seinem amerikanischen Vorbild. Dies wird vor allem an der Chronologie des beruflichen Werdegangs deutlich. Ebenso wie der amerikanische Lebenslauf beginnt der EU-Lebenslauf mit der am nächsten zurückliegenden Tätigkeit. Außerdem können neben den Daten zum Ausbildungsweg und zur Berufserfahrung vor allem auch soziale, organisatorische und künstlerische Fähigkeiten angegeben werden. Auf diese Weise können die in herkömmlichen Lebensläufen bisher eher stiefmütterlich behandelten Soft Skills ausführlich aufgelistet werden. Sie werden so fester Bestandteil des Bewerbungsstandards.

Der Vorteil des europäischen Lebenslaufs besteht eindeutig darin, dass Qualifikationen, Kompetenzen und Berufserfahrungen von Bewerbern aus verschiedenen Ländern einfacher gegenüber gestellt und miteinander verglichen werden können. Aus diesem Grund sind nach Verlautbarung der Kommission der Europäischen Union alle Unternehmen sowie Bewerber und Bewerberinnen ausdrücklich dazu aufgerufen, dieses Musterformular zu verwenden. Der europäische Lebenslauf ist in allen EU-Sprachen erhältlich. Die Internet-Adresse von Cedefop finden Sie im Anhang.

Insgesamt gesehen bietet der europäische Lebenslauf hilfreiche Maßstäbe für eine sinnvolle Gestaltung und Gewichtung der wichtigsten Bewerbungsdaten. Peinliche Fehler können hierdurch von vornherein vermieden werden. Dennoch bietet die Konzeption des EU-Lebenslaufs dem Nutzer genügend Freiraum, um sich individuell selbst zu präsentieren. Hiervon sollten Sie ausgiebig Gebrauch machen, um sich von der Masse der Bewerber positiv abzusetzen. Bedenken Sie, dass Ihre gesamte Bewerbungsmappe quasi eine Werbebroschüre in eigener Sache darstellt. Aus diesem Grund sollten Sie das Layout nicht vernachlässigen und jeweils auf die ausgeschriebene Stelle hin ausrichten. Das heißt, dass die Aufmachung Ihrer Mappe bei einer Bewerbung um eine Stelle als Richter oder Verwaltungsbeamter eher konservativ-zurückhaltend sein sollte, während sie bei einer Stelle in einem jungen IT-Unternehmen modern und unkonventionell gestaltet werden kann. Entsprechende Anregungen finden Sie in den einschlägigen Bewerbungsratgebern.

EUROPÄISCHES LEBENSLAUF-MUSTER

ANGABEN ZUR PERSON

Name	[Nachname, Vorname(n)]
Adresse	[Straße, Hausnummer, Postleitzahl, Ort, Staat]
Telefon	
Fax	
E-Mail	
Staatsangehörigkeit	
Geburtsdatum	[Tag, Monat, Jahr]

BERUFSERFAHRUNG

- Datum (von – bis)

  [Mit der am kürzesten zurückliegenden Berufserfahrung beginnen und für jeden relevanten Arbeitsplatz separate Eintragungen vornehmen.]

- Name und Adresse des Arbeitgebers
- Tätigkeitsbereich oder Branche
- Beruf oder Funktion
- Wichtigste Tätigkeiten und Zuständigkeiten

SCHUL- UND BERUFSAUSBILDUNG

• Datum (von – bis)

[Mit der am kürzesten zurückliegenden Maßnahme beginnen und für jeden abgeschlossenen Bildungs- und Ausbildungsgang separate Eintragungen vornehmen.]

• Name und Art der Bildungs- oder Ausbildungseinrichtung
• Hauptfächer/berufliche Fähigkeiten
• Bezeichnung der erworbenen Qualifikation
• (gegebenenfalls) Stufe der nationalen Klassifikation

PERSÖNLICHE FÄHIGKEITEN UND KOMPETENZEN

Im Laufe des Lebens/Berufslebens erworben, jedoch nicht unbedingt Gegenstand von formalen Zeugnissen und Diplomen.

MUTTERSPRACHE

[Muttersprache angeben]

SONSTIGE SPRACHEN

[Sprache angeben]

• Lesen
[Kenntnisstand angeben: ausgezeichnet, gut, Grundkenntnisse.]

• Schreiben
[Kenntnisstand angeben: ausgezeichnet, gut, Grundkenntnisse.]

• Sprechen
[Kenntnisstand angeben: ausgezeichnet, gut, Grundkenntnisse.]

SOZIALE FÄHIGKEITEN UND KOMPETENZEN *Leben und arbeiten mit anderen Menschen, in einem multikulturellen Umfeld, in Funktionen, für die Kommunikation wichtig ist, und in Situationen, in denen Teamwork wesentlich ist (zum Beispiel Kultur und Sport) usw.*	[Diese Kompetenzen beschreiben und angeben, wo sie erworben wurden.]
ORGANISATORISCHE FÄHIGKEITEN UND KOMPETENZEN *Beispielsweise Koordinierung und Verwaltung von Personal, Projekten, Haushaltsmitteln; bei der Arbeit, einer gemeinnützigen Tätigkeit (zum Beispiel Kultur und Sport) und zu Hause usw.*	[Diese Kompetenzen beschreiben und angeben, wo sie erworben wurden.]
TECHNISCHE FÄHIGKEITEN UND KOMPETENZEN *Im Bereich Computer, spezielle Arten von Geräten und Maschinen usw.*	[Diese Kompetenzen beschreiben und angeben, wo sie erworben wurden.]
KÜNSTLERISCHE FÄHIGKEITEN UND KOMPETENZEN *Musik, Schriftstellerei, Design usw.*	[Diese Kompetenzen beschreiben und angeben, wo sie erworben wurden.]
SONSTIGE FÄHIGKEITEN UND KOMPETENZEN *Kompetenzen, die bisher nicht genannt wurden.*	[Diese Kompetenzen beschreiben und angeben, wo sie erworben wurden.]
FÜHRERSCHEIN(E)	
ZUSÄTZLICHE ANGABEN	[Hier weitere Angaben machen, die relevant sein können, z. B. zu Kontaktpersonen, Referenzen usw.]
ANLAGEN	[Gegebenenfalls Anlagen auflisten.]

Ausformulierter Lebenslauf

In einigen Stellenanzeigen wird ausdrücklich um einen ausformulierten Lebenslauf gebeten. Dieser kann je nach Anforderung handschriftlich oder maschinenschriftlich gestellt werden. Der Unterschied zum tabellarischen Lebenslauf besteht eigentlich nur darin, dass Sie sämtliche Daten, die im Hinblick auf die ausgeschriebene Stelle von Bedeutung sein könnten, in einem Gesamttext darstellen müssen.

Wichtig ist, dass der gesamte Lebenslauf in einem Textfluss gehalten ist und nicht lediglich Daten aneinander gereiht werden. Um das Ganze zu vereinfachen, ist es in der Regel hilfreich, wenn sie zunächst einen tabellarischen Lebenslauf verfassen und diesen dann als Text ausformulieren. Vermeiden Sie es auf jeden Fall, den Lebenslauf ähnlich einem Bewerbungsschreiben zu formulieren. Aus diesem Grund haben beispielsweise Hinweise auf Ihre besonderen Stärken oder Ihre Motivation in einem ausformulierten Lebenslauf nichts zu suchen.

7.2 Ein Bewerbungsschreiben, das Neugier weckt

Bei dem Bewerbungsschreiben handelt es sich quasi um Ihre persönliche Visitenkarte. Sein Inhalt sollte den Leser neugierig machen, Sie persönlich kennen zu lernen. Insbesondere sollten Ihre Eignung sowie Ihr spezifisches Interesse an der angebotenen Stelle zum Ausdruck kommen.

Vermeiden Sie es auf jeden Fall, im Bewerbungsschreiben Ihren Lebenslauf noch einmal ausführlich wiederzugeben. Beschreiben Sie stattdessen in wenigen Worten Ihren Ausbildungsweg und Ihre besonderen Fähigkeiten (zum Beispiel besondere Qualifikationen auf einem bestimmten Rechtsgebiet oder eine zusätzliche Ausbildung) sowie die Stationen Ihrer bisherigen beruflichen Laufbahn. Falls Sie noch nicht berufstätig gewesen sind, können Sie auch auf besonders interessante Praktika hinweisen, sofern diese einen gewissen Bezug zu der ausgeschriebenen Position aufweisen. Begründen Sie knapp, warum Sie sich gerade auf diese Stelle bewerben. Erklären Sie auch, was Sie beruflich erreichen möchten.

Der Inhalt Bewerbungsschreibens sollte dem Leser suggerieren, dass Sie die ideale Besetzung für die ausgeschriebene Stelle sind. Seien Sie dabei nicht zu bescheiden in Ihrer Selbstdarstellung, hüten Sie sich jedoch vor extremen Übertreibungen. Im Hinblick auf ein etwaiges Vorstellungsgespräch sollten Sie besser nur solche Informationen über Ihren beruflichen Werdegang liefern, die Sie noch mit weiteren positiven Fakten weiter ausführen können.

Wichtig ist es, Ihre persönliche Motivation für die ausgeschriebene Stelle sowie Ihr Interesse an dem Unternehmen beziehungsweise der Institution, bei der Sie sich bewerben, deutlich zu machen. Biedern Sie sich dabei aber auf keinen Fall an, sondern vermitteln Sie einen möglichst authentischen Eindruck. Achten Sie beim Verfassen des Bewerbungsschreibens darauf, Ihren persönlichen Stil zum Ausdruck zu bringen und hüten Sie sich davor, Formulierungen aus Muster-Bewerbungsschreiben oder dergleichen zu übernehmen. Aus diesem Grund ist das im Folgenden abgedruckte Bewerbungsschreiben auch lediglich als „Aufbau-Muster" aufzufassen, nicht aber als Vorlage für Ihre eigene Bewerbung.

Die Erfolgsformel für ein gelungenes Bewerbungsschreiben lautet:

AIDA

- **A** = Attention (Aufmerksamkeit für Ihre Bewerbung hervorrufen)
- **I** = Interest (Interesse an Ihrer Person wecken)
- **D** = Desire (Wunsch entstehen lassen, Sie kennen zu lernen)
- **A** = Action (Einladung zum Vorstellungsgespräch bewirken)

Der Inhalt eines Bewerbungsschreibens gliedert sich in eine Einleitung, einen Mittel- und einen Schlussteil.

In der Einleitung sollten Sie kurz die Gründe darlegen, aus denen Sie sich für die ausgeschriebene Position interessieren. Hier kommt es insbesondere darauf an, die Aufmerksamkeit und das Interesse des Empfängers zu wecken. Vermeiden Sie möglichst einleitende Sätze wie „Hiermit bewerbe ich mich um …" oder „Mit Bezug auf Ihre Anzeige …". Damit langweilen Sie jeden Leser und beweisen nicht gerade Kreativität.

Die Kunst besteht darin, abgeklopfte Phrasen zu vermeiden und gleich mit dem ersten Satz seriös und überzeugend zu wirken. Dies kann Ihnen unter anderem mit Formulierungen wie diesen gelingen: „Die in Ihrer Anzeige beschriebenen beruflichen Aufgaben entsprechen ganz überwiegend dem Berufsbild, das ich als angehende (zum Beispiel Wirtschaftsjuristin) anstrebe. …" oder „Ihre Anzeige hat mich wegen speziellen Qualifikationen, die für die ausgeschriebene Position von Ihrem Unternehmens erwartet werden, besonders angesprochen. Ich bin … mit Schwerpunkt im …". Denken Sie stets daran, dass die Einleitung Ihres Bewerbungsschreibens oftmals schon ausschlaggebend dafür ist, ob der Empfänger mit Interesse weiterliest.

Der Mittelteil besteht aus einer ebenfalls knappen Darstellung Ihrer Qualifikation sowie etwaiger Berufserfahrungen (sofern diese für die Stelle von Bedeutung sind). Hier sollten Sie dem Leser in aller Kürze alle wichtigen Informationen aus Ihrem bisherigen beruflichen Werdegang vermitteln, die für die ausgeschriebene Stelle von Bedeutung sein können. Dabei sollten sie auch erkennen lassen, warum Sie sich für den Richtigen beziehungsweise die Richtige für die angestrebte Position halten. Achtung: tragen Sie hierbei nicht zu dick auf! Versuchen Sie besser, mit geschicktem Understatement Punkte zu sammeln. Geben Sie sich selbstbewusst, jedoch gleichzeitig bescheiden. Seien Sie vor allem auch mutig genug, Ihre Erwartungen und Vorstellungen von der ausgeschriebenen Stelle deutlich zu machen. Auf diese Weise können Sie Charakterstärke, Gradlinigkeit und Motivation beweisen. Die sind Eigenschaften, die grundsätzlich in jeder Position erwünscht sind.

Analysieren Sie die die Stellenanzeige sehr genau, bevor Sie das Bewerbungsschreiben formulieren. Notieren Sie sich die Schwerpunkte des Anzeigentextes, damit Sie in Ihrem Anschreiben gezielt darauf eingehen können. Hierbei kann beispielsweise folgende Gliederung zu Stande kommen:

- ✓ Wer bietet die Stelle an?
- ✓ Welche Stelle wird angeboten?
- ✓ Was wird von dem Mitarbeiter erwartet?
- ✓ Welche Qualifikationen sind gewünscht?
- ✓ Warum wird der Mitarbeiter gesucht?

Arbeiten Sie nun diese einzelnen Inhaltspunkte knapp, aber dennoch aussagekräftig ab. Begründen Sie auch, warum Sie sich gerade auf diese Stelle bewerben.

Abgeschlossen wird das Bewerbungsschreiben mit der Bitte an den Leser, sich anhand der vorgelegten Unterlagen ein Urteil zu bilden sowie mit dem Hinweis, dass Sie zwecks weiterer Informationen für telefonische Rückfragen oder ein persönliches Gespräch gern zur Verfügung stehen. Im Schlussteil sollten Sie sich um einen höflich-freundlichen und verbindlichen Ton bemühen. Denken Sie daran, dass gerade der letzte Satz Ihres Anschreibens dem Leser am längsten im Gedächtnis bleiben wird. Der Abschluss des Bewerbungsschreibens ist deshalb ebenso sorgfältig zu formulieren wie der Einleitungssatz. Ansprechend wirken beispielsweise Formulierungen wie „Für weitere Auskünfte steht ich Ihnen in einem persönlichen Gespräch – vorab auch gerne telefonisch – zur Verfügung." oder „Sollten Sie nach Durchsicht meiner Unterlagen weitere Informationen oder ein persönliches Gespräch wünschen, so stehe ich hier für gern zur Verfügung."

Vergessen Sie nicht, im Betreff Ihres Schreibens die Quelle anzugeben, in der Sie das Stellenangebot gesehen haben. Sofern in der Anzeige eine Kennziffer angegeben ist, sollten Sie diese ebenfalls im Betreff nennen. Wurde im Stellenangebot eine spezielle Ansprechperson namentlich genannt, müssen Sie Ihr Anschreiben auch an diese richten. Anderenfalls wählen Sie die allgemeine Anrede: „Sehr geehrte Damen und Herren, …".

das Bewerbungsschreiben sollte mit der Grußformel „Mit freundlichen Grüßen" abgeschlossen und von Ihnen mit blauer Tinte unterschrieben (Vor- und Nachname) werden. Darunter folgt neben der Überschrift „Anlagen" eine Aufzählung der von Ihnen beigefügten Belege, wie zum Beispiel Kopien von Zeugnissen oder Zertifikaten.

Ein gutes Bewerbungsschreiben sollte in der Regel nicht länger als eine bis eineinhalb DIN-A4-Seiten sein. Auf keinen Fall darf es jedoch zwei Seiten überschreiten. Selbstverständlich sollten auch der optische Eindruck (wie zum Beispiel das Schriftbild, Absätze, Seitenränder) und die Orthographie stimmen. Beachten Sie außerdem, dass Ihr Anschreiben nicht in die Bewerbungsmappe eingeheftet, sondern lediglich lose dazugelegt wird. Der Grund hierfür besteht darin, dass Ihr Bewerbungsschreiben grundsätzlich beim Empfänger verbleibt und dort auch mit einem Eingangsstempel versehen wird. Achten Sie bei Ihrer Wortwahl auf eine flüssige Formulierung und vermeiden Sie lange Schachtelsätze. Ein Absatz sollte grundsätzlich nicht mehr als drei Sätze enthalten. Selbstverständlich sollte Ihr Anschreiben bei einer Bewerbung um eine höher qualifizierte Stelle ein wenig ausführlicher sein und mehr Informationen bieten, als beispielsweise von dem Bewerbungsschreiben eines Berufsanfängers erwartet werden.

Hüten Sie sich davor, in Ihrem Anschreiben den Eindruck zu vermitteln, dass Sie zu sehr von sich überzeugt sind. Selbstbewusstes Auftreten ist zwar grundsätzlich erwünscht, die Grenze zur Arroganz darf allerdings nicht überschritten sein. Zeigen Sie stattdessen „Persönlichkeit" und Authentizität. Machen Sie deutlich, dass Sie sich sowohl Ihrer Stärken als auch Ihrer Schwächen bewusst sind. Auf diese Weise werden Sie am ehesten Sympathien ernten. Dieser Tipp gilt übrigens ebenso für ein späteres Vorstellungsgespräch.

Wenn Sie die zuvor genannten Ratschläge befolgen, könnte Ihre Bewerbung zum Beispiel so wie in dem nachfolgend abgedruckten Musteranschreiben aussehen:

Carla Immenbeck

**Hallerstraße 185
20146 Hamburg
Tel.: 0 40 – 44 79 81
E-Mail: carla.immenbeck@ provider.de**

Frau
Dr. Hela Andersen
Anwaltskanzlei
Hornung und Partner
Leopoldstraße 11

80802 München

Hamburg, 15. März 2004

Position einer Rechtsanwältin im Bereich gewerblicher Rechtsschutz/Informationstechnologie – NJW 11/2004

Sehr geehrte Frau Dr. Andersen,

als angehende Rechtsanwältin habe ich mit großem Interesse Ihre Anzeige gelesen. Eine Tätigkeit als Rechtsanwältin im Bereich gewerblicher Rechtsschutz/Informationstechnologie entspricht genau dem Berufsbild, das ich seit meinem Wahlstudium verfolge.
Die Anwaltsstation während meines Referendariats absolvierte ich in der Londoner Anwaltskanzlei Bird & Bird, die schwerpunktmäßig auf den Gebieten Patent- und Markenrecht tätig ist. Erste internationale Erfahrungen mit E-Commerce-Projekten konnte ich während meines Praktikums bei dem amerikanischen Musikverlag Sundown in Nashville/USA sammeln. Dort erhielt ich unter anderem auch einen Einblick in die Vertragsgestaltung bei der Lizenzvergabe.
Da ich eine Spezialisierung im Bereich Recht der Informationstechnologien anstrebe, habe ich ein besonderes Interesse, mich als Berufsanfängerin in einer auf diesem Gebiet so renommierten Kanzlei wie Ihrer „on the job" zu qualifizieren.
Sollten Sie nach Durchsicht meiner Unterlagen weitere Informationen oder ein persönliches Gespräch wünschen, so stehe ich hierfür gern zur Verfügung

Mit freundlichen Grüßen

Carla Immenbeck

Anlagen
Lebenslauf
Lichtbild
Kopien der Examenszeugnisse
Zertifikat in Business English
Praktikumsnachweis

7.3 Was Sie bei Online-Bewerbungen beachten sollten

Viele große Wirtschaftsunternehmen und international tätige Anwaltskanzleien fordern auf ihren Homepages ausdrücklich zur Online-Bewerbungen auf. Hierfür werden in der Regel auf speziell gesicherten Seiten Bewerbungsformulare vorgegeben, die von den Interessenten auszufüllen sind. Der Bewerbungsprozess wird durch die digitale Datenübermittlung für alle Beteiligten schneller und effizienter. Aus diesem Grund sollten Sie diese Möglichkeit – sofern die erforderlichen technischen Voraussetzungen vorliegen – einer herkömmlichen Bewerbung in Papierform vorziehen. Allerdings sollten Sie beide Online-Bewerbung unbedingt die folgenden „Spielregeln" eingehalten:

E-Mail-Bewerbung nur auf Wunsch

Da nicht alle Firmen Online-Bewerbungen akzeptieren, sollten Sie Ihre Bewerbung nur dann per E-Mail versenden, wenn diese Möglichkeit in der Stellenanzeige ausdrücklich erwähnt wird oder die E-Mail-Adresse der Personalabteilung veröffentlicht wurde. Sollten Sie im Zweifel sein, fragen Sie telefonisch nach, ob eine Onlinebewerbung erwünscht ist.

Firmeneigene Web-Formulare benutzen

Die Unternehmen, die auf ihren Internetseiten speziell auf die Möglichkeit einer Online-Bewerbung hinweisen, haben in der Regel auch entsprechend gesicherte Web-Formulare eingerichtet. In diesem Fall sollten Sie sich an die jeweiligen Bearbeitungshinweise halten und nicht stattdessen eine formlose Bewerbung per E-Mail senden. Anderenfalls könnten Sie den Empfänger verärgern, weil unstrukturierte Bewerbungstexte sowie gegebenenfalls noch einer Reihe von Anhängen in der Personalabteilung nur schwer zu bearbeiten sind. Wenn Sie Pech haben, wird Ihre E-Mail nebst Anhängern sogar gleich von dem jeweiligen Virenschutzprogramm des Empfängers aussortiert und erreicht Ihren Ansprechpartner erst gar nicht.

Persönliche Ansprache des Empfängers

Gerade bei E-Mail-Bewerbungen ist es wichtig, den zuständigen Personalsachbearbeiter persönlich anzusprechen. Ist in der Stellenanzeige lediglich eine allgemeine E-Mail-Adresse angegeben (zum Beispiel info@kanzlei.de), besteht das Risiko, dass Ihre Bewerbung im E-Mail Briefkasten schlichtweg untergeht. Sofern in der Anzeige keine persönliche E-Mail-

Adresse eines Ansprechpartners genannt ist, sollten Sie sich zunächst telefonisch danach erkundigen.

Die Bewerbungsregeln einhalten

Auch bei E-Mail-Bewerbungen müssen sämtliche Formalien erfüllt sein, die für Bewerbungen in Schriftform gelten (siehe oben). Aus diesem Grund sollten Sie penibel auf korrekte Rechtschreibung, Zeichensetzung und Tippfehler achten. Ebenso ist auf eine korrekte Anrede und einen sachlich-seriösen Ton zu achten. Selbstverständlich müssen vor dem Absenden auch sämtliche Anhänge auf etwaige Fehler gründlich überprüft werden. Auch Ihr Bewerbungsfoto sollte internettauglich sein und eine gute Auflösung besitzen. Erst wenn sämtliche digitalen Bewerbungsunterlagen wirklich topp sind, sollten Sie die elektronische Post absenden.

Achten Sie auf Ihre E-Mail-Adresse

Bedenken Sie, dass Ihre E-Mail-Adresse gleichzeitig ihr virtueller Absender ist. Aus diesem Grund sollten Sie nur eine wirklich seriöse E-Mail-Adresse verwenden und nicht etwa solche, mit denen Sie im privaten Bereich unter Ihrem Nickname fungieren. Am besten wählen Sie die klassische Adresse vorname.nachname@provider.de.

Keine unnötigen Anhänge versenden

Anhänge werden bei E-Mail-Empfänger häufig mit besonderer Vorsicht behandelt. Nicht selten können sich nämlich gefährliche Computerviren mit Hilfe solcher Attachments in ein System einschleichen. Deshalb kann es Ihnen bei der Verwendung bestimmter Dateiformate durchaus passieren, dass die Anhänge Ihrer Online-Bewerbung von dem Antiviren-Programm des Empfängers abgefangen und vernichtet werden.

Damit Ihre E-Mail-Bewerbung vollständig ankommt, sollten Sie sich vorab darüber vergewissern, welche Dateiformate für etwaige Anhänge erwünscht sind. Die am häufigsten verwendeten Formate sind Word, RTF und PDF. Erfahrungsgemäß wirken PDF-Dateien am professionellsten, weil sie die der Dokumente unverfälscht wiedergeben. Außerdem lassen sich PDF-Dateien in der Regel ohne Probleme ausdrucken. Sofern die Stellenanzeige des zu verwendenden Dateiformats keinen Hinweis enthält, ist es sinnvoll, zunächst eine Kurzbewerbung in Textform abzusenden und gleichzeitig anzufragen, ob und in welchem Format die Anhänge nachgereicht werden können.

Kurze Ladezeiten kommen gut an

Nichts ist für einen E-Mail-Empfänger ärgerlicher, als sich mit unerträglich langen Ladezeiten abzuplagen. Hier hat sicher schon manch ein Personalsachbearbeiter die Geduld verloren und eine Übertragung völlig entnervt getrennt. Auf jeden Fall können Sie mit derartigen technischen Mängeln keine Punkte sammeln, sondern höchstens dem E-Mail-Empfänger die Laune verderben.

Achten Sie deshalb beispielsweise darauf, dass Ihr Bewerbungsfoto nach dem Einscannen entsprechend komprimiert wird. Umfangreichere Dokumente sollten Sie mit einem der gängigen Packprogramme (wie etwa WinZip) auf einen gut übertragbaren Datenumfang zusammen schrumpften. In der Regel sollten dem Empfänger nicht mehr als 500 KB zugemutet werden.

Test-Mail an die eigene Adresse

Um überprüfen zu können, ob Ihre Online-Bewerbung tatsächlich fehlerfrei ist und ob der Übertragungsweg klappt, empfiehlt es sich, die E-Mail samt Anhängen zunächst einmal an die eigene E-Mail-Adresse zu schicken. Sollten Ihnen dabei noch Fehler (zum Beispiel bei Umlauten beziehungsweise Sonderzeichen oder bei der Formatierung) auffallen, haben Sie noch die Möglichkeit, Ihre Bewerbung zu perfektionieren.

Die schriftliche Bewerbung in der Hinterhand

Vor allem wenn Sie lediglich eine Kurzbewerbung per E-Mail vorausgeschickt haben, sollten Sie auf jeden Fall für etwaige Nachfragen eine komplette Bewerbungsmappe parat haben. Selbstverständlich können Sie auch gleich in Ihrer E-Mail die Übersendung der kompletten Bewerbungsunterlagen anbieten. Dies ist vor allem in den Fällen sinnvoll, in denen zahlreiche beziehungsweise umfangreiche Anhänge nur schwer per E-Mail zu versenden wären.

Den Eingang der Bewerbung überprüfen

Aus den verschiedensten Gründen kann es vorkommen, dass eine E-Mail-Bewerbung auf dem Weg zu ihrem Empfänger verloren geht (beispielsweise durch ein Virenschutzprogramm oder einen Tippfehler in der E-Mail-Adresse). Deshalb ist es bei dieser Form der Bewerbung durchaus sinnvoll, nach einigen Tagen telefonisch nachzufragen, ob Ihre Unterlagen überhaupt eingegangen sind.

Außerdem sollten Sie Ihr E-Mail-Programm so konfigurieren, dass Sie bei der Versendung einer Nachricht gleichzeitig eine Bestätigung des Empfängers anfordern. Viele Firmen schicken sogar automatisch elektronische Empfangsbestätigungen an die Absender. Dann haben Sie zumindest die Gewissheit, dass Ihre Bewerbung den Empfänger erreicht hat.

Regelmäßig E-Mails abgerufen

Wenn Sie Online-Bewerbungen verschickt haben, sollten Sie Ihr E-Mail-Postfach regelmäßig auf neue Eingänge hin überprüfen. Schließlich liegt der entscheidende Vorteil elektronischer Post gerade darin, dass eine schnellere Kommunikation möglich ist. Sollten Sie Ihr E-Mail-Postfach für gewöhnlich nur sporadisch auf neue Posteingänge hin kontrollieren, könnten Sie unter Umständen bereits eine Einladung zu einem Vorstellungsgespräch versäumt haben. Falls Sie eine so genannte Flatrate nutzen, empfiehlt es sich, ständig online zu sein. Auf diese Weise versäumen Sie nichts und können im Falle einer positiven Antwort des Bewerbungsempfängers sofort reagieren.

7.4 So überzeugen Sie im Vorstellungsgespräch

Wenn Sie zu einem Vorstellungsgespräch eingeladen wurden, gehören Sie bereits zur engeren Wahl der Bewerber. Dessen sollten Sie sich bewusst sein und nun noch einmal alles geben, um einen besonders guten persönlichen Eindruck zu machen und sich gegen die anderen Mitbewerber durchzusetzen.

Im Vorstellungsgespräch kommt es in erster Linie auf Ihr Auftreten und Ihre Selbstdarstellung an. Ziel ist es, dem künftigen Arbeitgeber beziehungsweise Personalchef ein Bild von sich selbst zu vermitteln, das ihn überzeugt, dass nur Sie der richtige Bewerber beziehungsweise die richtige Bewerberin für die ausgeschriebene Stelle sind. Dies gilt sowohl in Beziehung auf Ihre berufliche Qualifikation als auch auf Ihre Persönlichkeit.

Äußerlichkeiten nicht unterschätzen

Auf keinen Fall dürfen Sie bestimmte „Äußerlichkeiten", die auf den ersten Blick vielleicht trivial erscheinen, vernachlässigen. Hierzu gehören die beiden Grundsätze:

Seien Sie pünktlich und wählen Sie das richtige Outfit!

Pünktlichkeit ist oberstes Gebot, denn wer unpünktlich ist, gilt automatisch als unzuverlässig. So können Sie sich bereits vor Beginn Ihres Vorstellungsgesprächs Minuspunkte einhandeln. Aus diesem Grund sollten Sie für den Weg zum Vorstellungsort stets genügend Zeit einkalkulieren. Sofern Sie keine öffentlichen Verkehrsmittel benutzen können, ist es ratsam, die Strecke gegebenenfalls vorher schon einmal abzufahren und sich nach Parkmöglichkeiten umzuschauen. Wenn Sie sich in einer anderen Stadt vorstellen, sollten Sie möglichst schon am Vortag anreisen, damit Sie ausgeruht zum Termin erscheinen können. Übrigens: Es macht ebenfalls keinen guten Eindruck, wenn Sie zu früh zu Ihrem Vorstellungsgespräch kommen. Dies könnte den Anschein erwecken, dass in Sie dringend auf diesen Job angewiesen sind. Treffen Sie deshalb höchst eine Viertelstunde vor dem Gespräch am Vorstellungsort ein.

Die Wahl Ihres *Outfits* hängt in erster Linie von der Art des Unternehmens ab, bei dem sich beworben haben. In der Regel werden Sie als Jurist beziehungsweise Juristin in einer klassisch-dezenten Kleidung stets den besten Eindruck hinterlassen. Selbstverständlich sollte auch Ihr Styling (wie etwa Haarschnitt beziehungsweise Frisur, Make-up, Accessoires) zu Ihrem äußeren Erscheinungsbild passen. Bereits mit Ihrem Äußeren können Sie auf diese Weise viel dazu beitragen, dass Sie auf Ihr Gegenüber gleich auf den ersten Blick sympathisch wirken. Hierfür sind in der Regel bereits die ersten sieben Sekunden des Zusammentreffens mit Ihrem Gesprächspartner entscheidend. Achten Sie darauf, dass Ihr Outfit Ihre Persönlichkeit unterstreicht. Dadurch erreichen Sie einen besonders hohen Grad an Authentizität. Das Wichtigste ist aber, dass Sie sich in Ihrer Kleidung wohlfühlen. Nur dann werden Sie sicher auftreten und sich auf das Gespräch konzentrieren können, anstatt sich beispielsweise über Ihren zu eng sitzenden Hemdkragen zu ärgern.

In diesem Zusammenhang ist natürlich auch auf die Bedeutung Ihrer Körpersprache im Vorstellungsgespräch hinzuweisen. Versuchen Sie während des Gesprächs aufmerksam, aber dennoch gelassen zu wirken. Vermeiden Sie es, während des Gesprächs die Arme vor ihrem Körper zu verschränken. Dies könnte bei Ihrem Gegenüber ein Gefühl der Abwehr hervorgerufen. Halten Sie auch Ihre Gestik unter Kontrolle. Das heißt, wippen Sie beispielsweise nicht ständig mit dem Fuß und fuchteln Sie während Sie sprechen nicht dauernd mit den Händen herum.

Versuchen Sie außerdem – trotz innerer Anspannung – während des Gesprächs möglichst in den Bauch einzuatmen und mit ruhiger, angenehm sonor klingender Stimme zu sprechen. Dies gilt vor allem für die weiblichen Bewerber, die in Stress-Situationen manchmal zu einer piepsig-hohen Stimmlage neigen.

Eine gute Vorbereitung ist wichtig

Dass Ihnen im Vorstellungsgespräch die Daten Ihres Lebenslaufes sowie der Inhalt Ihres Bewerbungsschreibens präsent sein sollten, dürfte wohl selbstverständlich sein. Das Gleiche gilt für die rechtzeitige Einholung der wichtigsten aktuellen Informationen über die Institution, bei der Sie sich beworben haben. Hierfür sollten Sie zu allererst im Internet recherchieren. Große Wirtschaftsunternehmen verfügen neben informativen Homepages auch über umfangreiches Informationsmaterial, das über die hauseigenen Abteilungen für Öffentlichkeitsarbeit angefordert werden kann. Eine wahre Fundgrube an Informationen bieten die jährlichen Geschäftsberichte der Wirtschaftsunternehmen, die Sie auf Anfrage ebenfalls bei den Presseabteilungen erhalten.

Außerdem sollten Sie die einschlägige Wirtschafts- und Fachpresse hinsichtlich der aktuellen Entwicklungen namhafter Firmen verfolgen. Die meisten großen Anwaltskanzleien informieren übrigens nicht nur auf ihren Websites über ihre Tätigkeitsfelder und Leistungen, sondern auch in speziellen Kanzlei-Broschüren.

Überlegen Sie sich rechtzeitig einige interessante Fragen, die Sie bezüglich der ausgeschriebenen Stelle beziehungsweise des Unternehmens stellen möchten. Hierbei ist es wichtig, dass Ihre Fragen gleichzeitig Kompetenz und Engagement erkennen lassen. Machen Sie dabei auch Ihre berufliche Zielsetzung deutlich, indem Sie sich nach Qualifizierungs- und Aufstiegsmöglichkeiten erkundigen.

Falls Sie bereits über erste Berufserfahrungen (zum Beispiel während eines Auslandspraktikums) verfügen sollten, die auf Grund der Stellenbeschreibung besonders erwünscht sein könnten, sollten Sie natürlich über entsprechende Projekte berichten können, die Sie erfolgreich bearbeitet haben. Natürlich sind im Vorstellungsgespräch vor allem solche berufspraktischen Erfahrungen von Interesse, die auf Grund der Stellenbeschreibung besonders erwünscht sind.

Der Ablauf eines Vorstellungsgesprächs

Zwar hängt der konkrete Gesprächsablauf grundsätzlich von der zu besetzenden Stelle und dem jeweiligen Gesprächspartner ab, dennoch können Sie in der Regel mit den folgenden Abschnitten in einem Vorstellungsgespräch rechnen:

- *Begrüßung und Einleitung des Gesprächs*
Bei der Begrüßung sollten Sie deutlich Ihren Namen nennen und Ihrem Gesprächspartner dabei freundlich ins Gesicht blicken. Achten Sie auf Ih-

ren Händedruck. Dieser sollte weder zu kräftig noch zu lasch sein. Falls Sie zu feuchten Händen neigen, sollten Sie diese kurz vor dem Eintreten in den Gesprächsraum unauffällig mit einem Papiertuch trocknen.

Zu Beginn des Vorstellungsgesprächs wird Ihr Gegenüber zunächst versuchen, mit ein wenig Smalltalk eine relativ entkrampfte Atmosphäre zu schaffen. Deshalb müssen Sie zunächst mit Höflichkeitsfloskeln wie beispielsweise „Haben Sie gut hierher gefunden?" oder „Hatten Sie eine angenehme Anreise?" rechnen, die Sie höflich aber dennoch möglichst kurz beantworten sollten. Vermeiden Sie es auf jeden Fall, lange Konversation über Banalitäten, wie zum Beispiel das Wetter, zu führen.

Da bekanntlicherweise gerade der erste Eindruck der wichtigste ist, sollten Sie bereits bei der Begrüßung auf ein perfektes Auftreten und hervorragende Umgangsformen achten. Zeigen Sie sich Ihrem Gesprächspartner gegenüber möglichst aufmerksam, freundlich und selbstbewusst und hüten Sie sich vor jedem Anflug von Arroganz oder Überheblichkeit. Ein geschicktes Understatement, gepaart mit erkennbarer Fachkompetenz, wird Ihnen mit Sicherheit die meisten Sympathiepunkte einbringen.

Schauen Sie Ihrem Gegenüber während des Gesprächs in die Augen und sprechen Sie ihn mit seinem Namen an. Sollte das Vorstellungsgespräch vor einer Einstellungskommission stattfinden, müssen Sie sich natürlich gleich zu Beginn sämtliche Namen der Anwesenden einprägen, damit Sie die einzelnen Kommissionsmitglieder im Weiteren persönlich ansprechen können.

Häufig werden dem Bewerber bereits während der „Aufwärmphase" wichtige Informationen über das Unternehmen in Form einer kurzen Selbstdarstellung dargebracht. Selbst wenn es sich hierbei um längere Ausführungen Ihres Gesprächspartners handeln sollte, dürfen Sie auf keinen Fall gelangweilt wirken, sondern interessiert zuhören. Zwischen- oder Ergänzungsfragen sind allerdings in dieser Gesprächsphase fehl am Platz. Hierfür wird man Ihnen zu einem späteren Zeitpunkt Gelegenheit geben. Auch aus diesem Grund sollten Sie sich die Arbeitgeber-Selbstdarstellung aufmerksam anhören und bereits im Hinterkopf einige Anhaltspunkte für spätere Rückfragen registrieren.

Falls Ihnen während des Gesprächs ein Getränk angeboten wird, sollten Sie – sofern es keine Umstände bereitet – etwas „Gebräuchliches" wie Kaffee, Tee oder Wasser verlangen. Alkoholische Getränke sind in jedem Fall abzulehnen. Auch wenn Sie Raucher sind, sollten Sie nur dann zur Zigarette greifen, wenn auch Ihr Gesprächspartner raucht.

- *Motive für die Bewerbung und Leistungsbereitschaft*
Während dieser Gesprächsphase ist es wichtig, dass Sie Ihr besonderes Interesse und Ihre Motivation im Hinblick auf die ausgeschriebene Stelle

möglichst überzeugend darstellen. Tragen Sie aber bitte nicht zu dick auf! Bloßes „Zumundereden" wird schnell durchschaut und plumper Übereifer wirkt schlichtweg unglaubwürdig. Stattdessen sollten Sie sich leistungsbereit und dynamisch sowie flexibel und anpassungsfähig zeigen. Dies gilt vor allem, wenn es sich um eine Stelle handelt, bei der Teamarbeit gefragt ist.

Natürlich sollten Sie sich gute Argumente dafür bereit legen, weshalb Sie sich gerade auf die ausgeschriebene Stelle bewerben. Hierfür ist es erforderlich, dass Sie sich ausreichend mit der Firmenphilosophie vertraut gemacht haben und den Eindruck vermitteln können, voll dahinter zu stehen. Gerade als Berufsanfänger sollten Sie deutlich machen, dass Sie die mit der Stelle verbundenen Aufgaben auch als eine Art Herausforderung verstehen, durch die Sie sich beruflich weiterentwickeln wollen. Legen Sie eine gewisse Begeisterung für die in Aussicht stehende Stelle an den Tag und lassen Sie erkennen, dass Sie darin eine große Chance für Ihre berufliche Zukunft erblicken.

Falls Sie während des Gesprächs gefragt werden, ob Sie sich noch anderswo beworben haben, dann sollten Sie dies auf jeden Fall verneinen. Sonst könnte nämlich leicht der Eindruck entstehen, als wenn es Ihnen mit Ihrer Bewerbung nicht wirklich ernst sei. Bewahren Sie außerdem Stillschweigen darüber, ob und wie viele Absagen Sie auf Ihre bisherigen Bewerbungen erhalten haben.

Bei den Fragen, mit denen Ihre Leistungsbereitschaft überprüft werden soll (zum Beispiel: „Welchen Stellenwert nimmt Ihre Arbeit im Leben für Sie ein?" „Welche Ziele haben Sie sich für die nächsten fünf Jahre gesteckt?") sollten Sie möglichst realistische Goals benennen. Wichtig ist, dass eine gewisse Zielstrebigkeit und Zukunftsplanung erkennbar wird. Gewagte Visionen sind dagegen völlig fehl am Platz.

- *Ausbildung und beruflicher Werdegang*
Gerade als Berufsanfänger müssen Sie in dieser Gesprächsphase damit rechnen, danach gefragt zu werden, aus welchen Gründen Sie sich für Ihren Beruf entschieden haben? Die Beantwortung dieser Frage sollte unbedingt erkennen lassen, dass Ihre Berufswahl einen hohen Stellenwert in ihrem Leben einnimmt und Sie sich über Ihre Tätigkeit ein Stück weit selbst definieren.

Neben Ihren Studienschwerpunkten und den Stationen Ihrer Referendarzeit sollten Sie an dieser Stelle auch solche Fortbildungsmaßnahmen ansprechen, die Sie auf eigene Initiative hin absolviert haben. Hierbei kann es sich zum Beispiel um Aushilfsjobs in Anwaltskanzleien oder um Sprachkurse im Ausland handeln. Positiv bewertet wird es in der Regel auch, wenn Sie angeben können, dass Sie sich durch die regelmäßige Teilnahme an Fortbildungsseminaren oder Fachtagungen auf einem bestimmten Spezialgebiet auf dem Laufenden halten. Die Lektüre von Fachzeitschriften können Sie beiläufig erwähnen, damit deutlich wird, dass Sie im beruflichen Bereich stets aktuell informiert sind.

Wenn Sie sich um eine Führungsposition beworben haben, müssen Sie unter anderem auch mit Fragen rechnen, wie etwa „Welche Eigenschaften zeichnen einen guten Vorgesetzten beziehungsweise einen guten Mitarbeiter aus?" oder „Was schätzen Sie besonders an Ihrem Vorgesetzten beziehungsweise an Ihren Kollegen?" Ihre Antworten sollten hier möglichst moderat ausfallen. Sie sollten den Eindruck vermitteln, dass Sie sowohl Vorgesetzten als auch Mitarbeitern Wertschätzung entgegenbringen. Dennoch muss deutlich werden, dass Sie selbstbewusst genug sind, um sich Respekt zu verschaffen.

- *Der persönliche, familiäre und soziale Background*

Die persönlichen Verhältnisse eines Bewerbers interessieren jeden Arbeitgeber ganz besonders, weil er hieraus unter Umständen Rückschlüsse auf dessen Persönlichkeit und Charakter ziehen kann. In dieser Gesprächsphase sollten Sie sich ganz besonders diplomatisch verhalten. Da Ihre persönlichen Verhältnisse grundsätzlich Ihre Privatangelegenheit sind, gehen diese den künftigen Arbeitgeber eigentlich nichts an. Auf der anderen Seite ist aber klar, dass Sie die ausgeschriebene Stelle nur dann bekommen können, wenn Sie im Vorstellungsgespräch nicht stellenweise „mauern".

Meistens wird diese Gesprächsphase mit der allgemeinen Aufforderung eingeleitet: „Bitte erzählen Sie uns etwas über sich, damit wir Sie ein wenig besser kennen lernen können." Hierauf sollten Sie zunächst die üblichen persönlichen Daten angeben, die Sie letztendlich auch der Personalverwaltung mitteilen müssten (zum Beispiel Ihr Alter, den Familienstand, die Anzahl der Kinder). Falls Sie ohne Trauschein mit einem Partner zusammenleben, dürfen Sie sich im Vorstellungsgespräch getrost als ledig bezeichnen. Wenn Sie aber beispielsweise eine allein erziehende Mutter sind, wäre es für Sie vorteilhafter, einen Lebenspartner vorweisen zu können, der sich mit Ihnen gemeinsam um die Kinderbetreuung und die Haushaltsführung kümmert.

Zum Standardrepertoire eines Interviewers im Vorstellungsgespräch gehören außerdem folgende Fragen: „Wie würden Sie sich kurz charakterisieren?" „Was sind Ihre Stärken und was sind Ihre Schwächen?" sowie „Warum sollten wir gerade Sie einstellen?" Hier heißt es einen kühlen Kopf zu behalten und souverän zu parieren. Halten Sie auf keinen Fall lange Monologe und legen Sie keinen „Seelen-Striptease" hin. Am besten nennen Sie solche Charaktereigenschaften, die vor allem in der angestrebten beruflichen Position gern gesehen werden (zum Beispiel das Bedürfnis,

Dingen auf den Grund zu gehen oder zwischen widerstreitenden Interessen zu vermitteln).

Bei der Angabe Ihrer persönlichen Schwächen sollten Sie besonders vorsichtig sein und nur kleine Marotten eingestehen, die definitiv keinen negativen Einfluss auf Ihre berufliche Tätigkeit haben. Beispielsweise können Sie eine Sammelleidenschaft (wie etwa Modellautos eines bestimmten Typs) oder die Vorliebe für ein bestimmtes Reiseland angeben. Auf diese Weise können Sie sogar gleich zwei Fliegen mit einer Klappe schlagen, weil Sie in diesem Zusammenhang gleich auf Ihr Hobby hinweisen können, nach dem in der Regel ebenfalls gefragt wird.

Die Punkte, die gerade für Sie als künftigen Stelleninhaber sprechen könnten, sollten Sie sich auf jeden Fall zuvor gut überlegen und geschickt zusammenstellen. Am überzeugendsten wirken Sie, wenn Sie drei prägnante Eigenschaften aufzählen können, die Sie zum ultimativen Kandidaten für die angestrebte Position machen. Dabei sollten Sie sich insbesondere vor Augen halten, welche Soft Skills von dem Stelleninhaber vorrangig erwartet werden.

Die Frage nach Ihren Freizeitaktivitäten sollten Sie möglichst unverfänglich beantworten. Kulturelle Interessen sowie leichte Ausgleichssportarten vermitteln den Eindruck, dass Sie sich in Ihrer Freizeit körperlich und geistig fit halten. Eine solche Einstellung kann jeder Arbeitgeber natürlich nur gutheißen. Vor allem das Betreiben einer Mannschaftssportart deutet darauf hin, dass ein Bewerber Teamfähigkeit besitzt. Vorsicht ist allerdings bei so genannten Risikosportarten geboten, die ein erhöhtes Verletzungspotenzial mit sich bringen (zum Beispiel Rugby, Rafting).

Pluspunkte kann Ihnen auch ein besonderes soziales Engagement einbringen, wie beispielsweise ein Ehrenamt in einer karitativen Organisation (zum Beispiel SOS Kinderdörfer, Aktion Mensch, DRK). Dagegen können Mitgliedschaften in anderen Vereinen (beispielsweise Teckel-Club) eher kleinbürgerlich wirken. Vorsicht ist vor allem bei politischem Engagement geboten, sofern Sie nicht die Richtung Ihres Gegenübers kennen. Denken Sie deshalb stets an Ihr Image und plaudern Sie nicht zu viel von Ihrem Privatleben aus.

Wenn nach Ihren Familienverhältnissen gefragt wird (zum Beispiel Berufe der Eltern, Geschwister oder des Ehepartners) sollten Sie so knapp wie möglich antworten. Gleichzeitig sollten Sie erkennen lassen, dass es bei Ihnen im familiären Bereich keinerlei Probleme gibt, die Sie von Ihrer beruflichen Karriere ablenken könnten. Auf keinen Fall sollten Sie Intimitäten aus Ihrem Freundes- oder Bekanntenkreis preisgeben, sondern eher am Rande bemerken, dass Sie beispielsweise auch ein gemeinsames Essen mit guten Freunden schätzen (vielleicht sogar selber für sie kochen).

- *Fragen zum Gesundheitszustand*
Fragen nach dem Gesundheitszustand eines Bewerbers sind grundsätzlich nur dann zulässig, wenn sie sich auf den konkret zu besetzenden Arbeitsplatz beziehen. Dagegen sind allgemein gehaltene Fragen wie beispielsweise „Waren Sie schon mal ernstlich krank?" oder „Waren Sie im letzten Jahr häufiger als zweimal beim Arzt?" aus rechtlicher Sicht nicht zulässig. Derartige unzulässige Fragen müssen Sie nicht wahrheitsgemäß beantworten.

Wird im Vorstellungsgespräch allerdings gezielt danach gefragt, ob Sie unter einer Krankheit leiden, die Ihre berufliche Leistungsfähigkeit dauerhaft einschränken könnte, sind Sie verpflichtet, nach bestem Wissen zu antworten. Eine nachweislich falsche Antwort könnte später sogar zur Aufhebung des Arbeitsvertrags wegen arglistiger Täuschung führen.

Leiden Sie aber nur an einer Krankheit, die auf Grund der Medikation keine Gesundheitsbeschwerden mit sich bringt (zum Beispiel eine chronische Schilddrüsenunterfunktion), dann müssen Sie Ihren künftigen Arbeitgeber hiervon nicht in Kenntnis setzen. Das Gleiche gilt für jährlich wiederkehrende kurzfristige Krankheitsphasen, wie sie beispielsweise bei Pollenallergikern vorkommen.

- *Berufliche Kompetenz und Eignung*
In dieser Gesprächsphase kommt es darauf an, Ihre berufliche Kompetenz und Eignung unter Beweis zu stellen. Gleichzeitig müssen Sie damit rechnen, dass der Interviewer Ihr Fachwissen abfragen wird. Deshalb ist eine umfassende Vorbereitung mit Hilfe von Fachliteratur bzw. -zeitschriften ratsam.

Als Berufsanfänger sollten Sie von allem auf Ihre Ausbildungsschwerpunkte eingehen und gleichzeitig erkennen lassen, auf welchen Gebieten Sie sich künftig noch intensiver betätigen beziehungsweise spezialisieren möchten. Hierbei können Sie besonders gut Ihr Engagement, Ihre Kreativität sowie Ihre Leistungsbereitschaft zum Ausdruck bringen. Diese Eigenschaften bringen jedem Bewerber Pluspunkte ein.

Insgesamt müssen Sie hier mit Ihren Qualitäten überzeugen und sich optimal verkaufen. Es muss erkennbar werden, warum gerade Sie für die Stelle die richtige Besetzung sind. Deshalb sollten Sie vor allem auch Teamfähigkeit, Organisationstalent sowie Durchsetzungsvermögen zeigen. Erweisen Sie sich im Gespräch als guter Zuhörer und vertreten Sie Ihre Meinung fundiert und überzeugend. Bemühen Sie sich, kurze und kompetente Statements abzugeben. Vermeiden Sie tunlichst langatmige Ausführungen über berufliche Fernziele. Stattdessen sollten Sie die nächsten Schritte Ihrer Berufsplanung knapp darlegen und so eine realistische Herangehensweise zur Erreichung Ihrer Ziele demonstrieren.

Die 10 wichtigsten Fragen auf einen Blick:

→ Weshalb haben Sie sich auf diese Position beworben?
→ Worin liegen Ihre Stärken, was sind Ihre Schwächen?
→ Warum sollten wir uns gerade für Sie entscheiden?
→ Was erwarten Sie von dieser Tätigkeit bzw. von unserem Unternehmen?
→ Aus welchen Gründen haben Sie sich für Ihren Beruf entschieden?
→ Welche sind Ihre drei ausgeprägtesten Charaktereigenschaften?
→ Was war bisher Ihr größter beruflicher/privater Erfolg bzw. Misserfolg?
→ Was möchten Sie in fünf Jahren beruflich/privat erreicht haben?
→ Was verstehen Sie unter sozialer Kompetenz?
→ Wie verbringen Sie Ihre Freizeit am liebsten?

- *Selbstdarstellung des Unternehmens*

In dieser Gesprächsphase wird Ihnen der Arbeitgeber einen Überblick über die Organisation und die Leistungen des Unternehmens beziehungsweise der Institution verschaffen. Da es sich hierbei um eine reine Selbstdarstellung Ihres Gegenübers handelt, sollten Sie sich als aufmerksamer Zuhörer erweisen. Das bedeutet, dass Sie den Vortrag auf keinen Fall leichtfertig unterbrechen dürfen und nur an geeigneten Stellen interessiert nachfragen sollten. Dabei müssen Sie natürlich zum Ausdruck bringen, dass Sie sich zuvor eingehend über die Firma beziehungsweise Organisation informiert haben.

Durch kompetente Fragen und geschickt angebrachte kleine Schmeicheleien können Sie hier viele Pluspunkte sammeln. Dies gilt besonders, wenn Sie es verstehen, Ihren Gesprächspartner durch die passenden Stichworte zu weiterer Selbstdarstellung anzuregen. Hierfür kann es erforderlich sein, dass Sie die aktuelle Entwicklung des Wirtschaftsbereichs dieses Unternehmens zuvor in der Fachpresse verfolgt haben.

Vermeiden Sie auf jeden Fall jeden Anflug von Arroganz oder Gelangweiltsein, auch wenn Ihnen die Informationen Ihres Gesprächspartners hinlänglich bekannt sind. Anderenfalls könnten Sie anfängliche Sympathien einbüßen. An der Qualität und dem Umfang der Ihnen dargebotenen Informationen können Sie übrigens recht gut erkennen, wie groß das Interesse an Ihrer Person ist und welchen Stellenwert Sie somit als Bewerber einnehmen.

- *Arbeits- und Vertragskonditionen*

Obwohl die Aushandlung der konkreten Vertragskonditionen dem tatsächlichen Einstellungsgespräch vorbehalten bleibt, werden im Vorstellungsgespräch zumindest schon die Rahmenbedingungen abgeklärt. Hierzu gehören unter anderem das künftige Aufgabengebiet, die Arbeitszeit, Kompetenzen und Vollmachten, der Einstellungstermin, die Dauer der Probezeit, konkrete Aufstiegschancen, Sonderleistungen des Arbeitgebers (zum Beispiel Dienstwagen, Altersversorgung, Trennungsentschädigung) und natürlich die Höhe des Gehalts.

Bei der Gehaltsverhandlung sollten Sie absolutes Fingerspitzengefühl beweisen. Es handelt sich hierbei um einen Kernpunkt des Bewerbungsgesprächs, mit dem man unter anderem auch Ihre Einschätzung des eigenen Marktwertes austesten möchte.

Gerade für Berufsanfänger kann es mangels entsprechender Erfahrungen und Vergleichsmöglichkeiten schwierig sein, einen angemessenen Gehaltswunsch zu äußern. In diesem Fall sollten Sie sich an den Veröffentlichungen der aktuellen Gehaltsentwicklung der einzelnen Berufsgruppen in Wirtschaftszeitungen und berufsspezifischen Zeitschriften orientieren. Alternativ können Sie sich auch an Berufsverbände und Gewerkschaften wenden, die Ihnen ebenfalls entsprechende Anhaltspunkte bieten können. Auf jeden Fall wird grundsätzlich über das Bruttogehalt verhandelt, wobei es sich in gehobenen Positionen stets um das Jahreseinkommen handelt.

- *Eigene Fragen des Bewerbers*

Wenn Ihr Gesprächspartner Ihnen nunmehr die Möglichkeit einräumt, selbst Fragen zu stellen, dann ist dies keinesfalls eine Geste der Höflichkeit, sondern für ihn eine weitere Chance, Ihr Fachwissen und Ihr Engagement zu prüfen. Einen kompetenten Bewerber erkennt man nämlich in erster Linie an der Qualität der Fragen, die er stellt. Dabei müssen Sie stets damit rechnen, dass Ihre Fragen zum Anlass genommen werden, durch entsprechendes Nachhaken abzuchecken, welchen Background Sie tatsächlich zu bieten haben.

Auf keinen Fall dürfen Sie in dieser Gesprächsphase Fragen stellen, die Sie bereits zu einem früheren Zeitpunkt (beispielsweise im Rahmen der Selbstdarstellung des Unternehmens) themenbezogen hätten stellen können. Stattdessen sollten Sie die firmeninterne Struktur hinterfragen, so zum Beispiel, welche organisatorischen Kompetenzen Ihnen obliegen würden, mit welchen Personen beziehungsweise Abteilungen zusammenarbeiten werden und welche Entwicklungsmöglichkeiten sich Ihnen von dieser Position aus bieten. Gut macht es sich auch, wenn Sie nach innerbetrieblichen Aus- und Weiterbildungsprogrammen fragen. Auf diese Weise können Sie vor allem Ihre Motivation und Ihr Karrierebewusstsein unter Beweis stellen.

Verkneifen sollten Sie sich dagegen Fragen nach Arbeitszeit- oder Urlaubsregelungen, Zeiterfassung, Gratifikationen und Sonderleistungen des Arbeitgebers. Anderenfalls könnte bei Ihrem Gesprächspartner der Eindruck entstehen, dass Sie sich Ihrer Sache zu sicher seien.

- *Die Verabschiedung*

Zum Abschluss des Vorstellungsgesprächs wird dem Bewerber noch einmal die Möglichkeit geboten, kurz die Gründe darzulegen, die ihn für die angebotene Position besonders prädestinieren und qualifizieren. Hier sollten Sie knapp Ihre Vorzüge zusammenfassend aufzählen und zusätzlich einige besonders überzeugende Argumente vortragen, warum Sie gerade an dieser Stelle so besonders interessiert sind. Aber bitte keine langen Wiederholungen!

Falls Ihr Gesprächspartner nicht von sich aus etwas über den voraussichtlichen Entscheidungstermin verkündet, dürfen Sie – natürlich ohne zu bedrängen – ruhig danach fragen, in welchem Zeitrahmen in etwa über die Besetzung der Stelle entschieden wird. Anschließend sollten Sie sich für das angenehme und interessante Gespräch bedanken.

Bei der Verabschiedung kommt es vor allem darauf an, dass Ihre Gesamterscheinung in positiver Erinnerung bleibt. Deshalb ist auch hier auf ein höflich-freundliches Benehmen zu achten. Das heißt, selbst wenn Sie das Vorstellungsgespräch als ganz fürchterlich empfanden, müssen Sie unbedingt Contenance bewahren und mit einem Lächeln im Gesicht abtreten.

Das Gruppengespräch

Nicht selten werden die Bewerber nicht nur einem Interviewer, sondern einem ganzen Auswahlgremium (zum Beispiel Personalchef, Abteilungsleiter, Personalreferenten, Betriebspsychologe) gegenüber gestellt. Hierbei handelt es sich natürlich um eine ganz besondere Stress-Situation für die Bewerber. Dieses ist in der Regel auch beabsichtigt, um die Belastbarkeit der einzelnen Kandidaten beziehungsweise Kandidatinnen zu prüfen.

In der Regel sind in dem Mehrpersonen-Gremium die Rollen von vornherein verteilt. Während der eine Sie freundlich behandelt, kann sich ein anderer als Provokateur zeigen und der nächste als stiller Beobachter, der sich während des Gesprächs Notizen macht.

In dieser Situation müssen Sie unbedingt die Nerven bewahren und dürfen sich nicht aus der Ruhe bringen lassen. Während des Gesprächs sollten Sie versuchen, zu allen Anwesenden einen Kontakt herzustellen, auch wenn es sich zwischendurch lediglich um einen Blickkontakt handelt. Mit dem freundlichsten Interviewer sollten Sie sich am intensivsten beschäftigen. Vergessen Sie jedoch nicht, auch die anderen Teilnehmer der Gesprächsrunde zwischendurch zumindest anzulächeln und sie beim Antworten mit ihrem Namen anzusprechen.

In eher seltenen Fällen werden gleich mehrere Bewerber einem Auswahlgremium gegenübergestellt. Man verspricht sich hiervon, die einzelnen Kandidaten direkt miteinander vergleichen zu können. Gleichzeitig kann auf diese Weise das Verhalten der Bewerber in einer gewissen Konkurrenzsituation getestet werden. Hier kommt es in erster Linie darauf an, ein gutes Sozialverhalten und soziale Kompetenz zu beweisen.

In einer derartigen Situation ist es wichtig, schnell die Präsentationstechnik der Mitbewerber einzuschätzen. Die Interviewer werden zunächst freundlich dazu auffordern, dass jeder Einzelne sich kurz vorstellen möge. Sofern keine Reihenfolge vorgegeben wird, sollten Sie es möglichst vermeiden, hierbei den Anfang zu machen oder dass „Schlusslicht" zu bilden. Die günstigste Position in der Gruppe haben in der Regel die Kandidaten, die im ersten oder letzten Drittel der Vorstellung zum Zuge kommen.

Auf keinen Fall sollten Sie in den Fehler verfallen, mit den Bewerbern konkurrieren zu wollen, die sich auffällig in den Vordergrund spielen, um sich zu profilieren. Verhalten Sie sich besser zurückhaltend und dennoch souverän. Dies gelingt Ihnen am besten, indem Sie durch Kompetenz und Selbstbewusstsein überzeugen. Gehen Sie während des Gesprächs mit den Mitbewerbern stets freundschaftlich-fair um. Auf diese Weise können Sie vor allem Teamfähigkeit und Anpassungsbereitschaft demonstrieren.

7.5 Die wichtigsten Bewerbungstipps auf einen Blick

Nachfolgend erhalten Sie zusammengefasst in Form einer Checkliste noch einmal alle wichtigen Tipps, die Sie bei Ihrer Bewerbung unbedingt beherzigen sollten:

- ✓ Formulieren in Sie den Lebenslauf jeweils speziell im Hinblick auf die ausgeschriebene Position.
- ✓ Wecken Sie in Ihrem Bewerbungsschreiben das Interesse an Ihrer Person, so dass beim Leser der Wunsch entsteht, Sie persönlich kennen zu lernen.
- ✓ In Ihrem Anschreiben sollten in flüssiger und knapper Form die Kenntnisse, Eigenschaften, Fähigkeiten und – so weit vorhanden – Berufserfahrungen aufgeführt werden, die laut Stellenbeschreibung besonders erwünscht sind.
- ✓ Machen Sie Ihre Motivation für die angebotene Position deutlich.

- ✓ Aus der Schul- und Ausbildungszeit sind lediglich Kopien der Abschlusszeugnisse einzureichen.
- ✓ Achten Sie darauf, zu allen Stationen Ihres beruflichen Werdegangs die dazugehörigen Zeugnisse und Zertifikate (z.B. Aufbaustudien, Praktika, Sprachkurse) in Kopie beizufügen.
- ✓ Machen Sie sich für den Ablauf des Vorstellungsgesprächs eine Skizze und notieren Sie sämtliche Punkte, die Sie ansprechen möchten (Lebenslauf und Anschreiben als Vorlage nutzen).
- ✓ Informieren Sie sich so umfassend wie möglich über das Unternehmen beziehungsweise die Institution, bei der Sie sich beworben haben.
- ✓ Bereiten Sie eigene Fragen für das Vorstellungsgespräch vor.
- ✓ Erscheinen Sie pünktlich und ausgeruht zum Vorstellungstermin.
- ✓ Achten Sie auf ein ansprechendes äußeres Erscheinungsbild (passende Kleidung, Körpersprache, Gestik, Stimme).
- ✓ Treten Sie Ihrem Gesprächspartner freundlich und höflich gegenüber. Achten Sie während des Vorstellungsgesprächs auf tadelloses Benehmen (gegebenenfalls zuvor einen entsprechenden „Benimm-Kurs" absolvieren).
- ✓ Führen Sie in der „Aufwärmphase" einen kurzen, höflichen Smalltalk.
- ✓ Versuchen Sie, während des Vorstellungsgesprächs eine Art Vertrauensverhältnis aufzubauen.
- ✓ Beweisen Sie im Gespräch Kompetenz, Interesse am Unternehmen, Engagement und Leistungsmotivation.
- ✓ Lassen Sie erkennen, dass Sie über die für die ausgeschriebene Position erforderlichen Soft Skills (z.B. soziale Kompetenz, Teamfähigkeit) verfügen.
- ✓ Identifizieren Sie sich mit der Firmenphilosophie.
- ✓ Machen Sie deutlich, dass Sie mit Ihrer Bewerbung eine ganz bestimmte berufliche Entwicklung anstreben.
- ✓ Stellen Sie Fragen zum firmeninternen Aufbau sowie nach Ihren Entwicklungsmöglichkeiten innerhalb des Unternehmens.
- ✓ Lassen Sie Ihren Gesprächspartner ruhig lange Ausführungen machen, fassen Sie sich dagegen bei Ihren Antworten eher kurz und vermeiden Sie Monologe.
- ✓ Beziehen Sie jede Frage und jede Antwort auf die in Aussicht stehende Stelle und die damit verbundenen Anforderungen.
- ✓ Geben Sie von Ihrer Privatsphäre so wenig wie möglich Preis und antworten Sie diplomatisch.
- ✓ Nennen Sie von sich nur überwiegend positive Eigenschaften und geben Sie nur solche Informationen über sich weiß, die für die Darstellung des von Ihnen gewünschten Images erforderlich sind.
- ✓ Verhalten Sie sich im Gespräch grundsätzlich defensiv.

- ✓ Verlieren Sie auch in Stress-Interviews nicht den Kopf und reagieren Sie nicht aggressiv.
- ✓ Heben Sie alle Argumente hervor, die Sie als künftigen Stelleninhaber prädestinieren.
- ✓ Nennen Sie nur überwiegend positive Eigenschaften und verschweigen Sie möglichst alles Negative über sich.
- ✓ Seien Sie sich Ihrer Fähigkeiten und Leistungen bewusst. Betonen Sie Ihre Vorzüge und bisherigen Erfolge.
- ✓ Heben Sie hervor, dass Sie sich laufend fachlich weiterbilden, um auf dem Laufenden zu sein.
- ✓ Achten Sie bei einem Gruppengespräch besonders auf Ihre Umgangsformen.
- ✓ Gehen Sie mit den anderen Kandidaten möglichst freundlich und höflich um.
- ✓ Lassen Sie die anderen stets ausreden und zeigen Sie, dass Sie sie ernst nehmen.
- ✓ Vertreten Sie Ihre Meinung aufgeschlossen und selbstsicher.
- ✓ Gehen Sie auf andere Bewerber ein.
- ✓ Achten Sie auch bei der Verabschiedung auf ein freundlich-höfliches Benehmen.

8 Gute Adressen und Links für Ihre Karriere

8.1 Law Schools

Bucerius Law School
Jungiusstraße 6
20355 Hamburg
Tel.: 0 40 – 3 07 60
Fax: 0 40 – 3 07 61 45
E-Mail: info@law-school.de
http://www.law-school.de

Hanse Law School
Universität Bremen, GW 1
P.O.Box 330440
28334 Bremen
Tel.: 04 21 – 2 18 27 83
Fax: 04 21 – 2 18 45 88
E-mail: HLS@uni-bremen.de
http://www.rug.nl/hls

Hanse Law School
Grote Appelstraat 23A
P.O.Box 716
NL 9712 GA Groningen
Tel.:0 31 – 50 – 3 63 56 85
Fax: 0 31 – 50 – 3 63 76 36
E-mail: HLS@rechten.rug.nl
http://www.rug.nl/hls

Hanse Law School
Carl von Ossietzky Universität Oldenburg
Fachbereich 4 – Juristisches Seminar
26111 Oldenburg
Tel.: 04 41 – 7 98 41 98
Fax: 04 41 – 7 98 83 97
E-mail: HLS@uni-oldenburg.de
http://www.rug.nl/hls

8.2 Interessante Aufbau- und Weiterbildungsstudiengänge

**Aufbaustudium Magister des Europarechts
(Master of European Law LL.M.)
Universität des Saarlandes**
Sektion Rechtswissenschaft
Europa-Institut
Postfach 15 11 50
66041 Saarbrücken
Tel: 06 81 – 3 02 – 36 53
Fax: 06 81 – 3 02 – 43 69
E-Mail: LLM@europainstitut.de
http://www.europainstitut.de

**Aufbaustudium Wirtschaftswissenschaftliche Ausbildung für Juristen
TU Chemnitz**
Fakultät für Wirtschaftswissenschaften
Prof. Dr. Klaus Dieter John
Reichenhainer Straße 39
09107 Chemnitz
Tel.: 03 71 – 5 31 – 41 98
Fax: 03 71 – 5 31 – 39 63
E-Mail: k.john@wirtschaft.tu-chemnitz.de
http://www.tu-chemnitz.de/wirtschaft/studium/studieng/jura/

**Aufbaustudiengang Europäisches
und Internationales Wirtschaftsrecht
LL.M. Eur.
Johann-Wolfgang-Goethe-Universität Frankfurt am Main**
Fachbereich Rechtswissenschaft
Senckenberganlage 31 – 33
60325 Frankfurt am Main
Tel.: 0 69 – 7 98 – 2 23 01
Fax: 0 69 – 7 98 – 2 80 65
E-Mail: dekanatfb1@rz.uni-frankfurt.de
http://www.jura.uni-frankfurt.de

**Weiterbildungsstudiengang Law and Finance
Institute for Law and Finance (ILF)
Johann-Wolfgang-Goethe-Universität Frankfurt am Main**
Dr. Rima Dapous
Managing Director
Senckenberganlage 31
Postfach 11 19 32
60054 Frankfurt am Main
Tel.: 0 69 – 7 98 – 2 89 41
Fax: 0 69 – 7 98 – 2 90 18
E-Mail: info@ilf.uni-frankfurt.de
http://www.ilf-frankfurt.de

**Master für Europastudien
Hamburger Universität für Wirtschaft und Politik (HWP)**
Alexa Kramer
Von-Melle-Park 9
20146 Hamburg
Tel.: 0 40 – 4 28 38 – 25 52
E-Mail: EuroMaster@hwp-hamburg.de
http://www.hwp-hamburg.de/EuroMaster

**Weiterbildungsstudiengang Wirtschaftsjurist
Universität zu Köln**
Institut für Arbeits- und Wirtschaftsrecht
Wiss. Mit. Johanna Trambowicz
Weyertal 115

50931 Köln
Tel.: 02 21 – 4 70 – 21 82
E-Mail: wirtschaftsjurist@uni-koeln.de
http://www.wirtschaftsjurist-koeln.de

Ergänzungsstudiengang Rechtsinformatik
Universität Hannover
Institut für Rechtsinformatik
Königsworther Platz 1
30167 Hannover
Tel.: 05 11 – 7 62 – 81 61
Fax: 05 11 – 7 62 – 82 90
E-Mail: sekretariat@iri.uni-hannover.de
http://www.eulisp.de

Masterstudiengang Umweltrecht
Universität Lüneburg
Fachbereich Umweltwissenschaften
Dr. Joachim Sanden
Scharnhorststraße 1
21332 Lüneburg
Tel.: 0 41 31 – 78 – 24 53
Fax: 0 41 31 – 78 – 24 55
E-Mail: sanden@uni-lueneburg.de
http://www.umweltrecht-lueneburg.de

LL.M.- Programm im Intellectual Property Law
Technische Universität Dresden
Juristische Fakultät
Lehrstuhl Prof. Dr. Hans-Peter Götting
Stichwort LL.M.
01062 Dresden
Tel: 03 51 – 4 63 – 3 73 92
Fax: 03 51 – 4 63 – 3 72 26
E-Mail: ip_info@jura.tu-dresden.de
http://www.tu-dresden.de/jfitur3/LLM

**Internationales Wirtschaftsrecht
und internationale Unternehmensführung
Universität Rostock**
Juristische Fakultät
Christine Alexy
Möllner Straße
18109 Rostock-Lichtenhagen
Tel.: 03 81 – 4 98 80 74
E-Mail: christine.alexy@jurfak.uni-rostock.de
http://www.jura.uni-rostock.de/Tonner/llmba/index.htm

**MBA-Studiengang Wirtschaft und Recht
Dresden International University (DIU)**
Susanne Ascheron - Kursmanagerin
Tel: 03 51 – 4 63 – 3 96 22
Fax: 03 51 – 4 63 – 3 39 56
E-Mail: susanne.ascheron@di-uni.de
http://www.dresden-international-university.com/97.html

**Master of Business Law And Taxation (MBLT)
Universität Mannheim**
Fakultät für Rechtswissenschaft
Dekanat
Schloss Westflügel
Zi. W 218 – 221
68131 Mannheim
Tel.: 06 21 – 1 81 – 13 11, -13 16, -13 17, -13 19
Fax: 06 21 – 1 81 – 13 18
E-Mail über die Website
http://www.jura.uni-mannheim.de

**Ergänzungsstudium
Arbeitsrecht und Personalwirtschaft
Friedrich-Schiller-Universität Jena**
Dezernat 1-Weiterbildung
07740 Jena
Tel. und E-Mail auf der Website
http://www.wiwi.uni-jena.de/Personal/ergaenzstud.html

LL.M.-Programme zum Informationsrecht / Urheberrecht / Gewerblicher Rechtsschutz
Westfälische Wilhelms-Universität Münster
Institut für Informations-, Telekommunikations- und Medienrecht
- Zivilrechtliche Abteilung -
Kerstin Koners (Sekretärin)
Bispinghof 24/25 (Alte UB)
48143 Münster
Tel.: 02 51 – 83 – 2 99 19
Fax: 02 51 – 83 – 2 11 77
E-Mail: rechtsinformatik@uni-muenster.de
http://www.uni-muenster.de/Jura.itm/hoeren/

Zusatzausbildung zum Informations-, Telekommunikations- und Medienrecht (ITM)
Westfälische
Wilhelms-Universität Münster
Institut für Informations-, Telekommunikations- und Medienrecht
Öffentlich-rechtliche Abteilung
Prof. Dr. Bernd Holznagel, LL.M.
Universitätsstraße 14 – 16
48143 Münster
Tel.: 02 51 – 83 – 2 84 11
Fax: 02 51 – 83 – 2 18 30
E-Mail: itm@uni-muenster.de
http://www.uni-muenster.de/Jura.tkr/

Managementseminar
Universität Heidelberg
Akademie für Wissenschaftliche Weiterbildung
Thomas Hetz
Friedrich-Ebert-Anlage 22 – 24
69117 Heidelberg
Tel.: 0 62 21 – 54 78 – 10
Fax: 0 62 21 – 54 78 – 19
E-Mail: afw@uni-hd.de
http://www.akademie-fuer-weiterbildung.de

Weiterbildungsstudium Sportrecht
FernUniversität in Hagen
Institut für Juristische Weiterbildung
Wiss. Mit. Gottlieb Wick
Tel.: 0 23 31 – 9 87 – 29 00
E-Mail: Gottlieb.Wick@FernUni-Hagen.de
http://www.fernuni-hagen.de/REWI/STJZ/Weiterbildung/index.htm

European Masters in International Humanitarian Assistance
Ruhr-Bochum University
Ruhr-Universität Bochum
The Institute for International Law of Peace and Armed Conflict (IFHV),
NA 02/33
44780 Bochum
Tel. Sekretariat: 02 34 – 3 22 73 66
Fax: 02 34 – 3 21 42 08
E-Mail: Dennis.Dijkzeul@ruhr-uni-bochum.de
oder Susanne.Galle@ruhr-uni-bochum.de
http://www.noha.deusto.es/academic_programme/academic_programme.asp
und http://www.ifhv.de/

8.3 Fortbildung Mediation

Bundesverband für Mediation in Wirtschaft, Arbeitswelt und Finanzen e. V. (BMWA)
c/o Jupp Schluttenhofer
Zugspitzstraße 22
86163 Augsburg
Tel.: 08 21 – 58 86 43 66
Fax: 08 21 – 5 89 12 98
E-Mail: info@bmwa.de
http://www.centrale-fuer-mediation.de

Weiterbildungsstudiengang zum Mediator/zur Mediatorin der FernUniversität in Hagen
58084 Hagen
Tel.: 0 23 31 – 9 87 – 01
E-Mail: FernUni@FernUni-Hagen.de
http://www.fernuni-hagen.de

Mediationsausbildung für Rechtsanwälte
Universität Bielefeld
Fakultät für Rechtswissenschaft
Institut für Anwalts- und Notarrecht
Prof. Dr. Fritz Jost
Postfach 10 01 31
33501 Bielefeld
Tel.: 05 21 – 1 06 – 39 23
Fax: 05 21 – 1 06 – 80 97
E-Mail: mediation@anwaltskurse.de
http://www.jura.uni-bielefeld.de/Lehrstuehle/Jost/Institute_Projekte/Mediation/index.html

Mediation
Universität Heidelberg
Akademie für Wissenschaftliche Weiterbildung
Petra Nellen
Friedrich-Ebert-Anlage 22 – 24
69117 Heidelberg
Tel.: 0 62 21 – 54 78 – 10
Fax: 0 62 21 – 54 78 – 19
E-Mail: afw@uni-hd.de
http://www.akademie-fuer-weiterbildung.de

Master-Studiengang Mediation
Europa-Universität Viadrina
Große Scharrnstraße 59
15230 Frankfurt (Oder)
Tel.: 03 35 – 55 34 – 22 83
Fax: 03 35 – 55 34 – 28 50
(nachmittags Mittwoch und Donnerstag)
E-Mail: master-mediation@euv-ffo.de
http://master-mediation.euv-frankfurt-o.de/explstart.htm

Centrum für Verhandlungen und Mediation
Ludwig-Maximilians-Universität München
Prof. Dr. Horst Eidenmüller, LL.M. (Cambr.)
Veterinärstraße 5
80539 München

Tel.: 0 89 – 21 80 – 14 37
Fax: 0 89 – 21 80 – 1 39 93
E-Mail: info@c-v-m.org
http://www.c-v-m.org

Harvard Mediation Program
Harvard Law School
Austin Hall, Room 002
1515 Massachusetts Avenue
Cambridge, MA 02138
Tel.: 6 17 – 4 95 – 18 54
Fax: 6 17 – 4 96 – 22 94
http://www.law.harvard.edu/students/orgs/hmp/index.php

8.4 Adressen für Rechtsanwälte

Bundesrechtsanwaltskammer
(Körperschaft des öffentl. Rechts)
Littenstraße 9
10179 Berlin
Tel.: 030 - 28 49 39 - 0
Fax: 030 - 28 49 39 - 11
E-Mail: zentrale@brak.de
http://www.brak.de

Deutscher Anwaltverein e.V. (DAV)
Littenstraße 11
10179 Berlin
Tel.: 0 30 – 72 61 52 – 0
Fax: 0 30 – 72 61 52 – 1 90
E-Mail: dav@anwaltverein.de
http://www.anwaltverein.de

Büro Brüssel

1, Avenue de la Joyeuse Entrée / Blijde
B-1040 Bruxelles

Tel.: 0 32 – 02 – 2 80 28 12
Fax: 0 32 – 02 – 2 80 28 13
E-Mail: bruessel@anwaltverein.de

Landesverbände des DAV

Obmann der Landesverbände
RA Thomas Markworth
Zerbster Straße 32
06844 Dessau
Tel.: 03 40 – 26 07 00
Fax: 03 40 – 26 07 – 0 19

Stellvertreter:
RA Lutz-Rüdiger Malz
Wendentorwall 25
38100 Braunschweig
Tel.: 05 31 – 1 30 15
Fax: 05 31 – 13 0 16
E-Mail: mail@kanzlei-mnf.de

Anwaltsverband Baden-Württemberg
im Deutschen Anwaltverein e.V.
Geschäftsstelle:
Schwieberdinger Straße 60
70435 Stuttgart
Tel.: 07 11 – 2 36 59 63
Fax: 07 11 – 2 55 06 55

Vorsitzender: RA Dr. jur. Peter Kothe
Schwieberdinger Straße 60
70435 Stuttgart
Tel.: 07 11 – 2 55 26 50 (Vanity: 0700 – KOTHEFON)
Fax: 07 11 – 2 55 26 55 (Vanity: 0700 – KOTHEFAX)

Bayerischer Anwaltverband
Geschäftsstelle:
RA Michael Dudek
Maxburgstraße 4/I, Zi. C 142

80333 München
Tel.: 0 89 – 29 50 86
Fax: 0 89 – 29 16 10 46
E-Mail: info@muenchener.anwaltverein.de
http://www.bayerischer-anwaltverband.de

Präsident:
RA Anton A. Mertl
Prinzregentenstraße 6 – 8
83022 Rosenheim
Tel.: 0 80 31 – 35 93 20
Fax: 0 80 31 – 35 93 77

Vertreter in der Landesverbandskonferenz:
RA Klaus Zehner
Ludwigstraße 22
94032 Passau
Tel.: 08 51 – 3 40 55
Fax: 08 51 – 3 14 59
E-Mail: rechtsanwälte@kanzlei-zbp.de

Berliner Anwaltsverein e.V.
Geschäftsstelle:
RA Carsten Langenfeld
Littenstraße 11
10179 Berlin
Tel.: 0 30 – 2 51 38 46
Fax: 0 30 – 2 51 32 63
E-Mail: mail@berliner.anwaltsverein.de
http://www.berliner.anwaltsverein.de

Vorsitzender:
RAuN Ulrich Schellenberg
Kurfürstendamm 182
10707 Berlin
Tel.: 0 30 – 88 43 08 0
Fax: 0 30 – 88 43 08 15
E-Mail: kanzlei@schellenberg-herzog.de

**Anwaltverband Brandenburg
im Deutschen Anwaltverein e.V.**
Geschäftsstelle:
Friedrich-Ebert-Straße 32
Landgericht Potsdam
Raum K 20
14469 Potsdam
Tel.: 03 31 – 28 86 – 1 42
Fax: 03 31 – 28 86 – 4 01

Vorsitzender:
RA Frank-W. Hülsenbeck
Gregor-Mendel-Straße 14
14469 Potsdam
Tel.: 03 31 – 62 03 060
Fax: 03 31 – 62 03 – 0 80
E-Mail: huelsenbeck@teubner-huelsenbeck.de

Landesverband Bremen (im Deutschen Anwaltverein)
Geschäftsstelle:
Brigitte Hillebrecht
Ostertorstraße 25-29
Gerichtshaus-Neubau, Zi. 105
28195 Bremen
Postfach 10 69 45
28069 Bremen
Tel.: 04 21 – 32 17 78
Fax: 04 21 – 94 99 676
E-Mail: info@anwaltsverein-bremen.de

Vorsitzender:
RA Dieter Janßen
Marktstraße 3
Börsenhof C
28195 Bremen
Tel.: 04 21 – 36 60 00 und 36 60 01 62
Fax: 04 21 – 36 60 02 05
E-Mail: janssen@bmt-law.de

Hamburgischer Anwaltverein e.V.
Geschäftsstelle:
RAin Svenja Spranger
Sievekingplatz 1
Zi. 700
20355 Hamburg
Tel.: 0 40 – 6 11 63 50
Fax: 0 40 – 35 42 31
E-Mail: info@havev.de
http://www.havev.de

Vorsitzender:
RA Dietrich Wenke
Eppendorfer Baum 6
20249 Hamburg
Tel.: 0 40 – 46 88 46 – 0
Fax: 0 40 – 46 88 46 – 13
E-Mail: info@wenke-hamburg.de
http://www.rechtsanwaelte-wemg.de

Vertreter in der Landesverbandskonferenz:
RA Hellmut Sempell
Lornsenstraße 45 b
22869 Schenefeld
Tel.: 0 40 – 8 30 64 22
E-Mail: hsempell@aol.com

**Landesverband Hessen
im Deutschen Anwaltverein e.V.**
Postfach 22 12
61471 Kronberg im Taunus
Tel.: 0 61 73 – 32 78 20
Fax: 0 61 73 – 32 78 19
E-Mail: lvhessen.dav@t-online.de
http://hessen.lv.dav.de

Vorsitzende:
RAin Heide Krönert-Stolting
Ricarda-Huch-Straße 7
61476 Kronberg im Taunus
Tel.: 0 61 73 – 6 81 47

Fax: 0 61 73 – 6 83 47
E-Mail: rain.heidekroenertstolting@t-online.de

Landesverband Mecklenburg-Vorpommern
Vorsitzender:
RA Rolf-Michael Eggert
E.-Weinert-Straße 34
18507 Grimmen
Tel.: 03 83 26 – 8 02 05-6
Fax: 03 83 26 – 8 02 07, 6 86 60
E-Mail: Eggert-Richter@t-online.de
http://mv.lv.dav.de

**Niedersächsischer Anwalt- und Notarverband
im Deutschen Anwaltverein e.V.**
Geschäftsstelle:
RA Uwe Kappmeyer
Leisewitzstraße 28
30175 Hannover
Tel.: 05 11 – 8 56 09 - 0
Fax: 05 11 – 8 56 09 - 11
E-Mail: Nds.Anwalt-u.Notarverband@t-online.de

Vorsitzender:
RA Lutz-Rüdiger Malz
Wendentorwall 25
38100 Braunschweig
Tel.: 05 31 – 1 30 15
Fax: 05 31 – 13 0 16
E-Mail: mail@kanzlei-mnf.de

**Landesverband Nordrhein-Westfalen
im Deutschen Anwaltverein**
Geschäftsstelle:
RA Christian M. Segbers
Mühlenstraße 34
Zi. L 26
40213 Düsseldorf
Tel.: 02 11 – 83 06 29 53

Fax: 02 11 – 13 43 43
http://nrw.lv.dav.de

Vorsitzender:
RA Dr. Klaus E. Böhm
Bahnstraße 9
40210 Düsseldorf
Tel.: 02 11 – 82 82 46 0
Fax: 02 11 – 82 82 46 11
E-Mail: info@servo-recht.de

**Rheinland-Pfälzischer Anwaltsverband
im Deutschen Anwaltverein**
Vorsitzender:
RA Reinhard Matissek
Epplergasse 3
67657 Kaiserslautern
Tel.: 06 31 – 3 66 52 – 0
Fax: 06 31 – 3 66 52 - 99
E-Mail: Rae.Matissek-Barthel-Rothley@t-online.de

Saarländischer Anwaltverein e.V.
Geschäftsstelle:
RA Kurt Haag
Franz-Josef-Röder-Straße 15
Landgericht, Zi. 120
66119 Saarbrücken
Tel.: 06 81 – 5 12 02
Fax: 06 81 – 5 12 59
E-Mail: haag@advocaten.de
E-Mail: info@saaranwalt.de
http://www.saaranwalt.de

Vorsitzender:
RA Olaf Jaeger
Berliner Promenade 16
66111 Saarbrücken
Tel.: 06 81 – 93 63 90
Fax: 06 81 – 93 63 911
E-Mail: o.jaeger@gessnerlaw.de

**Anwaltverband Sachsen
im Deutschen Anwaltverein**
E-Mail: info@Anwaltverband-Sachsen.de
http://www.AnwaltVerband-Sachsen.de

Vorsitzender:
RA Svend-Gunnar Kirmes
Lorenzstraße 7
04668 Grimma
Tel.: 0 34 37 – 9 24 20
Fax: 0 34 37 – 9 2 42 23
E-Mail: anwaltkuk@t-online.de

Landesanwaltverein Sachsen-Anhalt
Geschäftsstelle:
Willy-Lohmann-Straße 29
Landgericht, Zi. 140
06844 Dessau
Tel.: 03 40 – 2 02 14 88
Fax: 03 40 – 2 02 14 87

Vorsitzender:
RA Thomas Markworth
Zerbster Straße 32
06844 Dessau
Tel.: 03 40 – 26 07 00
Fax: 03 40 – 26 07 019

**Schleswig-Holsteinischer Anwalts-
und Notarverband e.V.**
Vorsitzender:
RAuN Manfred Goerke
Beseler Allee 28
24105 Kiel
Tel.: 04 31 – 8 10 13/33
Fax: 04 31 – 80 36 87
E-Mail: RAGoerkeKiel@aol.com

**Landesverband Thüringen
im Deutschen Anwaltverein**
Vorsitzender:
RA Andreas Schiller
Löbdergraben 24
07743 Jena
Tel.: 0 36 41 – 82 68 90
Fax: 0 36 41 – 44 28 05
E-Mail: ra.schiller@t-online.de
http://th.lv.dav.de

Websites der Arbeitsgemeinschaften und Foren im DAV

- **Arbeitsgemeinschaft Allgemeinanwalt**
  http://www.ag-allgemeinanwalt.de

- **Arbeitsgemeinschaft Anwältinnen im DAV**
  http://www.dav-anwaeltinnen.de

- **Arbeitsgemeinschaft Anwaltsmanagement**
  http://www.anwalts-management.de

- **Arbeitsgemeinschaft Anwaltsnotariat**
  http://www.anwalts-notariat.de

- **Arbeitsgemeinschaft Arbeitsrecht**
  http://www.anwaltverein.de/05/02/01.html

- **Arbeitsgemeinschaft Ausländer- und Asylrecht**
  http://www.auslaender-asyl.dav.de

- **Arbeitsgemeinschaft Bank- und Kapitalmarktrecht**
  http://www.bankundkapitalmarkt.org

- **ARGE Baurecht**
  http://www.arge-baurecht.com

- **Arbeitsgemeinschaft Familienrecht- und Erbrecht**
  http://www.familien-und-erbrecht.de
  http://www.ehe-und-familienrecht.de
  http://www.forum-familienrecht.de

- **Forum Junge Anwaltschaft**
  http://www.davforum.de

- **Arbeitsgemeinschaft Informationstechnologie**
  http://www.davit.de

- **Arbeitsgemeinschaft Insolvenzrecht und Sanierung**
  http://www.arge-insolvenzrecht.de

- **Arbeitsgemeinschaft für Internationalen Rechtsverkehr**
  http://www.anwaltverein.de/05/06/01.html

- **Arbeitsgemeinschaft Mediation**
  http://www.anwaltverein.de/05/22/01.html

- **Arbeitsgemeinschaft Medizinrecht**
  http://www.anwaltverein.de/05/24/01.html

- **Arbeitsgemeinschaft Mietrecht und WEG**
  http://www.mietrecht.net

- **Arbeitsgemeinschaft Sozialrecht**
  http://www.anwalt-im-sozialrecht.de

- **Arbeitsgemeinschaft Sportrecht**
  http://www.sportrecht-dav.de

- **Arbeitsgemeinschaft Steuerrecht**
  http://www.steuerrecht.org

- **Arbeitsgemeinschaft Strafrecht**
  http://www.ag-strafrecht.de

- **Arbeitsgemeinschaft der Syndikusanwälte**
  http://www.anwaltverein.de/05/11/01.html

- **Arbeitsgemeinschaft Verkehrsrecht**
  http://www.verkehrsrecht.de

- **Arbeitsgemeinschaft Versicherungsrecht**
  http://argeversicherungsrecht.dav.de

- **Arbeitsgemeinschaft für Verwaltungsrecht in Baden-Württemberg**
  http://www.anwaltverein.de/05/14/01.html

- **Arbeitsgemeinschaft für Verwaltungsrecht in Berlin, Brandenburg, Mecklenburg-Vorpommern**
  http://www.anwaltverein.de/05/15/01.html

- **Arbeitsgemeinschaft für Verwaltungsrecht in Hessen**
  http://www.anwaltverein.de/05/16/01.html

- **Arbeitsgemeinschaft für Verwaltungsrecht in Nordrhein-Westfalen**
  http://www.anwaltverein.de/05/17/01.html

- **Arbeitsgemeinschaft für Verwaltungsrecht in Nordwestdeutschland**
  http://www.anwaltverein.de/05/18/01.html

- **Arbeitsgemeinschaft für Verwaltungsrecht in Rehinland-Pfalz**
  http://www.arge-verwaltungsrecht.de

- **Arbeitsgemeinschaft für Verwaltungsrecht in Sachsen, Sachsen-Anhalt, Thüringen**
  http://www.anwaltverein.de/05/20/01.html

- **Arbeitsgemeinschaft für Verwaltungsrecht in Schleswig-Holstein**
  http://www.anwaltverein.de/05/23/01.html

8.5 Adressen für Steuerberater

Bundessteuerberaterkammer
(Körperschaft des öffentl. Rechts)
Neue Promenade 4
Postfach 02 88 55
10131 Berlin
Tel.: 0 30 – 24 00 87 – 0
Fax: 0 30 – 24 00 87 – 99
E-Mail: zentrale@bstbk.de
http://www.bstbk.de

Deutscher Steuerberaterverband e.V.
Haus der Verbände
Littenstraße 10
10179 Berlin
Tel.: 0 30 – 2 78 76 – 2
Fax: 0 30 – 2 78 76 79 – 9
E-Mail: dstv.berlin@dstv.de
http://www.dstv.de

Bundesverband der Steuerberater e.V.
Ludwigstraße 2
50667 Köln
Tel.: 02 21 – 9 25 36 36
Fax: 02 21 – 9 25 36 38
E-Mail: bv.steuerberater@t-online.de
http://www.bvstb.de

8.6 Adressen für Wirtschaftsprüfer

Wirtschaftsprüferkammer
(Körperschaft des öffentl. Rechts)
Rauchstraße 26
Postfach 30 18 82
10746 Berlin
Tel.: 0 30 – 72 61 61 – 0
Fax: 0 30 – 72 61 61 – 2 21

E-Mail: admin@wpk.de
http://www.wpk.de

Institut der Wirtschaftsprüfer in Deutschland e. V. (IDW)
Tersteegenstraße 14
40474 Düsseldorf
Tel.: 02 11 – 45 61 – 0
Fax: 02 11 – 45 41 – 0 97
E-Mail: info@idw.de
http://www.idw.de

8.7 Adressen für Notare

Bundesnotarkammer
(Körperschaft des öffentl. Rechts)
Mohrenstraße 34
10117 Berlin
Tel.: 0 30 – 3 83 86 60
Fax: 0 30 – 38 38 66 66
E-Mail: bnotk@bnotk.de
http://www.bnotk.de

Deutscher Notarverein
Bundesverband der Notare im Hauptberuf e.V.
Kronenstraße 73/74
10117 Berlin
Tel.: 0 30 – 20 61 57 40
Fax: 0 30 – 20 61 57 50
E-Mail: dnotv@t-online.de
http://www.dnotv.de

Büro Brüssel
Rue du Commerce 31
B-1000 Bruxelles
Belgien
Tel. : 0 32 – 02 – 2 89 19 10
Fax : 0 32 – 20 – 2 89 19 19
E-Mail: kontakt@dnotv.de

8.8 Adressen für Patentanwälte

Patentanwaltskammer
(Körperschaft des öffentl. Rechts)
Tal 29
80331 München
Postfach 26 01 08
80058 München
Tel.: 0 89 – 24 22 78 0
Fax: 0 89 – 24 22 78 24
E-Mail: dpak@patentanwalt.de
http://www.patentanwalt.de

Bundesverband Deutscher Patentanwälte e.V.
Kronenstraße 20
70174 Stuttgart
Tel.: 07 11 – 22 29 76 0
Fax: 07 11 – 22 29 76 76
E-Mail: geschaeftsstelle@bundesverband-patentanwaelte.de
http://www.bundesverband-patentanwaelte.de

8.9 Adressen für Unternehmensberater

Bundesverband Deutscher Unternehmensberater BDU e.V.
Zitelmannstraße 22
53113 Bonn
Tel.: 02 28 – 91 61 – 0
Fax: 02 28 – 91 61 – 26
E-Mail: info@bdu.de
http://www.bdu.de

Bundesverband der Wirtschaftsberater BVW e.V.
Lerchenweg 14
53909 Zülpich
Tel.: 0 22 52 – 8 13 61
Fax: 0 22 52 – 29 10
E-Mail: info@bvw-ev.de
http://www.bvw-ev.de

8.10 Adressen für Freie Berufe

Bundesverband der Freien Berufe
Postfach 04 03 20
10062 Berlin

Reinhardtstraße 34
10117 Berlin
Tel.: 0 30 – 28 44 44 – 0
Fax: 0 30 – 28 44 44 – 40
E-Mail: info-bfb@freie-berufe.de
http://www.freie-berufe.de

Büro Brüssel

Rue Montoyer 23
B-1000 Bruxelles
Tel.: 00 32 / 2 / 5 00 10 50
Fax: 00 32 / 2 / 5 12 10 55
E-Mail: bfbbruessel@compuserve.com

8.11 Juristenvereinigungen (national)

Deutscher Juristinnenbund e.V.
Bundesgeschäftsstelle
Anklamer Str. 38
10115 Berlin
Tel.: 0 30 – 44 32 70 – 0
Fax: 0 30 – 44 32 70 – 2 2
E-Mail: geschaeftsstelle@djb.de
http://www.djb.de

Deutscher Juristentag e.V.
Vorsitzender der Ständigen Deputation des Deutschen Juristentages:
Prof. Dr. Paul Kirchhof
Generalsekretär des Deutschen Juristentages:
Dr. Andreas Nadler
Dr. Stefan Freuding

Postfach 11 69
53001 Bonn
Tel.: 02 28 – 9 83 91 35
Fax: 02 28 – 9 83 91 40
E-Mail: info@djt.de
http://www.djt.de

Deutscher EDV-Gerichtstag e.V.
Prof. Dr. Maximilian Herberger
Prof. Dr. Helmut Rüßmann
Universität des Saarlandes, Bau 31
Im Stadtwald
66123 Saarbrücken
Tel.: 06 81 – 3 02 – 3 10
Fax: 06 81 – 3 02 – 40 12
E-Mail: edvgt@jura.uni-sb.de
http://edvgt.jura.uni-sb.de

Deutscher Richterbund
Kronenstraße 73 – 74
10117 Berlin
Tel.: 0 30 – 20 61 25 – 0
Fax: 0 30 – 20 61 25 – 25
E-Mail: info@drb.de
http://www.drb.de

Bund Deutscher Finanzrichterinnen und Finanzrichter
Warendorfer Straße 70
48145 Münster
Tel.: 02 51 – 37 84 – 0
Fax: 02 51 – 37 84 – 1 00
E-Mail: info@bdfr.de
http;//www.bdfr.de

Bund Deutscher Verwaltungsrichter (BDVR)
Vorsitzender: RiOVG Hans-Jörg Lieberoth-Leden
OVG Münster
Aegidiikirchplatz 5

48143 Münster
Tel./Fax: 02 51 – 50 52 24
E-Mail über Website
http://www.bdvr.de

8.12 Juristenvereinigungen (international)

Eurojuris Deutschland e.V.
Geschäftsstelle
Dalbergstraße 5
63741 Aschaffenburg
Tel.: 01 80 – 54 44 89 43 21 (0,12 EUR/Minute)
Fax: 0 60 21 – 44 16 14
E-Mail: info@eurojuris.de
http://www.eurojuris.de

Deutsch-Amerikanische Juristen-Vereinigung e.V. (DAJV)
Alte Bahnhofstraße 10
53173 Bonn

Postfach 20 04 42
53134 Bonn
Tel.: 02 28 – 36 13 76
Fax: 02 28 – 35 79 72
E-Mail: dajv-bonn@t-online.de
http://www.dajv.de

Europäischer Anwaltsverein
Président
Me Gérard ABITBOL
1, rue du Jeune Anacharsis
13001 MARSEILLE - FRANCE
Tel.: 0033 – 04 91 – 33 40 50
Tl. Mobile: 06 11 – 55 95 59
Fax: 00 33 – 04 91 – 3 3 03 14
E-Mail: abitbol.gerard@wanadoo.fr
http://www.uae.lu

Internationale Vereinigung junger Rechtsanwälte (AIJA)
avenue Louis Lepoutre, 59/20
B-1050 Brussels
Belgium
Tel.: 0 32 – 2 – 3 47 33 34
Fax: 0 32 – 2 – 3 47 55 22
E-Mail: office@aija.org
http://www.aija.org

Vereinigung der Anwaltsverbände in Europa (FBE)
Präsident
Ulrich Scharf
Rechtsanwaltskammer Celle
Weißer Wall 1
29221 Celle
Deutschland
Tel.: 0 51 41 – 9 06 30
Fax: 0 51 41 – 9 06 – 3 26
E-Mail: kanzlei@scharfechtsanwaelte.de
http://www.fbe.org

8.13 Referendarvereinigungen

Verein der Rechtsreferendare in Bayern e. V. (REFV)
c/o Justizausbildungszentrum
Kühbachstr. 1 (Zi. 207)
81543 München
Tel.: 0 89 – 55 43 31
Fax: 0 89 – 62 48 94 92
E-Mail: office@refv.de
http://www.refv.de/verein.php

Rechtsreferendare Düsseldorf
Personalrat der Rechtsreferendarinnen und Rechtsreferendare am
Landgericht Düsseldorf
Neubrückstraße 3
40213 Düsseldorf

E-Mail: Personalrat@Rechtsreferendare-Duesseldorf.port5.com
http://rechtsreferendare-duesseldorf.port5.com

Rechtsreferendare Berlin Online
Personalrat der RechtsreferendarInnen am
Kammergericht Berlin
Salzburger Str. 21 - 25
10825 Berlin - Schöneberg
Raum 166 (1.OG)
Tel.: 0 30 – 90 13 – 21 01
Fax: 0 30 – 90 13 – 20 00
E-Mail: personalratsbuero@rechtsreferendare-berlin.de
http://www.rechtsreferendare-berlin.de/home.htm

Verein der Rechtsreferendare in Sachsen e. V.
Landgericht Dresden
Lothringer Straße 1
01069 Dresden
E-Mail: post@refsachsen.de
http://www.refsachsen.de

Thüringer Rechtsreferendarverein e. V.
Landgericht Erfurt
Gerichtsfach 44
99084 Erfurt
E-Mail: info@thuerref.de
http://www.thuerref.de

Personalrat der Rechtsreferendare beim
Oberlandesgericht Koblenz
Stresemannstraße 1
56068 Koblenz
http://www.rechtsreferendare-koblenz.de

**Referendarrat bei der Präsidentin
des Schleswig-Holsteinischen Oberlandesgerichts**
c/o Landgericht Kiel
Harmsstraße 99-101
Gerichtsfach 9
24114 Kiel
E-Mail: referendarrat@gmx.de
http://www.referendarrat-sh.de

**Bundessprecherkonferenz der Rechtsreferendarinnen
und Rechtsreferendare**
E-Mail über die Website
http://www.bundessprecherkonferenz.de

8.14 Internetadressen zur Karriereplanung und Jobsuche

Absolute Career
enthält u. a. auch Bewerbungstipps.
http://www.absolute-career.de

Advo-Job
ist die interaktive Bewerberdatenbank des Deutschen Anwaltvereins und des Forums Junge Anwaltschaft.
http://www.advojob.de

Advo-Web
enthält u. a. eine Jobbörse für Juristen und juristische Mitarbeiter, dieses Angebot befindet sich derzeit noch im Aufbau.
http://www.advo-web.net/web-jobboerse/default.php

AZUR-Online
bietet vor allem Informationen zu Aufbaustudien, Beruf und Karriere als Jurist/in.
http://www.azur-online.de/html/ressourcen/ressour_intro.html

Bewerbungstipps
des Bundesministeriums für Wirtschaft und Arbeit
http://www.bmwa.bund.de/Navigation/Beruf-und-Karriere/bewerbungstipps.html

ForumRecht – Kanzleien in Deutschland
bietet u. a. eine Stellenbörse sowie Karrieretipps für Juristen.
http://www.forumrecht.com

Gehalts-Check
bietet alles zu Gehalt, Gehaltsrechner, Gehaltstabellen, Gehaltsvergleich.
http://www.gehalts-check.de

Jobpilot
versteht sich als Europas unbegrenzter Karrieremarkt im Internet.
http://www.job.de

Jobseiten.com
Jobs, Projekte, Bewerbungstipps, Stellenausschreibungen und Angebote für Ausbildung, Fortbildung, Weiterbildung, Schulungen, Umschulung, Praktikum usw.
http://www.jobseiten.com

Jobware
bietet u. a. Jobs, Praktikanten- und Referendarstellen.
http://www.campus-topline.de/index.html

Jova Nova
bietet vor allem Tipps zur Online-Bewerbung.
http://www.jova-nova.com/bewerb/ausw1.htm

Junge Karriere
Diese Website des Handelsblatts enthält Informationen zu Karriere, Studium und Beruf.
http://www.jungekarriere.com

Jura-Seiten
bietet u. a. eine juristische Stellenbörse an.
http://www.jura-seiten.de

Jurawelt
bietet ebenfalls eine Online-Jobbörse für Juristen sowie interessante Beiträge zum Thema Stellensuche.
http://www.jurawelt.com/jobboerse

Karriere-Jura
bietet vor allem einen umfangreichen Online-Stellenmarkt.
http://www.karriere-jura.de

Karriere im Recht
Die Site richtet sich vor allem an Jurastudenten und Referendare und enthält Informationen zur Juristischen Ausbildung und zum Berufseinstieg. Hier finden Sie u. a. eine Übersicht der größeren deutschen Kanzleien mit deren Ausrichtungen und Anforderungen.
http://karriere.legalease.co.uk

Marktplatz-Recht
bietet interessante Informationen für juristische Berufsanfänger.
http://www.marktplatz-recht.de/seiten/jungeanwaelte

StudJur Online
richtet sich an Studenten, Referendare und Berufseinsteiger.
http://www.studjur-online.de

Arbeitsagentur.de
ist die Website der Bundesagentur für Arbeit (Arbeitsämter) und enthält neben viele Stellenangeboten und einer Bewerberbörse viele interessante Informationen rund um das Thema Beruf.
http://www.arbeitsagentur.de

Foris-Stellenmarkt
bietet Stellenanzeigen und Bewerbungen für Juristen und Mitarbeitern im juristischen Umfeld. Für Bewerber ist der Service kostenlos.
http://www.foris-stellenmarkt.de

Info-Box des Career Service Konstanz
enthält u. a. Hinweise auf Berufsnischen für Juristen.
http://www.uni-konstanz.de/struktur/career_db/info-box/haupt.php?cat1=1&cat2=193&cat=193

Jobware.de
bezeichnet sich als Karriere-Portal für Fach- und Führungskräfte. Der Jobware-Stellenmarkt bietet Stellensuchenden auch Zusatzinformationen rund um das Thema "Beruf & Karriere".
http://www.jobware.de

Referendariat.info
bietet u. a. eine Börse (Angebote und Gesuche) für Referendarstellen.
http://www.referendariat.info

Stellenm@rkt der ZIP
enthält in der Rubrik "Jobs / Karriere" die virtuelle Ausgabe des Stellenmarkts der Zeitschrift ZIP, der vorwiegend wirtschaftsrechtlich ausgerichtet ist.
http://www.rws-verlag.de

Stellenmarkt der NJW
ist identisch mit dem Stellenmarkt der Printausgabe der NJW und schon deshalb sehr empfehlenswert.
http://rsw.beck.de/rsw/shop/default.asp?toc=sm.root

Stellenmarkt Marktplatz-Recht.de
bietet in Kooperation mit www.jobware.de einen Stellenmarkt für Juristen.
http://www.marktplatz-recht.de/stellenmarkt

WorkingDay
bietet u.a. Informationen zu Studium und Berufseinstieg und will den Kontakt zwischen Studenten und Unternehmen in den Bereichen Wirtschaft, Ingenieurwesen und IT fördern.
http://www.workingday.com

DIE ZEIT Stellenmarkt
ist eine der umfangreichsten Job-Suchmaschienen.
http://www.jobs.zeit.de

8.15 Internetadressen zu Berufsmessen

JURAcon
bietet u.a. Informationen über JURAcon, die bundesweit durchgeführten Kontaktmessen für juristische Berufsanfänger, die sich vorwiegend an hochqualifizierte Juristen wendet.
http://www.iqb2.de

Praxis-Online.com
Auf dieser Website finden Sie Informationen über Messen und Seminare für Bewerber im juristischen Bereich.
http://www.praxis-online.com

Juristenmesse
ist das Internet-Portal verschiedener Juristenmessen (wie z. B. Kölner Juristen-Messe, Berliner Juristenmesse, Bayerische Juristen-Messe).
http://www.juristenmesse.de

Karriere-Jura
Neben einer Stellenbörse für Juristen werden hier auch Messen und Seminare für Bewerber angeboten.
http://www.karriere-jura.de

CareerVenture Jura Fall
bietet jungen Volljuristen und Rechtsreferendaren die Möglichkeit zu persönlichen Vorstellungsgesprächen mit Vertretern großer Kanzleien und renommierter Wirtschaftsunternehmen.
http://www.career-venture.de

Job-Börse an der DHV Speyer
ist eine hochschuleigene Jobmesse der Deutschen Hochschule für Verwaltungswissenschaften Speyer, die jobsuchenden Nachwuchskräften aus dem Bereich Rechts- oder Verwaltungswissenschaften (auch von anderen Hochschulen) die Möglichkeit bietet, Kontakte zu Vertretern international tätiger Rechtsanwaltskanzleien und namhafter Wirtschaftsunternehmen zu knüpfen.
http://www.dhv-speyer.de/verw/presse/monatsordner/juli2001.htm#OPII1707

8.16 Berufsnetzwerke

Lex Mundi
2100 West Loop South, Suite 1000
Houston, Texas 77027 USA
Tel.: 0 01 – 7 13 – 6 26 – 93 93
Fax: 0 01 – 7 13 – 6 26 – 99 33
E-Mail: lexmundi@lexmundi.com
http://www.lexmundi.com/lexmundi/default.asp?SnID=851579726

International Bar Association (IBA)
271 Regent Street
London W1B 2AQ
United Kingdom
Tel: 0 44 – 0 20 – 76 29 – 12 06
Fax: 0 44 – 0 20 – 74 09 – 04 56
E-Mail: member@int-bar.org
http://www.ibanet.org/index.asp

ELSA Alumni Deutschland (EAD)
Stephan Ph. Dobrowolski
Waldparkstraße 69

85521 Riemerling
Tel.: 0 89 – 6 09 69 26
Fax: 0 25 61 – 9 59 10 27 44
E-Mail: vorsitzender@elsalumni.de
http://www.elsalumni.de

Deutscher Frauenrat e. V.
Axel-Springer-Straße 54a
10117 Berlin
Tel.: 0 30 – 20 45 69 – 0
Fax: 0 30 – 20 45 69 – 44
E-Mail: kontakt@frauenrat.de
http://www.frauenrat.de

Online Karriere-Netzwerke

CAPup!
ist ein kostenpflichtiges branchenübergreifendes Business Network mit Mitgliederveranstaltungen und bundesweiten After-Work-Treffen.
http://www.cap-up.de

Manager-Lounge
Die Manager-Lounge ist nach eigenen Angaben eine exklusive und interaktive Gemeinschaft, die die kommende Wirtschaftselite repräsentiert.
http://www.manager-lounge.de

Webgrrls
ist ein Business Network für Frauen in den Neuen Medien.
http://www.webgrrls.de

Managementwissen online (MWonline)
bietet u. a. Online-Coaching und eine Seminar-Datenbank.
http://www.mwonline.de

Competence-Site
versteht sich als Kompetenz-Netzwerk für Manager und Nachwuchskräfte.
http://www.competence-site.de

8.17 Links zur Reform der Juristenausbildung

Gesetz zur Reform der Juristenausbildung (BGBl. I 2002, S. 2592 ff.)
http://217.160.60.235/BGBL/bgbl1f/bgbl102s2592.pdf

Reform der Juristenausbildung auf Länderebene
http://rsw.beck.de/rsw/shop/default.asp?sessionid=D33F6CEC38DB45FEB6B05B9616212152&docid=42697

Zentrum für Anwaltsorientierte Juristenausbildung
Prof. Dr. Görg Haverkate
Ruprecht-Karls-Universität Heidelberg
Friedrich-Ebert-Anlage 6-10
69117 Heidelberg
Tel.: 0 62 21 – 54 – 77 23
Fax: 0 62 21 – 54 – 77 44
E-Mail: sekr.haverkate@jurs.uni-heidelberg.de
http://anwaltsorientierung.uni-hd.de/Wir.html

Verwaltungswissenschaftliches Ergänzungsstudium an der Deutschen Hochschule für Verwaltungswissenschaften Speyer
http://www.hfv-speyer.de/Studium/Ergaenzung/J/start.htm

Weitere Links zum Thema Reform der Juristenausbildung
http://www.rechtliches.de/info_Gesetz_zur_Reform_der_Juristenausbildung.html

8.18 Jobnischen

- **Kriminalratanwärter/in**

  Bundeskriminalamt
  Referat ZV 11 – 31
  65173 Wiesbaden
  Tel.: 06 11 – 55 – 1 52 37 u. 06 11 – 55 – 1 53 86
  E-Mail: ZV11Personalgewinnung@bka.bund.de
  http://www.bka.de/jobs/jobs2.html

- **Internationaler Dienst**
  u. a. beim

  ICC – International Criminal Court
  P. O. BOX 19519
  2500 CM The Hague
  The Netherlands
  Fax: 0 31 – 70 – 5 15 – 8553
  E-Mail: applications@icc-cpi.int
  http://www.icc-cpi.int/guidelines.html (Bewerbungshinweise)
  http://www.icc-cpi.int/php/show.php?page=vacancies (offene Stellen)

  Informationen über weitere Jobs im Internationalen Dienst über
  http://www.sueddeutsche.de/jobkarriere/berufstudium/schwerpunkt/687/9678/

- **Fachkräfte für Entwicklungszusammenarbeit**
  Hanns-Seidel-Stiftung e. V. (HSS)
  Institut für Internationale Begegnung und Zusammenarbeit (IBZ)
  Lazarettstraße 33
  80636 München
  Tel.: 0 89 – 12 58 – 0
  Fax: 0 89 – 12 58 – 4 26
  E-Mail: gebhard@hss.de
  http://www.hss.de

- **Deutsche Gesellschaft für Technische Zusammenarbeit (GTZ)**
  Abteilung Personalbereitstellung und -betreuung
  Postfach 5180
  D-65726 Eschborn
  http://www.gtz.de

- **Master of European Studies**

  Zentrum für Europäische Integrationsforschung (ZEI)
  Cordula Janowski, M.A.
  Programmleiterin
  Master of European Studies
  Walter-Flex-Straße 3
  53113 Bonn
  Tel: 02 28 – 73 – 18 99
  Fax: 02 28 – 73 – 17 91
  E-Mail: europeanstudies.zei@uni-bonn.de
  http://www.zei.de/student/presse_d.htm

- **Kommunales Management**

  Kommunale Gemeinschaftsstelle für Verwaltungsvereinfachung (KGSt)
  Postfach 51 07 20
  50943 Köln
  Tel.: 02 21 – 3 76 89 – 0
  Fax: 02 21 – 3 76 89 – 59
  E-Mail: kgst@kgst.de
  http://www.kgst.de

- **Insolvenzverwalter**

  Arbeitskreis der Insolvenzverwalter Deutschlands e. V.
  Geschäftsstelle:
  Olaf Messner
  Reitmorstraße 26
  80538 München
  Mitarbeiterin: Sabine Hog
  Tel: 0 89 – 21 32 99 – 87
  Fax: 0 89 – 21 32 99 – 88
  E-Mail: messner11@aol.com
  http://www.arbeitskreis-insolvenzverwalter.de/index_ie.html

8.19 Kongresse, Tagungen und Seminare

Deutscher Anwaltstag
Deutscher Anwaltverein
Littenstraße 11
10179 Berlin
Inkomstlaan
Tel.: 0 30 – 72 61 52 – 0
Fax: 0 30 – 72 61 52 – 1 90
E-Mail: dav@anwaltverein.de
http://www.anwaltverein.de/DAT

Deutscher Richter- und Staatsanwaltstag (RiStA-Tag)
Deutscher Richterbund
Kronenstraße 73 – 74
10117 Berlin
Tel.: 0 30 – 20 61 25 – 0
Fax: 0 30 – 20 61 25 – 25
E-Mail: info@drb.de
http://www.drb.de/

Deutscher Juristentag
Geschäftsstelle des Vereins
Deutscher Juristentag e.V.
Postfach 11 69
53001 Bonn
Tel.: 02 28 – 9 83 91 85
Fax: 02 28 – 9 83 91 40
E-Mail: info@djt.de
http://www.djt.de/index.php

3. Europäischer Juristentag
Schweizer Juristenverein
Kongress Sekretariat
MCI Suisse SA / René Haller
Rue de Lyon 75
CH-1211 Genève 13
Suisse

Tel.: 0 41 – 22 – 3 39 96 26
Fax: 0 41 – 22 – 3 39 96 21
E-Mail: jurist2005@mci-group.com
http://www.jurist2005.org

Deutsche Gesellschaft für Recht und Informatik e. V. (DGRI)
Geschäftsführer: Prof. Dr. Thomas Dreier
Institut für Informationsrecht
Universität Karlsruhe
Am Fasanengarten 5
Geb. 50.31
76131 Karlsruhe
Tel.: 07 21 – 6 08 – 75 70
Fax: 07 21 – 6 08 – 65 06
E-Mail: dgri@ira.uka.de
http://www.dgri.de/

Assistententagung Öffentliches Recht 2005
Universität Bielefeld
Fakultät für Rechtswissenschaft
Universitätsstraße 25
33615 Bielefeld
E-Mail: assistententagung@uni-bielefeld.de
http://www.jura.uni-bielefeld.de/Institute_Projekte/Assistententagung/index.html

Jahrestagung der Gesellschaft Junger Zivilrechtswissenschaftler e. V.
c/o Juristische Fakultät der Universität Göttingen,
Platz der Göttinger Sieben 6
37073 Göttingen
Tel.: 05 51 – 39 – 44 14
Fax: 05 51 – 39 – 1 23 25
E-Mail: vorstand@zivilrechtswissenschaftler.de
http://www.junge.zivilrechtswissenschaftler.de

8.20 Auslandspraktika und –studien

AIESEC Global Exchange
Deutsches Komitee der AIESEC e.V.
Kasernenstraße 26
53111 Bonn
Tel.: 02 28 – 2 89 80 – 0
Fax: 02 28) – 2 89 80 – 10
E-Mail: mc@aiesec.de
http://www.aiesec.net/snci/

Außenhandelkammern (AHK)
(Auslandspraktika und Referendarstellen im Ausland)
Deutscher Industrie- und Handelskammertag (DIHK)
Breite Strasse 29
10178 Berlin
Tel.: 0 30 – 2 03 08 – 0
Fax: 0 30 – 2 03 08 – 10 00
E-Mail: infocenter@berlin.dihk.de
http://www.ahk.de/jobs/juristen.html

Büro Führungskräfte zu Internationalen Organisationen (BFIO)
(vermittelt u. a. auch Auslandspraktika)
Villemombler Straße 76
53123 Bonn
Tel.: 0 18 05 – 22 20 23 (0,12 Cent pro Minute aus dem Festnetz)
Fax: 02 28 – 7 13 – 2 70 – 10 36
E-Mail: bonn-zav.bfio@arbeitsagentur.de
http://www.arbeitsagentur.de/vam/vamController/CMSConversation/anzeigeContent?navId=4453&docId=19431&rqc=4&ls=false&ut=0

Deutscher Akademischer Austausch Dienst (DAAD)
Geschäftsstelle Bonn-Bad Godesberg
Deutscher Akademischer Austausch Dienst
Kennedyallee 50
53175 Bonn

Postfach 20 04 04
53134 Bonn
Tel.: 02 28 – 8 82 – 0
Fax: 02 28 – 8 82 – 4 44
E-Mail: postmaster@daad.de
http://www.daad.de/de/kontakt.html

Bildungsprogramme der EU
http://eu.daad.de/leonardo/antragstellung/main.html

Europäisches Zentrum zur Förderung der Berufsbildung (Cedefop)
Herr Johan van RENS, Direktor
123 Europe
GR-57001 THESSALONIKI
(Pylea)

Postadresse:
P.O. Box 22427
GR-55102 THESSALONIKI
Tel.: 0 30 – 0 23 10 – 49 01 11
Fax: 0 30 – 23 10 – 49 01 02
E-Mail: info@cedefop.eu.int
http://www.cedefop.eu.int

STEP - Student Trainee Exchange Programme
ELSA-Deutschland e.V.
Rohrbacher Straße 20
69115 Heidelberg
Tel.: 0 62 21 – 60 14 58
Fax: 0 62 21 – 60 14 59
E-Mail: buvo@elsa-germany.org

Verband deutscher Bediensteter bei internationalen Organisationen der Vereinten Nationen & anderer gleichartiger Organisationen (VDBIO)
Arbeitskreis Berlin
Martin Vogt
Otto-Nagel-Straße 5

14467 Potsdam
Tel.: 03 31 – 2 80 – 33 17
Fax: 03 31 – 2 80 – 33 18
E-Mail: mhvogt@t-online.de
http://www.vdbio.ch

Praktika und Studienaufenthalte beim Europäischen Parlament:

Europäisches Parlament
- Bureau des stages -
KAD 02C007
L - 2929 LUXEMBOURG
Tel.: +3 52 – 43 00 – 2 48 82
E-Mail: stages@europarl.eu.int
http://www.europarl.eu.int/stages/default_de.htm

Europäisches Parlament
- Service des stages de traducteurs -
ADG 07C009
L - 2929 LUXEMBOURG
Tel.: +352 / 43 00 277 77
E-Mail: TranslationTraineeships@europarl.eu.int
http://www.europarl.eu.int/stages/default_de.htm

Traineeship beim Europäischen Rat
(Dauer drei Monate – ohne Vergütung)
Traineeship Office
Human Resources Directorate
Council of Europe
F - 67075 STRASBOURG Cedex
France
E-Mail: traineeship-drh@coe.int
http://www.coe.int/t/e/Human_Resources/Jobs/10_Traineeship_opportunities

Praktika bei den Vereinten Nationen und ihren Sonderorganisationen
Regionales Informationszentrum der
Vereinten Nationen
Résidence Palace
Rue de la Loi/Wetstraat 155

Quartier Rubens, Block C2, 7. & 8. Stock
1040 Brüssel
Belgien
Tel.: 0 32 – 02 – 7 88 – 84 84
Fax: 0 32 – 02 – 7 88 – 84 85
E-Mail: info@runic-europe.org

RUNIC Büro Bonn
Haus Carstanjen
Martin-Luther-King-Straße 8
53175 Bonn
Tel.: 02 28 – 8 15 – 27 73
Fax: 02 28 – 8 15 – 27 77
http://www.runiceurope.org/german/index.htm

Weitere Informationen und Links zu Auslandspraktika unter:
http://www.sueddeutsche.de/jobkarriere/berufstudium/schwerpunkt/687/9678/9/

8.21 Sprachkurse im Internet und an Universitäten

TOEFL-Test
http://www.ets.org/toefl/index.html

Französisch in Paris oder Nizza lernen
http://www.france-langue.fr

Auslandssprachkurse
http://www.auslandssprachkurs.de

Language Studies International (LSI)
http://www.lsi.edu/de

Fremde Rechtssprachen
Universität Bielefeld
Fakultät für Rechtswissenschaft
Universitätsstraße 25
33615 Bielefeld
Tel.: 05 21 – 1 06 – 00
Fax: 05 21 – 1 06 – 58 44
E-Mail: miriam_anna.lorenz@uni-bielefeld.de
http://www.jura.uni-bielefeld.de/Studium/Fremdsprachen/Anmeldung/index.html

Sprachausbildung an der Humboldt-Universität zu Berlin
Humboldt-Universität zu Berlin
Abteilung für Personal und Personalentwicklung
Berufliche Weiterbildung
Unter den Linden 6
10099 Berlin

Sitz:
Jägerstraße 10/11
10117 Berlin-Mitte
Tel. und E-Mail der Mitarbeiter auf der Website
Fax: 0 30 – 20 93 – 53 11
http://www.hu-berlin.de/studium/berweit/bw.htm

Viadrina Sprachen GmbH
(Schwerpunkt osteuropäische Sprachen)
Geschäftsführer
David Furmanek
Spiekerstraße 10A (R.204/205)
15230 Frankfurt (Oder)
Tel.: 03 35 – 4 01 63 24
Tel.: GF 03 35 – 4 01 63 25
Fax: 03 35 – 4 01 63 26
Mobil: 01 77 – 2 06 72 14
E-Mail: info@viadrina-sprachen.com
http://www.viadrina-sprachen.com

8.22 IT-Kurse für Juristen

E-Commerce-Management
Hamburger Akademie für Fernstudien
Morewoodstrasse 25
22041 Hamburg
Tel.: 0 40 – 6 58 09 60
Fax: 0 40 – 6 58 09 11
E-Mail: info@haf-internet.de
http://www.fernunterricht-info.de/kursangebot/informatik/
index.php?fb=informatik&sessionid=

Rechtsfragen des e-commerce
Universität Karlsruhe
Institut für Informationsrecht
Zentrum für angewandte Rechtswissenschaft (ZAR)
Prof. Dr. Thomas Dreier, M.C.J.
Geb. 50.31
Am Fasanengarten 5
76131 Karlsruhe
Tel.: 07 21 – 6 08 – 33 95
Fax: 07 21 – 6 08 – 65 06
E-Mail: recht@ira.uka.de
http://www.z-a-r.de

Multimediale Europaorientierte Juristenausbildung
Europa-Universität Viadrina
Lehrstuhl Prof. Dr. Stephan Breidenbach
Denise Gelleszun-Koschke
Große Scharrnstraße 59
15230 Frankfurt (Oder)
Tel./Fax: 03 35 – 5 53 42 – 2 83
E-Mail: geko@euv-frankfurt-o.de
http://www.mmja.euv-ffo.de/Ansprechpartner/ansprechpartner.html

IT-Kurs des ZAIK/RRZK
Universität zu Köln
Zentrum für Angewandte Informatik
Robert-Koch-Straße 10
50931 Köln (Lindenthal)
Tel.: 02 21 – 4 78 – 70 19
Fax: 02 21 – 4 78 – 55 68
E-Mail über Website
http://www.uni-koeln.de/rrzk/kurse/unterlagen/einfuehrung-sunfire/

8.23 Stipendien

Australian European Awards Programm
c/o DAAD
Kennedyallee 50
53175 Bonn
Tel.: 02 28 – 8 82 – 0
Fax: 02 28 – 8 82 – 4 44
E-Mail: postmaster@daad.de
http://www.daad.de

Bucerius-Jura-Programm
ZEIT-Stiftung Ebelin und Gerd Bucerius – Studienstiftung
Dr. Hans-Ottmar Weyand
Ahrstraße 41
53175 Bonn
Tel.: 02 28 – 8 20 96 – 4 65
E-Mail: weyand@studienstiftung.de
http://www.studienstiftung.de/offen/bucerius.html

Cusanuswerk - Bischöfliche Studienförderung
Dr. Ingrid Reul
Baumschulallee 5
53115 Bonn
Tel.: 02 28 – 9 83 84 – 34
Fax: 02 28 – 9 83 84 – 99
E-Mail: hildegard.quink@cusanuswerk.de
http://www.cusanuswerk.de

DAAD – Deutscher Akademischer Austauschdienst e. V.
Kennedyallee 50
53175 Bonn
Tel.: 02 28 – 8 82 – 0
Fax: 02 28 – 8 82 – 4 44
E-Mail: postmaster@daad.de
http://www.daad.de

Deutsche Bundesstiftung Umwelt – Stipendienprogramm
Postfach 17 05
49007 Osnabrück
Tel.: 05 41 – 96 33 – 3 52 / -3 53
Fax: 05 41 – 96 33 – 1 93
E-Mail: Stipendienprogramme@dbu.de
http://www.dbu.de

Deutsche Forschungsgemeinschaft (DFG)
Kennedyallee 40
53175 Bonn
Tel.: 02 28 – 8 85 – 1
Fax: 02 28 – 8 85 – 27 77
E-Mail: postmaster@dfg.de
http://www.dfg.de

ERP-Studienprogramm
Bundesministerium für Wirtschaft - Studienstiftung
Dr. Sibylle Kalmbach
Ahrstraße 41
53175 Bonn
Tel.: 02 28 - 8 20 96 – 4 62 / –4 69
E-Mail: kalmbach@studienstiftung.de
http://www.studienstiftung.de/offen/erp.html

Evangelisches Studienwerk e. V. - Haus Villigst
Eberhard Müller
Iserlohner Straße 25
58239 Schwerte
Tel.: 0 23 04 – 7 55 – 2 15 /-2 18

Fax: 0 23 04 – 7 55 – 2 50
E-Mail: e.mueller@evstudienwerk.de
        promotion@evstudienwerk.de
http://www.evstudienwerk.de

Fazit-Stiftung Gemeinnützige Verlagsgesellschaft mbH
Mainzer Landstraße 243
60326 Frankfurt am Main
Tel.: 0 69 – 7 39 – 31 15

Friedrich-Ebert-Stiftung (FES) - Studienförderung
Godesberger Allee 149
53170 Bonn
Tel.: 02 28 – 8 83 – 6 49
Fax: 02 28 – 8 83 – 6 97
E-Mail: capellmr@fes.de
http://www.fes.de

Friedrich-Naumann-Stiftung Begabtenförderung
Britta Kloemich
Karl-Marx-Straße 2
14482 Potsdam-Babelsberg
Tel.: 03 31 – 70 19 – 3 53
Fax: 03 31 – 70 19 – 2 22
E-Mail: britta.kloemich@fnst.org
http://www.fnst.de

Fulbright-Kommission
Oranienburger Straße 13/14
10178 Bremen
Tel.: 0 30 – 28 44 43 – 7 72
(Programmabteilung für deutsche Studierende)
Fax: 0 30 – 28 44 43 – 7 71
E-Mail: fo@fulbright.de (Front Office)
        apu@fulbright.de (American Program Unit)
        gpu@fulbright.de (German Program Unit)
http://www.fulbright.de

Gottlieb Daimler- und Karl Benz-Stiftung
Dr.-Carl-Benz-Platz 2
68526 Ladenburg
Tel.: 0 62 03 – 10 92 – 0
Fax: 0 62 03 – 10 92 – 5
E-Mail: info@daimler-benz-stiftung.de
http://www.daimler-benz-stiftung.de/home/fellowship/de/start.html

Haniel-Stiftung
c/o Studienstiftung des Deutschen Volkes
Dr. Sibylle Kalmbach
Ahrstraße 41
53175 Bonn
Tel.: 02 28 – 8 20 96 – 4 62 /–4 69
E-Mail: kalmbach@studienstiftung.de
http://www.studienstiftung.de/offen/haniel.html

Hanns-Seidel-Stiftung e. V. Förderungswerk
Rudolf Pfeifenrath
Lazarettstraße 33
80636 München
Tel.: 0 89 – 12 58 – 3 02
Fax: 0 89 – 12 58 – 4 03
E-Mail: pfeifenr@hss.de
http://www.hss.de/572.shtml

Hans-Böckler-Stiftung
Hans-Böckler-Straße 39
40476 Düsseldorf
Dietrich Einert
Tel.: 02 11 – 77 78 – 1 40
E-Mail: Dietrich-Einert@boeckler.de
Birgit Boffo
Tel.: 02 11 – 77 78 – 2 28
E-Mail: Birgit-Boffo@boeckler.de
Ingrid Pauls
Tel.: 02 11 – 77 78 – 2 28
E-Mail: Ingrid-Pauls@boeckler.de
Andrea Schmidt

Tel.: 02 11 – 77 78 – 2 27
E-Mail: Andrea-Schmidt@boeckler.de
Fax: 02 11 – 77 78 – 1 20
http://www.boeckler.de/rde/xchg/SID-3D0AB75F-F7995E3A/hbs/hs.xsl/459.html

Heinrich Böll Stiftung - Studienwerk
Jutta Helm
Rosenthaler Straße 40/41
10178 Berlin
Tel.: 0 30 – 2 85 34 – 4 00
Fax: 0 30 – 2 85 34 – 4 09
E-Mail: studienwerk@boell.de
http://www.boell.de

Konrad-Adenauer-Stiftung e.V. HA Begabtenförderung und Kultur
Rathausallee 12
53757 St. Augustin
Tel.: 0 22 41 – 2 46 – 3 28
Fax: 0 22 41 – 2 46 – 5 73
E-Mail: Zentrale-bk@kas.de
http://www.kas.de

Mathews-Stiftung
c/o Stifterverband für die Deutsche Wissenschaft
Barkhovenallee 1
45239 Essen
Tel.: 02 01 – 84 01 – 0
Fax: 02 01 – 84 01 – 3 01
E-Mail: karsten.krueger@stifterverband.de
http://www.stifterverband.de

McCloy Academic Scholarship Program
Harvard University – Studienstiftung – Deutsches Konsortium
Dr. Sibylle Kalmbach
Ahrstraße 41
53175 Bonn
Tel.: 02 28 – 8 20 96 – 4 62 / –4 69,
E-Mail: kalmbach@studienstiftung.de
http://www.studienstiftung.de/offen/mccloy.html

Stifterverband für die Deutsche Wissenschaft
Doris Zirkler
Barkhovenallee 1
45239 Essen
Tel.: 02 01 – 84 01 – 0
Fax: 02 01 – 84 01 – 3 01
E-Mail: Doris.Zirkler@stifterverband.de
http://www.stifterverband.org

Studienstiftung des deutschen Volkes - Promotionsabteilung
Max Brocker
Ahrstraße 41
53175 Bonn
Tel.: 02 28 – 8 20 96 – 2 82
E-Mail: brocker@studienstiftung.de
http://www.studienstiftung.de/foerder/promo.html

VolkswagenStiftung
Kastanienallee 35
30519 Hannover
Tel. 05 11 – 83 81 – 0
Fax: 05 11 – 83 81 – 3 44
E-Mail: info@volkswagenstiftung.de
http://www.volkswagenstiftung.de

Sachverzeichnis

Absicherung, soziale 42
Absolventen 24, 51
AIDA 138
Akademisches Auslandsamt 30
Aktenvortrag 21
Amtssprachen 31
Anfangsgehalt 11, 42
Anmeldungsfristen 15
Anpassungsbereitschaft 156
Anwaltsakademien 42
Anwaltsberuf 21
Anwaltsfirmen 94
Anwaltskanzleien 2, 7, 30, 31, 55, 70, 94
Anwaltskanzleien, internationale 8
Anwaltsmediator 63, 65
Anwaltsstation 21, 42
Anwaltstätigkeit 7, 8, 20, 25, 36, 70, 94
Anwaltszulassung 24
Arbeitgeberverbände 45
Arbeitsbelastung 42
Arbeitsgemeinschaften 14, 20
Arbeitslosenzahlen 3
Arbeitsmarkt 7, 52
Arbeitspensum 7, 94
Arbeitssprachen 31
Arbeitstechniken 20
Arbeitsvermittlung 4
Assessor 13, 20
Aufbaustudiengänge 7, 24, 28
Aufstiegsmöglichkeiten 147
Ausbildungsabschnitte 20
Ausbildungsalternative 8
Ausbildungsstationen 45
Ausbildungsstatistik 39
Ausbildungsstätte 19

Aushilfsjobs 7
Auslandserfahrung 4
Auslandshandelskammer 45
Auslandspraktikum 32, 147
Auslandssemester 54, 65
Auslandsstation 66
Auslandsstudium 11, 24, 30, 60
Auslandstätigkeit 30, 69
Ausnahmeregelungen 39
Außenhandelskammer 65, 70
Auswahlgremium 155
Auswahlinterviews 116
Auswahlverfahren 68
Auswärtiger Dienst 66, 82
Auswärtiges Amt 56, 67
Authentizität 146

Bachelor of Law 28
Bachelorabschluss 8
Bachelorstudiengang 10
Banken 44
Banker-Karriere 8
Banklehre 8, 56
Bankwirtschaft 73
Beamtenverhältnis auf Widerruf 18
Beamter im höheren Dienst 8
Befähigung zum Richteramt 3, 8, 13, 20
Behörden 73
Behördenprofile 73
Belastbarkeit 42, 55
Berufsanfänger 2, 33, 34, 41, 42, 69, 140, 149, 154
Berufsaussichten 2
Berufsbild 5, 7
Berufserfahrung 4, 8, 51, 52, 63, 71, 133

Berufsfelder 31, 56
Berufskarriere 51
Berufsleben 8
Berufs-Nischen 52
Berufsqualifikation 52
Berufsrecht 22
Berufsstart 52
Berufstätigkeit 13
Berufsverbände 154
Berufsvorstellung 7
Berufswahl 30, 149
Berufsziel 52, 54
Berufungsverfahren 48
Besetzung 51
Besoldungsgruppe 48
Betätigungsfelder 3, 44, 51, 53
Betriebspraktikum 56
Betriebswirte 59
Bewerber 8, 29, 33, 37, 55
Bewerbung 2, 31, 67, 156
Bewerbungsdaten 117
Bewerbungsfoto 143
Bewerbungsmappe 128, 144
Bewerbungsschreiben 137
Bewerbungsstrategien 115
Bewerbungsunterlagen 127
Bewerbungsverfahren 4, 11, 33, 55, 68, 127
Beziehungsmanagement 111
Bildungsauftrag 49
Biotechnologie 59
Botschaften 65
Buchhaltung 47
Bundesbankreferendar 8
Bundestagsverwaltung 37
Bürogemeinschaft 41
Business Law 10
Business Mediatoren 64
Business-Englisch 10
Business-Netzwerk 124
Business-Sprachen 30

Controlling 59

Datenverarbeitung 47, 54
DAV-Anwaltsreferendar 40

DAV-Ausbildungszertifikat 40
Diplomat 66
Diplom-Juristen 9
Diplomstudium, juristisches 8
Diplom-Wirtschaftsjuristen 6, 9
Dissertation 18
Dissertationsthema 54
Doktortitel 11, 42
Doppelqualifikation 43
Durchfallquote 68
Durchsetzungsvermögen 30

E-Business 58
EDV-Kenntnisse 60
EDV-Training 25
Einheitsjurist 9, 23, 51
Einsetzbarkeit 3, 25, 51
Einstellungsalter 8
Einstellungsbehörde 20
Einstellungsgespräch 154
Einstellungskommission 148
Einstellungspraxis 33
Einstellungssituation 3
Einstellungsvoraussetzungen 4, 11, 46, 69
Einzelanwalt 40
Einzelgespräche 29
Einzelrichter 35
E-Juristen 58
Engagement, soziales 151
Englischkenntnisse 2, 45, 47
Entscheidungsstärke 30
Entwicklungshilfe 65, 70
Ergänzungsstudienprogramme 13, 25
Ernennung 15, 34
Erprobungsphase 41
Erscheinungsbild 157
EU-Behörden 11
Europabeamter 67
Europäische Union 45, 82
Examensnoten 4, 23, 39, 45, 51, 55, 60, 70, 94

Fachanwaltschaftstitel 41
Fächerkombination 56

Fachhochschulen 5, 9, 43, 48
Fachhochschulprofessoren 49
Fachjuristen 13
Fachkompetenz 4, 8, 21, 31
Fachtagungen 109, 122, 150
Fachvokabular 31
Familienmediation 62
Familienmediator 61
Familienrecht 62
Feedback 112
Ferienkurse 65
Fernkurse 40
Finanzverwaltung 46
Finanzwirt 46
Flexibilität 5, 45, 57, 67, 69
Forschungstätigkeit 49
Fortbildungsakademien 2
Fraktionsgeschäftsstellen 82
Frauen-Netzwerke 110
Freiversuch 16, 23
Freizeitaktivitäten 151
Fremdsprachen 4, 23, 31, 37, 54, 70, 94, 128
Führungsaufgaben 8
Führungserfahrung 64
Führungspositionen 38, 51, 150
Fürsprecher 114

Gastreferendar 20
Gehaltsentwicklung 154
Gehaltsverhandlung 154
Gesamtprüfungsnote 16
Geschäftsführer 44, 46
Geschäftsverbindungen 54
Gesprächsführung 5, 21, 25
Gesundheitszustand 130, 152
Gewerkschaften 154
Globalisierung 3
Großkanzlei, internationale 42
Großkanzleien 2, 11, 39, 42, 43, 59, 94
Grundstudium 10, 14, 23

Hauptstudium 14
Hochschulabsolventen 52
Hochschulrahmengesetz 12

Informationsbörse 122
Informationsmanagement 59
Informationstechnologien 25, 58
Integrationsfähigkeit 45
Interessen, persönliche 54
Internationaler Gerichtshof 69
Internationalisierung 47
Internet-Netzwerke 124
Interpol-Sprachen 38
IT-Branche 58
IT-Kenntnisse 6
IT-Recht 53, 58, 63, 124

Journalistik 57
Juniorprofessur 12, 47
Jurastudium 12
Juristenausbildung 5, 12, 21, 22, 29, 33, 40, 52, 55, 116
Juristenausbildungsgesetze 13
Juristen-Messen 113, 115
Justizdienst 34
Justiziariat 37

Kanzlei-Broschüren 147
Kanzleigründung 119
Karriere-Bedingungen 7
Karrierebewusstsein 155
Karrieremessen 109
Karriereplanung 23, 56, 109, 115
Karriererisiko 69
Kommilitonen 113
Kommunikationsfähigkeit 2, 5, 21
Kompetenz, berufliche 152
Konfliktfähigkeit 39
Konfliktmanagement 3, 61
Kongresse 109
Konkurrenz 11
Konkurrenzsituation 156
Kontakt-Börsen 114
Kontakte, persönliche 109
Körpersprache 111, 146
Kostenrisiko 41
Kulturmanagement 39
Kurzbewerbung 144

Landesjustizprüfungsamt 15

Landesprüfungsordnung 15
Laufbahngruppen 68
Law Schools 12, 29
Lebenslauf 127
Lebenslauf, europäischer 133
Lebenszeitprofessur 48
Lehre, kaufmännische 44
Lehrstoff 37
Lehrveranstaltungen 10
Leistungsbereitschaft 149
Leistungsnachweise 15

Management 10, 38, 40, 43
Manager 43
Master of Law 11
Master-Abschluss 3
Master-Studiengänge 10
Mediation 3, 21, 61
Mediator 7, 42, 61
Medienanwalt 60
Medienrecht 53, 60
Mindeststudienzeit 13
Mitarbeiter, freie 5
Mitbewerber 33, 145, 156
Mobilität 3, 32, 45, 57, 69
Moderation 3
Moderator 42
Motivation 94, 139, 155

Nachfrage 5, 52
Nachwuchsbeamte 45
Nahrungsmittelrecht 59
Nebenfach 12
Nebenfachordnung 12
Nebenfachstudium 12
Networking 109, 118, 119, 123
Netzwerk-Partner 109, 112
Neuanwälte 39
Notar 19
Notariat 22
Notenverbesserung 16, 21

Ökonomie 59
Online-Bewerbung 142
Organisationen, internationale 45
Organisationstalent 30, 152

Outfit 146

Parallelstudium 11
Partnerschaft 42
Personalabteilungen 4, 44
Personalchef 127, 145
Personalwirtschaft 44
Persönlichkeit 140, 146, 150
Pflichtfächer 14
Pflichtfachprüfung 29
Pflichtpraktikum 14
Pflichtstationen 18
Politikwissenschaft 57
Prädikatsexamina 2, 34, 42
Praktika 7, 22, 24, 54, 65, 116
Praktiker 20, 29
Präsentation 131
Praxissemester 46
Privat-Uni 29
Privatwirtschaft 3, 7, 9
Probezeit 154
Professor 48
Promotion 11, 28, 39, 54, 65
Promotionsdauer 48
Prüfungsgespräch 16, 21
Prüfungsordnungen 11, 12, 15
Prüfungstätigkeit 46
Prüfungswiederholung 16

Qualifikationen 3, 5, 9, 38, 54, 55, 73, 94, 114, 128, 137

Rechtsabteilungen 15
Rechtsanwaltsstation 19
Rechtsfakultäten 12
Rechtsgebiete 4
Rechtsinformatik 25, 58
Rechtsvergleich 29
Rechtswissenschaftler 44
Referendar 15, 115
Referendarausbildung 54
Referendariat 6, 9, 11, 15, 18, 23, 25, 35, 47, 55, 65, 118
Referendariatsstationen 7
Referendarstellen 18
Referent 44

Regelstudienzeit 13
Regelungskompetenz 20
Rekrutierungsmessen 116
Rhetorik 5, 21, 39
Richter 8, 34
Richterstatistik 34

Sachbearbeiter 44
Schadenssachbearbeitung 4
Schlüsselbegriffe 130
Schlüsselqualifikationen 5, 21, 25, 29, 33
Schwerpunktbereiche 23
Schwerpunktstudium 28
Selbstbewusstsein 156
Selbstdarstellung 115, 127, 137, 148, 153
Selbstständigkeit 4
Semesterferien 7, 56
Society-Clubs 111
Soft Skills 29, 45, 70, 127, 151
Sozialkompetenz 6, 33
Sozialpsychologie 64
Sozialverhalten 156
Sozius 41
Spezialisierung 6, 7, 9, 14, 18, 36, 43, 51, 55, 63, 70
Sportrecht 53
Sprachenschule 31
Sprachkurse 149
Staatsanwalt 8, 34
Staatsexamen 8, 13
Staatsprüfung 7
Stationszeugnisse 2, 33
Stellenangebote 3, 5
Stellenanzeigen 52, 128, 139
Stellenausschreibungen 53, 131
Stellenbeschreibung 147
Stellenkapazitäten 73
Steuerberater 10, 46
Steuerberaterprüfung 46
Stiftungen 82
Stipendium 24
Strafrechtsstation 20
Streitschlichtung 5, 21
Studentenverbindungen 110

Studienabbrecher 4
Studienabschluss 8, 37
Studienanfänger 7, 39
Studienbeginn 7, 52, 60
Studienberatung 28
Studiendauer 14, 23
Studiengänge 51
Studiengebühren 13, 24, 29
Studienschwerpunkte 47
Studienzeit 24, 55

Tätigkeitsfelder 37, 147
Tätigkeitsschwerpunkte 38
Teamfähigkeit 2, 67
Trainee 8, 45
Traineeprogramme 4, 46

Umweltmediation 64
Umweltmediator 65
Unterhaltsbeihilfe 18
Unternehmensberatung 4, 73
Unternehmenskarriere 2
Unternehmensphilosophien 94
Urlaubsanspruch 42
Urlaubssemester 23

Verbände 15, 44, 65, 69, 71
Verbandsgeschäftsführer 54
Verbandsjurist 44
Verbandssyndikus 44
Verdienstmöglichkeiten 42
Vereine 111
Vereinte Nationen 69
Verhandlungsführung 24
Verhandlungsgeschick 39, 45, 64
Verhandlungsmanagement 5, 21
Verhandlungstaktiken 39
Verlagswesen 56
Vermittlung 5
Vermögensverhältnisse 130
Vermögensverwaltung 45
Vernehmungslehre 21, 36
Vernehmungstaktik 5
Vernetzung 51
Versicherungen 44
Vertiefungsstudium 11, 14

Verwaltungsjurist 37
Verwaltungsstation 20
Völkerrecht 65
Volljuristen 8, 9, 13, 21, 44, 51
Vorbereitungsdienst 13, 15, 17, 21
Vorsorge 42
Vorstandsassistent 54
Vorstellungsgespräch 115, 127, 137, 145, 150

Wahlfächer 22, 29
Wahlstation 18, 54, 65
Web-Formulare 142
Weiterbildung 4
Weiterbildungsstudiengänge 7
Wiederbeschäftigungsgarantie 69
Wirtschaftsanwälte 39
Wirtschaftsbereiche 57
Wirtschaftsenglisch 60
Wirtschaftsjuristen 43
Wirtschaftsmediation 62, 63
Wirtschaftsprüfer 10, 46

Wirtschaftsprüferexamen 46
Wirtschaftsprüfergesellschaften 46
Wirtschaftsrecht 3, 45, 63
Wirtschaftsstrafsachen 36
Wirtschaftsunternehmen 4, 11, 15, 30, 40, 52, 147
Wirtschaftsverband 45
Wissenschaftliche Laufbahn 47
Wissenschaftlicher Dienst 37
Wissensmanager 60
Workshops 115

Zeitmanagement 30, 39
Zulassungsvoraussetzungen 15
Zulassungszahlen 39
Zusatzausbildungen 55
Zusatzqualifikationen 7, 11, 35, 38, 44, 53, 94
Zusatzstudium 18
Zweitstudium 56
Zwischenprüfung 23

Springer Jura-Lehrbücher

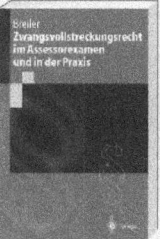

J. Breiler, Bielefeld

Zwangsvollstreckungsrecht im Assessorexamen und in der Praxis

2003. XXV, 393 S. Softcover
€ 22,95; sFr 37,00
ISBN 3-540-43543-3

J. Ensthaler, Universität Kaiserslautern

Gewerblicher Rechtsschutz und Urheberrecht

2., überarb. u. erw. Aufl. 2003.
XVV, 325 S. Softcover
€ 22,95; sFr 37,00
ISBN 3-540-43567-0

U. Ehricke, Universität Bremen

Insolvenzrecht

2004. Etwa 350 S. Softcover
€ 24,95; sFr 40,00
ISBN 3-540-42502-0

W. Mitsch, Potsdam

Recht der Ordnungswidrigkeiten

2., überarb. u. aktualisierte Aufl.
2004. Etwa 230 S. Softcover
ca. € 19,95; ca. sFr 32,00
ISBN 3-540-00026-7

J. Ensthaler; D. Gesmann-Nuissl, Universität Kaiserslautern

Kartellrecht

Für Studium und Praxis

2004. Etwa 350 S. Softcover
€ 26,95; sFr 43,50
ISBN 3-540-00040-2

C. G. Paulus, Humboldt-Universität zu Berlin

Zivilprozessrecht

Erkenntnisverfahren und Zwangsvollstreckung

3., überarb. u. aktualisierte Aufl.
2004. XXIII, 361 S. Softcover
€ 22,95; sFr 37,00
ISBN 3-540-43770-3

springer.de

Springer · Kundenservice
Haberstr. 7 · 69126 Heidelberg
Tel.: (0 62 21) 345 - 0 · Fax: (0 62 21) 345 - 4229
e-mail: orders@springer.de

Die €-Preise für Bücher sind gültig in Deutschland und enthalten 7% MwSt.
Preisänderungen und Irrtümer vorbehalten. d&p · 009358b